超早引き！
ビジネス文書の書き方
文例500

日本語文書研究会 編

主婦と生活社

はじめに

今日のビジネス社会では、複雑・高度化した組織・機能の中で様々なスペシャリストたちが、その専門知識や技能を発揮しながら事業の遂行を分担しています。こうした組織で働くビジネスパーソンには、周囲のスペシャリストたちをうまくコーディネートしてレベルの高い仕事を行うコミュニケーション能力が必須です。

その際に欠かせないのが、ビジネス文書です。ビジネス文書には、案内状や依頼状、見舞状など、取引関係に対する様々な社外文書、社交・儀礼文書から、ちょっとした連絡メモ、報告書・レポート、企画書、稟議書、あるいは会社に提出する各種の届出などの社内文書まで、数多くの種類があります。多種多様なビジネス文書を作成する能力があれば、組織内の関係が円滑となり、仕事を遂行する個々人の環境を良好にすることができるのです。

しかし、いざビジネス文書を作成しようとしても、なかなか書き出すことができなかったり、適切な表現が思いつかなかったり……。

このように苦手意識をもつビジネスパーソンが実に多いのです。

そこで本書は、あらゆるビジネス文書の文例を１冊に凝縮。ビジネス社会で実際に使用されているシチュエーションを想定した文書を網羅しました。文例作成で気をつけなければならないポイントについては文書の欄外に解説を加え、他に書き換えられる表現については「書き換え文例」として紹介。さらに、ビジネスパーソンが間違えがちな文例は「ＮＧ文例」として掲載し、そちらの添削内容を参照することで理解が深まるよう配慮しました。

本書をフル活用していただければ、多忙な合間をぬって文書を作成しなければならないビジネスパーソンの一助となるものと確信しています。

本書の使い方

各項目ごとに、そのまま使えるビジネス文書の文例とその書き方のポイントを紹介し、さらに「NG文書」「文例」「メールに書き換え」も掲載。その他のシチュエーションがある場合は、次ページ以降も文例を紹介する。

具体的なシチュエーションを表記

「シチュエーション」「目的」「ポイント」に分けて紹介。どういう状況で、何のために、どうやって文書を作成すればよいかがひと目でわかります

案内する

分かりやすい趣意説明で、行動を促す働きかけを。

シチュエーション	懇親会、株主総会、新年会・忘年会、歓送迎会、受注会、展示会、セミナー、創立記念行事、開店・開業などを案内するケース
目的	催事や会合などの開催を知らせ、出席・参加を求めること。また、開店・開業など広報・宣伝の情報を伝え、興味をもってもらう
ポイント	■どのような目的・内容の会合や催事なのか、趣意説明を分かりやすく ■慣用語句を生かした社交的挨拶を使って丁寧に ■５Ｗ１Ｈを踏まえ、書き漏れのないように

ビジネスパーソンが間違えがちな文例については「ＮＧ文書」として掲載。具体的な誤りについては、青字で添削し、その理由についても欄外で解説します

NG文書を添削!

➡懇親会の案内

加盟店各位

東南ＳＣ株式会社

総務部　鈴木一郎

懇親会開催のご案内

拝啓　時下ますますご清栄のこととお慶び申し上げます。また、平素は弊社に対し格別のご厚情を賜り誠にありがとうございます。

さて、本年度の締めくくりといたしまして、（皆様の労をねぎらい、弊社の感謝の意を込めまして、）恒例の懇親会を行うことになりました。~~日時は７月28日午後３時より６時まで、会場は「グランドホテル」の予定でございます。~~

つきましては、ご多用中とは存じますが、万障お繰り合わせの上、何とぞご臨席賜りますようお願い申し上げます。

敬具

記

1. 日時　7月28日（土）　午後3時から6時
2. 会場　グランドホテル　清流の間
   地下鉄大江戸線東新宿駅下車（別紙地図をご参照ください）
3. 会費　8000円

なお、誠にお手数ではございますが、同封のはがきにて7月10日までにご出欠をお知らせください。

以上

懇親会を開く趣旨は明確にしておく

日時・場所・アクセス・会費などは別記で箇条書きにしたほうが分かりやすい

会合に必要な事柄は、細部にわたって記す。会場については最寄りの交通機関を説明し、地図を添える

出欠の連絡の方法、期限も明記しておく

56

実際のビジネスの現場で使える文例を紹介。掲載スペースに限りがあるため、日付や宛名、発信者名などのヘッダー部分や、別記の部分などが省略されている文例もあります

※本書に記載されている企業名・団体名・個人名等はすべて仮称です。

ワンランクアップ! 文書テクニック

欄外に、上の「ワンランクアップ!　文書作成テクニック」というアイコンが表示されているページもあります。そのページで紹介されている文例にまつわる、表現のアドバイスやビジネスマナーなどを解説。こうしたポイントも押さえることで、さらなる文書作成能力を磨いてください

特に注目すべきポイントについては、「ＣＨＥＣＫ!」と記載。最低限押さえておくべきことでもあるので見落とさないよう注意しましょう

➡経営セミナーの案内

販売店経営セミナーのご案内

拝啓　風薫るさわやかな季節となりましたが、販売店の皆様には、ますますご清祥のこととお慶び申し上げます。

さて、まだまだ景気の先行きは不透明で、大変厳しい経済状況が続き、我が業界におきましても、労働需要の逼迫、競争の激化、資材の高騰などの影響から、倒産も身近に感じられる昨今です。

幸いにも当社は、皆様のご協力、ご支援により、業績は順調に推移してまいりましたが、楽観が許されない状況にあるといえます。

つきましては、皆様との結束をさらに固めて、厳しい現状を乗り切るため、当社主催による第１回販売店経営セミナーを下記の通り開催する運びとなりました。

何かとご多忙とは存じますが、万障お繰り合わせの上、ぜひともご参加くださいますようお願い申し上げます。

なお、お申し込みは同封のはがきにて、５月22日までにご回答いただきますよう、あわせてお願い申し上げます。

敬具

記

１．日時　平成○年６月６日(水)午後１時～５時
２．会場　当社３階　大会議室
３．講師　「景気動向と分析」　城南大学　芦田良一教授
　　　　「新しい店舗経営のあり方」　経営評論家　大里健太郎先生
４．会費　1,500円(テキスト代含む)

以上

CHECK!
国の経済、業界の状況に言及することで、セミナーに参加する必要性を印象付ける

気軽に参加したいと思える趣意説明を入れる

覚えておきたいビジネス用語
万障お繰り合わせの上→
何とかご都合をつけて（参加を切に願うときの表現）

書き換え文例
「ご多忙の折、誠に恐れ入りますが、何とぞご出席賜りますようお願い申し上げます。」

講演、講義などのテーマと講師名を記すなど、セミナーの内容に簡単に触れる。できるだけ、相手の興味や関心の強い内容であることをアピールしたい

案内する

ビジネス文書作成時に、よく使われる用語については「ビジネス用語」として紹介。これらを覚えておけば表現力の幅が広がります

各項目名がひと目で分かるようインデックスを記載

⇩メールに書き換え

宛先：000@000.00.jp
CC：
件名：第１回販売店経営セミナーのご案内

販売店各位

平素より格別のお引き立てを賜り、誠にありがとうございます。
さて、まだまだ景気の先行きは不透明で、楽観が許されない経済状況が続いている中、販売店の皆様との結束を固めて、厳しい現状を乗り切るため、当社主催による第１回販売店経営セミナーを下記の通り開催することにいたしました。
ご多用中とは存じますが、ぜひともご参加くださいますようお願い申し上げます。

１．日時　平成○年６月６日(水)午後１時～５時
２．会場　当社３階　大会議室
３．講師「景気動向と分析」　城南大学　芦田良一教授
　　「新しい店舗経営のあり方」　経営評論家　大里健太郎先生
４．会費　1,500円(テキスト代含む)
＊なお、誠に勝手ながら、５月22日までに、メールにて出欠をお知らせください

CHECK!
件名は、ひと目で内容が分かるように

書き換え文例
「日頃は何かとご厚情を賜り、厚くお礼申し上げます。」
「いつもお世話になっております。」

本文は簡潔に。ただし、セミナーの簡単な趣旨説明は必須

57

他に書き換えられる表現については、「書き換え文例」として紹介。同じ表現ばかり使っていては単調な文面になりがちなので、より多くの文例を覚えておきましょう

上記で紹介した文例をメールに書き換えたもの。最近では、メールを文書代わりにすることも多くなったので、メールの体裁も押さえておきましょう

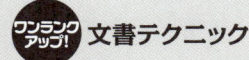

Contents

目次

第1章 ビジネス文書の基本
—デキるビジネスパーソンになるための基本マナー—

第2章 取引が円滑に進む 社外文書：業務文書

第3章 企業イメージを良くする 社外文書：社交・儀礼文書

第4章 企業内コミュニケーションが高まる 社内文書

INDEX

索引

社外文書

あ

社内文書

第1章

ビジネス文書の基本

―デキるビジネスパーソンになるための基本マナー―

ビジネス文書の「役割」と「種類」

ビジネス文書にはどんな役割と種類があるか。まずは基本をしっかり理解しよう。

ビジネス文書の役割

最も重要なのは「正確な情報を確実に伝える」こと

「正確な情報を、確実に伝える」。これこそが、ビジネス文書の最も重要な役割です。

情報伝達の手段としては電話やメールが一般的ですが、電話での会話は記録として残らないため、「いった・いわない」「言い間違い・聞き間違い」などのトラブルが起こりがち。メールも簡単に削除や変更ができるため、やはり記録性が十分とはいえません。

一方、文書に残しておけば、情報を正確に書き記しておくことで、トラブル時の証拠にもなります。さらに、社内外で情報共有もでき、他の人に業務を引き継ぐときには文書があれば合理的で効率も上がります。

また、適切で精度の高いビジネス文書は、作成者の誠実な仕事ぶりを示すことになるので、仕事における信頼性が上がります。ビジネス社会においては、ビジネス文書の作成能力の高さが大きなアドバンテージとなるのです。

情報の保全 → 情報共有・正確な情報伝達 → 業務の合理化・効率化 → 信頼が高まる

ビジネス文書の種類

社外文書と社内文書に分けられる

ビジネス文書は、「社外文書」と「社内文書」の2つに大きく分けられます。

社外文書とは、顧客や取引先など企業が第三者に向けて出すもの。交渉・契約・請求などの実務を円滑に進めるための「業務文書」と、挨拶状やお礼状など儀礼的な意味合いの強い「社交・儀礼文書」があります。

社内文書とは、社内間で交わされる通知や報告書などのこと。業務内容や連絡事項をスムーズに伝えるという目的があるので、簡潔に分かりやすく書くことが基本となります。

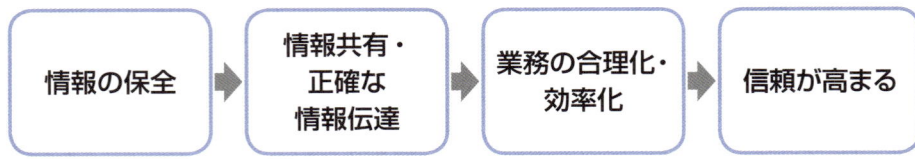

ビジネス文書の分類

社外文書

●顧客や取引先など企業が第三者に向けて出す文書
●企業の意思を表明するもの

業務文書

実務を円滑に進めるための文書

照会状：疑問点や不明点などについての問い合わせ、回答をもらうための文書
回答状：照会に対する回答の文書
通知状：企業間の連絡のための文書
依頼状：信用や支払いなどの用件を依頼するための文書
督促状：相手の支払いや納品が遅延した場合に出す文書
そのほか、紹介状、申込状、注文状、抗議状、詫び状、契約書など

社交・儀礼文書

儀礼的な意味合いの強い文書

案内状：催し物などの案内のために出す文書
招待状：催し物などに客として招くための文書
紹介状：営業目的で企業の事業内容を知らせるための文書
祝賀状：年賀状などお祝いの文書
弔意状：不幸があった際のお見舞いやお悔やみの文書
そのほか、挨拶状、推薦状、礼状など

社内文書

●社内間で交わされる文書
●スムーズに業務を行うためのもの

上部から下部へ出される文書

通達・社達：
社内に統一の行動をとらせるための文書
指示書：業務運営のために指示を出す文書
割当書：
部門別・商品別に販売目標を与える文書

下部から上部へ出される文書

稟議書：業務上必要な案件の決済や承認を求める文書
企画書：新しい案件を行うためにテーマや実行方法などをまとめた文書
報告書：日報・出張・参加・研究などの報告をする文書
上申書：権限のない事柄について希望を申請する文書
届出書：休暇・欠勤・残業など人事に関する届出をする文書

部門間で交わされる文書

通知書（連絡書）：
会議の開催などを知らせる文書
照会書：
実績や計画数などの問い合わせをする文書
回答書：照会に対して回答する文書
依頼書：
借用・提出などの依頼をするための文書
供覧書（掲示書）：
参考資料の回覧、行事案内などの文書
合議書（協議書）：部門の調整をするための文書
連絡票：電話・訪問などによる伝言メモ

記録・保存のための文書

各種帳票類：出勤簿・出入金伝票・経理帳簿のほか、勤務や経理に関するデータ文書
議事録：
重要会議の決定事項を記録するための文書
統計書類：
営業・販売などにおける集計データ文書

文書作成に必要な項目を押さえる

分かりやすく、簡潔に。
そして、一定のルールに則って書くことが必要。

ビジネス文書の書式例

営部発第87号 ❶
平成○年9月5日 ❷

❸ 株式会社東北繊維
代表取締役社長　二宮一平様

大洋物流株式会社
代表取締役社長　大田洋平 ❹

新会社設立のご案内 ❺

❻

拝啓　初秋の候、ますますご清祥のこととお慶び申し上げます。平素は格別のご高配を賜り、深謝申し上げます。 ❼

さて、このたび私どもは、かねてより品川に建設中の流通センターの完成を機に、大洋興産株式会社より流通・配送部門を分離し、10月１日より新たに「大洋物流株式会社」として独立、運営する運びとなりました。

新会社の経営陣容ならびに概要は別紙にてご案内させていただいております。この新会社設立により、皆様に、従来より一層きめ細かなサービスをご提供できると確信しております。何とぞ変わらぬご指導、ご鞭撻のほどよろしくお願い申し上げます。

つきましては、平素よりお引き立てを賜っております皆様へのご披露、ご挨拶を兼ねて、下記の通りささやかな祝賀の宴を開催いたします。

ご多忙中とは存じますが、ご臨席くださいますようお願い申し上げます。 ❽

敬具 ❾

記

1.　日時　平成○年９月２７日(木)午後３時より
2.　会場　東京都品川区○－○－○　電話○○－××××－△△△△(代)
大洋物流株式会社流通センター(別紙地図をご参照ください) ❿

以上 ⓫

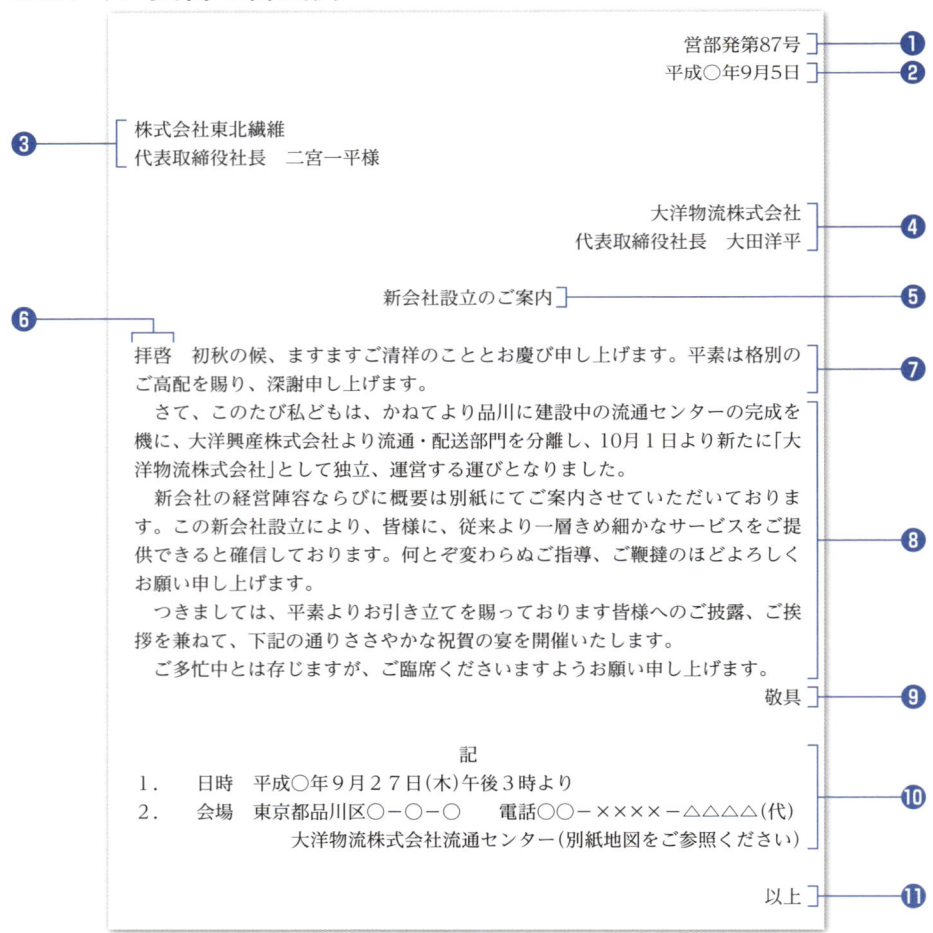

ビジネス文書の基本項目

❶文書番号

発信元の部署や文書の種類、内容、取引先などを分類してつける番号です。会社、部署の慣例に従って番号を付けましょう。

❷日付

文書を送付した日付を、文書番号の下に右端を揃えて記入します。年号から省略せずに書きましょう。

❸宛先

相手の会社名、部課名、役職名、氏名を略さずに記入します。名刺などで確認して間違いのないようにしてください。敬称は最後に入れます。

❹発信者

会社名、部課名、役職名、氏名を記入します。住所、電話番号を付記することもあります。

❺標題

ひと目で内容が分かるように、表題を付けましょう。一般的には「～について」「～の件」「～のご案内」「～のお願い」などと書きます。文字サイズは主文より大きくして目立たせるとよいでしょう。

❻頭語

形式に従って、頭語→挨拶と続けて主文に入ります。

❼挨拶

時候の挨拶に続けて、感謝の言葉や相手の繁栄を喜ぶ挨拶を記入します。時候の挨拶は、季節を間違えないようにしましょう。

❽主文

改行して、「さて」などの起こし言葉から用件に入ります。

❾結語

頭語に対応した結語を記入します。「拝啓」で始まったら「敬具」で結びます。

❿別記

主文に入れると煩雑になる場合、確認のため要点をまとめる場合などに記入します。「記」以下は、箇条書きで簡潔にまとめてください。

⓫結び

本文､別記のすべての内容を書き終えたら、右下に「以上」と書きましょう。別記がない文書では、主文の後に終わりの挨拶と結語が続く場合が多くなります。

文書作成に欠かせない4つのポイント

簡潔かつ分かりやすく

「6W2H」を心掛ける

文章は①なるべく短く、②簡潔に、③分かりやすく、④正確に、書くことが大切です。ビジネス文書では、最初に結論を述べる「結承転提」の構成がよいとされます。また、文章の基本は「5W1H」ですが、ビジネス文書では「6W2H」（いつ・どこで・誰が・なぜ・何を・誰に・どのようにして・いくらで）を心がけるとよいでしょう。

基本は横書き

挨拶状は縦書きで。数字は算用数字で表記

挨拶状などの社交・儀礼文書を除き、ビジネス文書では文字を横書きにするのが一般的です。ビジネスでは数字を使う機会が多いですが、漢数字よりも算用数字にしたほうが分かりやすく、この点においても横書きのほうが適しているといえます。なお、数字表記の際は年号や電話番号を除いて、3ケタごとにコンマ（,）を打つようにしましょう。

書き終わったら読み返す

1度目はデータ部分を、2度目は全体の流れをチェック

文書を書き終えたら、必ず2度読み返すことを心がけましょう。1度目はデータ部分を確認します。数字や固有名詞、データ部分に間違いや漏れがないかをチェックしてください。2度目は素読みをし、文章におかしなところがないか、流れがスムーズかを確かめます。

敬語の取り扱いに注意

社外文書は「です」「ます」、社内文書では「だ」「である」

社内文書では敬語を使用せず「だ」「である」調が普通ですが、社外文書では「です」「ます」調の丁寧な表現や敬語が必要となります。誠意と礼儀をもって作成する必要がありますが、大げさな敬語や必要以上に卑下した言葉には注意してください。かえって相手を不快にさせてしまうおそれがあります。

文書送付の常識
「封筒」の書き方

**作成した文書を封筒に入れて郵送。
その封筒にも使い分けや書き方などのルールが。**

和封筒の表書き

切手はなるべく1枚にする

郵便番号は算用数字で

住所は宛名よりも小さく。2行になる場合は改行後に1字空けて書く。市町村名やマンション名を途中で改行しないよう注意。縦書きであれば数字は漢数字で

社名は改行して入れる。㈱などと略さず、正式名称で

宛名は中央に、大きく書く。役職を記入する場合は宛名の上に小さく

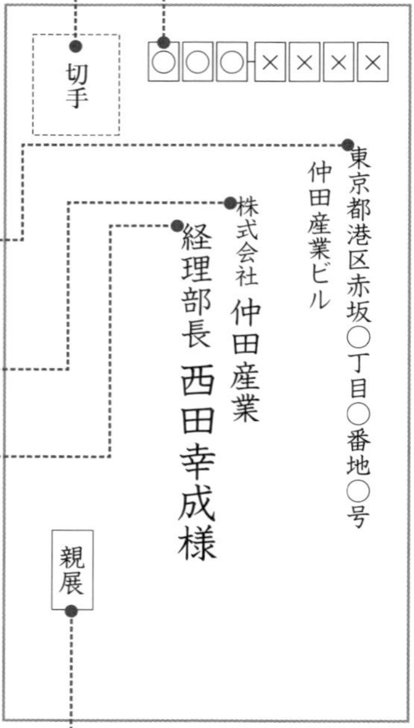

同封物やその文書の取り扱い方法を示す脇付は、宛名の左下に。目立たせたい場合は赤字で書くことも

和封筒の裏書き

のりで封をした上に、「〆」（しめ）と封字を書く。改まった場合は「封」「緘」とする

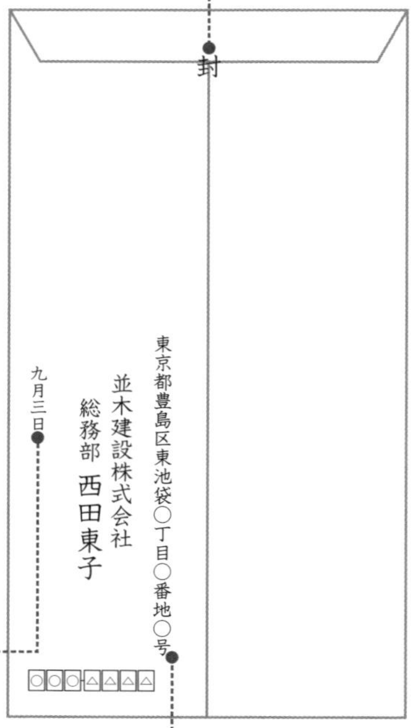

差出人の左上に発信日を小さく書く。年号はなくてもよい

差出人の住所は、中央寄りの左側から書き出す。2行になる場合は改行後に1字下げる。

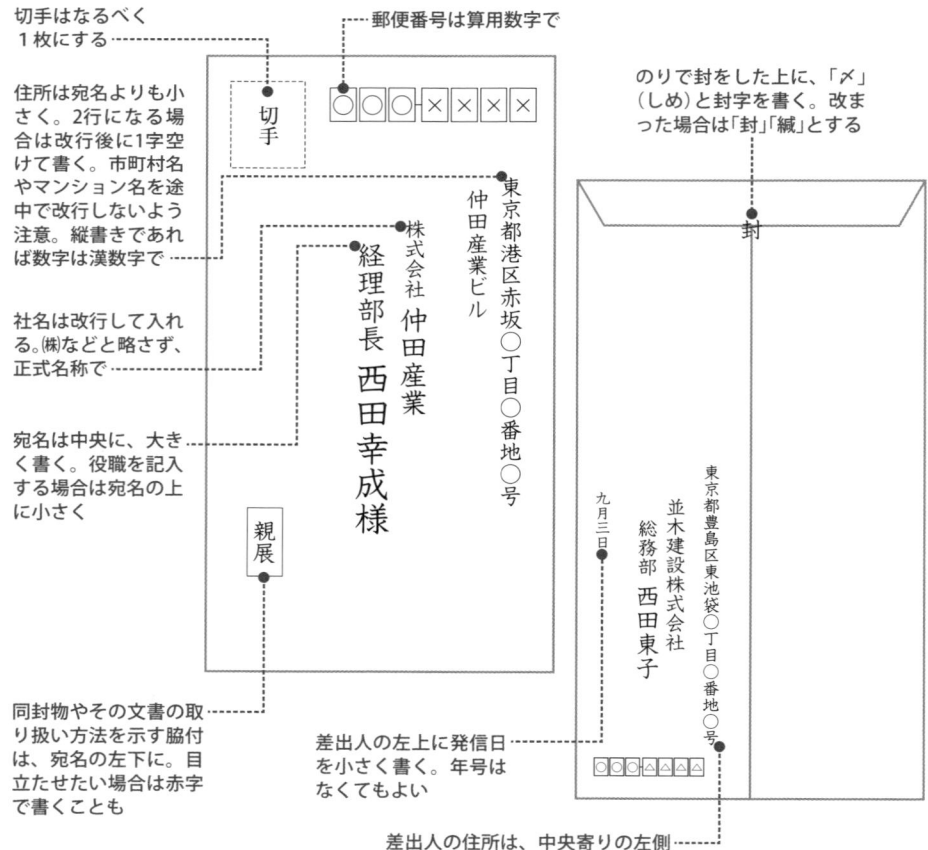

洋封筒の表書き

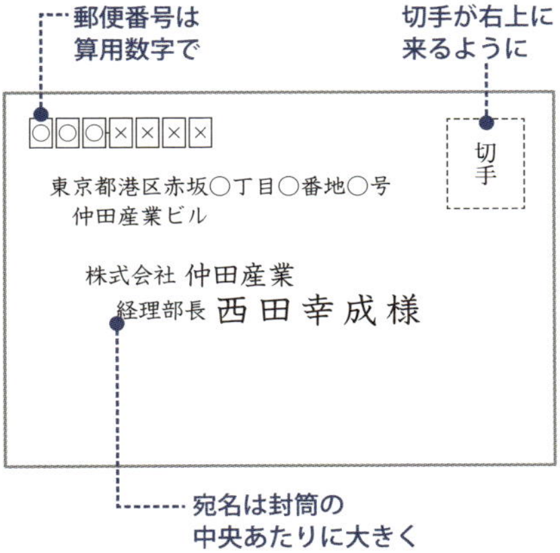

洋封筒の裏書き

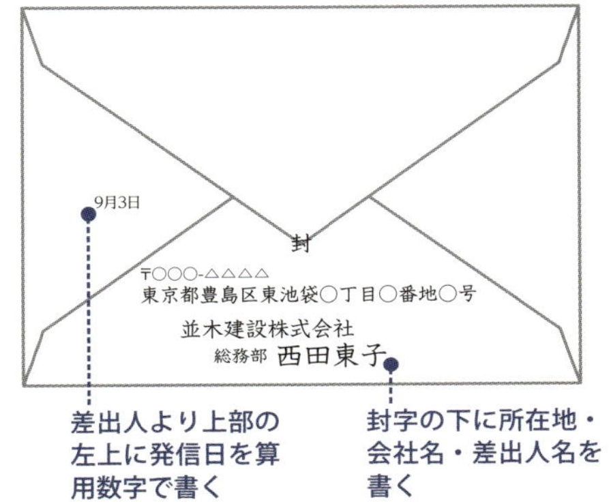

洋封筒で横書きの場合、
封字は省略してもよい

洋封筒の裏書き（縦書き）

通常（お祝い事を含む）

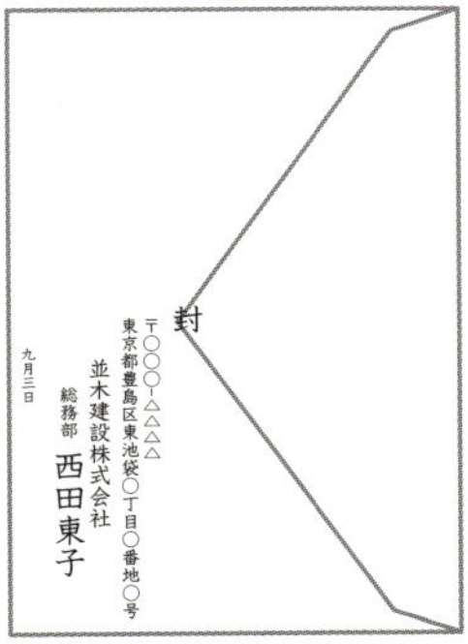

葬礼関係

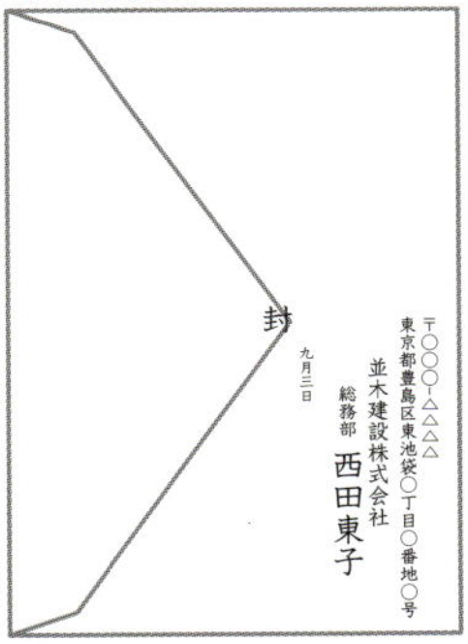

目上の人に送る場合や、改まった場合などは、洋封筒でも裏書きは縦書きにします。通常は右側から封をしますが、弔事の場合は反対の左側から行います。書き方は和封筒とほぼ同じです。ただし、通常ならば封字の左側に所在地・社名・氏名を書きますが、弔事の場合は封字の右側に入れます。

封筒の種類と用途

種類	主な用途
社名入り和封筒	一般的な社外文書
和封筒（二重）	祝い状・礼状など改まった社交文書
和封筒（一重）	悔み状など葬礼関係の社交文書
茶封筒	請求書や領収書など事務的な文書
洋封筒	式典への招待状や就任挨拶状などの社交文書

一般的な敬称

相手	敬称
個人	様（ただし役職名の後には不要。課長様はNG）
企業・役所・団体	御中
複数の個人	各位
教師・学者・医師・弁護士・作家・詩人・俳人など	先生・様
画家	先生・画伯・様
先輩	賢兄・畏兄・様

主な脇付の意味

脇付	意味
親展	宛名本人が開封してください
重要	重要な文書なので丁寧に扱ってください
至急	すぐに開封して迅速に対応してください
○○在中	○○が同封してあります（請求書・履歴書など）

用紙の「折り方」にもマナーがある

意外と知られていないのが、用紙に関するマナー。
封筒に合わせた適切な折り方があるのでしっかりマスターしよう。

添付書類のマナー

用紙と封筒の組み合わせ、折り方にもマナーがある

ビジネス文書の用紙はA4判が一般的です。それ以上の大きさの封筒を使う場合はそのまま入りますが、通常は封筒の大きさに合わせて折らなければなりません。封筒と用紙サイズの組み合わせや、用紙の折り方にもマナーがあるので、適切な方法を覚えておきましょう。

和封筒へ入れる場合（A4判）

A4判の用紙を和封筒へ入れる場合は、三つ折りにして長3（長型3号）の封筒に入れる。

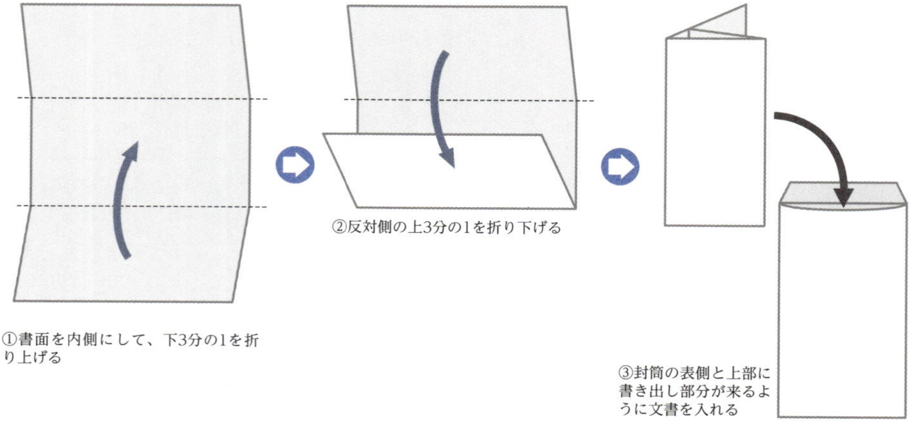

①書面を内側にして、下3分の1を折り上げる

②反対側の上3分の1を折り下げる

③封筒の表側と上部に書き出し部分が来るように文書を入れる

和封筒へ入れる場合（B5判）

B5判の用紙を和封筒へ入れる場合は、四つ折りにして長4（長型4号）の封筒に入れる。

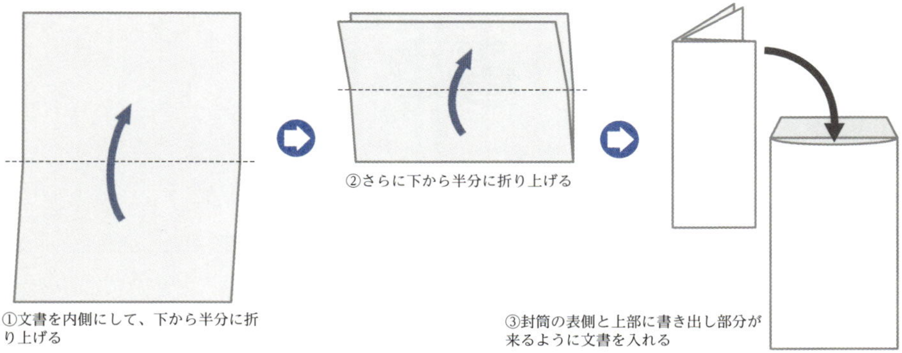

①文書を内側にして、下から半分に折り上げる
②さらに下から半分に折り上げる
③封筒の表側と上部に書き出し部分が来るように文書を入れる

洋封筒へ入れる場合（A4・B5判）

A4・B5判の用紙を洋封筒へ入れる場合は、上下左右に折る必要がある

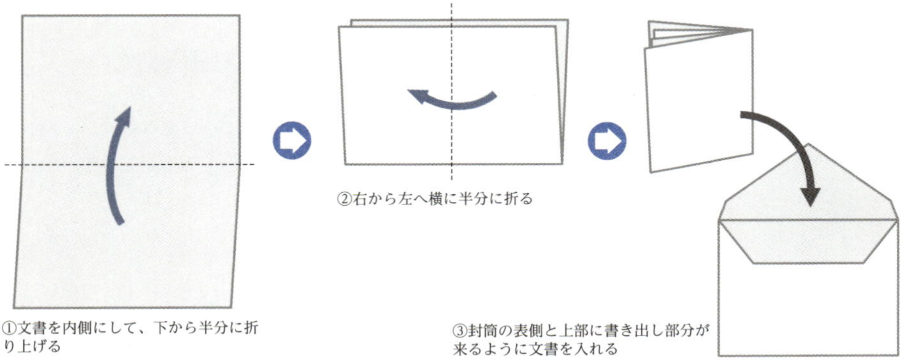

①文書を内側にして、下から半分に折り上げる
②右から左へ横に半分に折る
③封筒の表側と上部に書き出し部分が来るように文書を入れる

1枚のきれいな用紙に収めるのが基本

用紙は汚れや黄ばみのない、きれいなものを使いましょう。裏に社内資料などが印刷されたものを使うのは、もってのほかです。プリントした用紙に、ペンで書き加えるようなこともやめましょう。また、ビジネス文書はなるべく1枚に収めるのが基本ですが、地図やグラフなどの資料がある場合には、別紙にしたほうがみやすいです。その際は、1枚目に「添付書類：地図1枚」など、どのような書類が何枚添付されているかを記入します。そのほか、文書が横書きの場合は左上を、縦書きの場合は右上を、それぞれクリップやホチキスで留めるようにしてください。

格式ばらない「はがき」の書き方

**封書が原則のビジネス文書。
とはいえ、はがきのほうが適切な場合もある。**

はがきの表書き

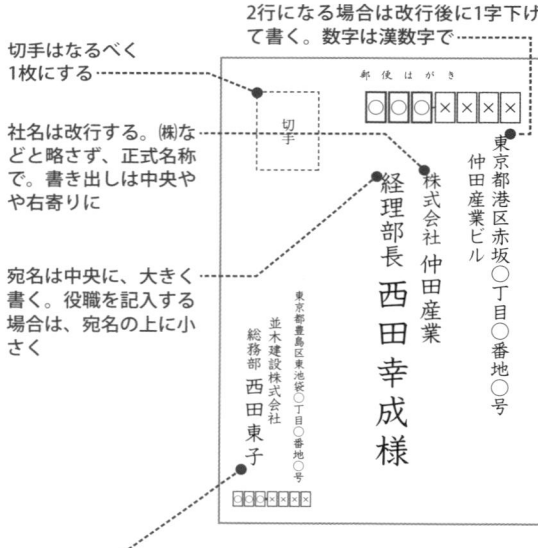

2行になる場合は改行後に1字下げて書く。数字は漢数字で

切手はなるべく1枚にする

社名は改行する。㈱などと略さず、正式名称で。書き出しは中央やや右寄りに

宛名は中央に、大きく書く。役職を記入する場合は、宛名の上に小さく

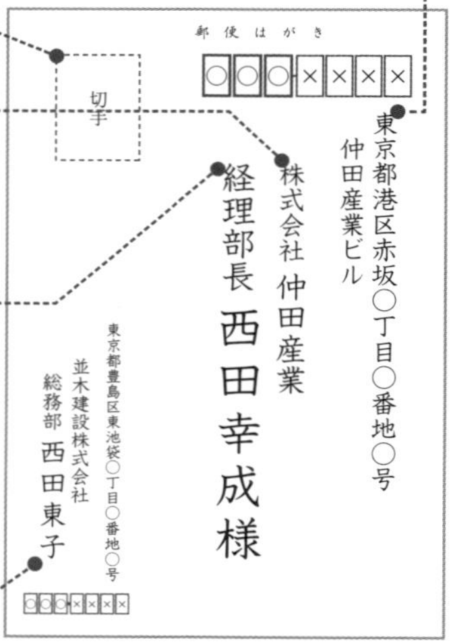

差出人の住所・会社名・氏名などは一般的に表書きだが、裏書きでも可。それぞれ相手先よりも小さく書く

はがきの裏書き

上下左右に5ミリ〜1センチほどの余白をとって書く

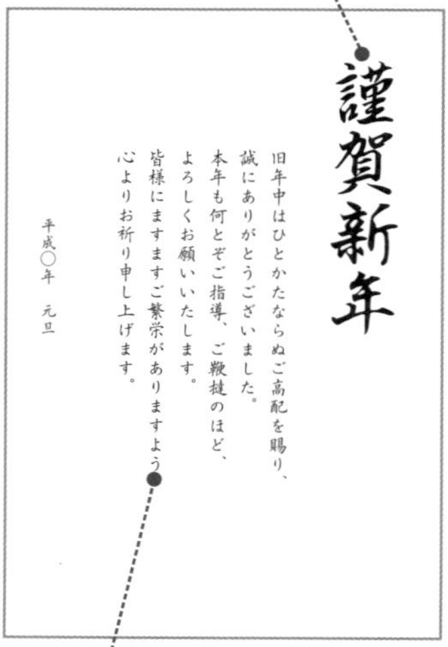

縦書きの場合、1行が20字程度、全体の行数を6〜10行でまとめると美しい

返信用はがきの表書き

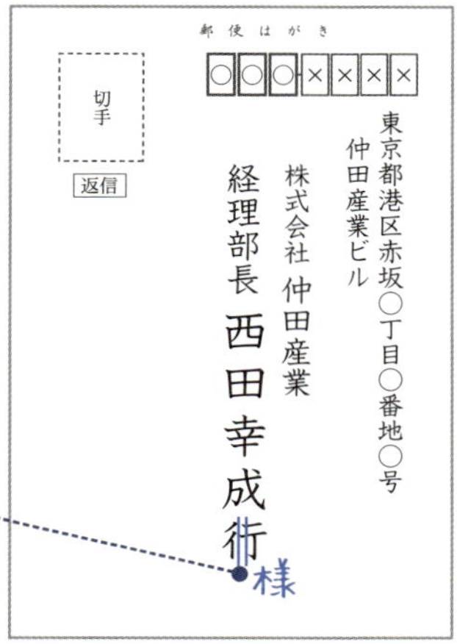

返信用ハガキの名前・社名が「行」「宛」となっているときは二重線で消し、社名・部署名の場合は「御中」、個人名の場合は「様」に書き換える

返信用はがきの裏書き

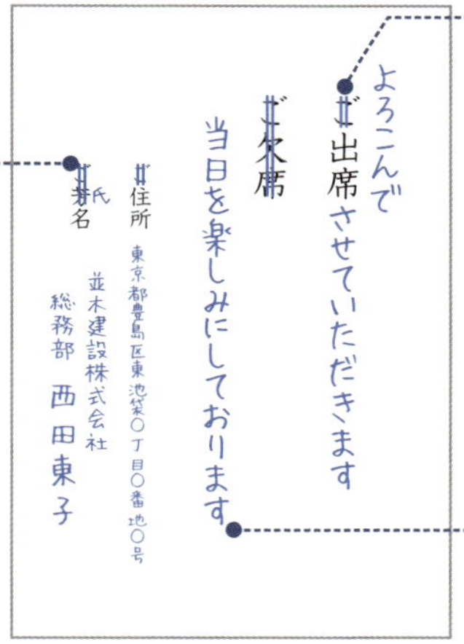

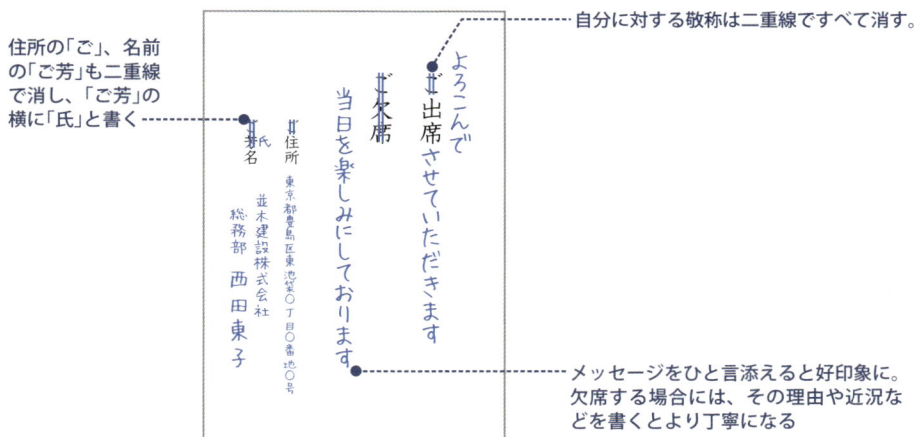

自分に対する敬称は二重線ですべて消す。

住所の「ご」、名前の「ご芳」も二重線で消し、「ご芳」の横に「氏」と書く

メッセージをひと言添えると好印象に。欠席する場合には、その理由や近況などを書くとより丁寧になる

簡単な通知や案内の場合ははがきで送ったほうがよい

ビジネス文書は封書が原則ですが、はがきのほうが適切な場合もあります。

たとえば、転居や転勤など簡単な近況を知らせる通知、複数の人に送付する案内状や招待状などです。災害後すぐに出す見舞い状もはがきのほうがよいでしょう。封書にすると相手が負担を感じるからです。はがきであれば、手短に返信できるでしょう。

ただし、個人情報やプライバシーに関わるものなど、他人にみられると相手が困るものは封書にしてください。なお、宛先などは横書きNGで、縦書きが基本となります。

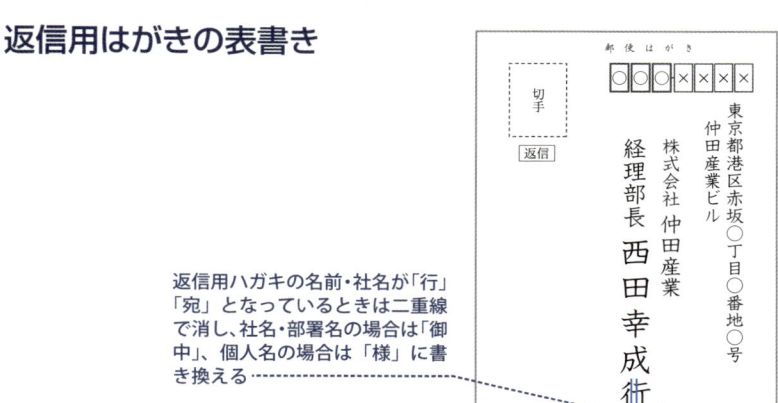

恥をかかない正しい敬語の使い方

相手を敬い、自らは謙虚な姿勢。
正しい敬語が信頼関係を築く。

信頼関係を築くために

使い間違いは品位を疑われる

「相手を敬い、自らは謙虚に」の姿勢は、通常の人間関係だけでなくビジネス社会においても鉄則です。お互いに顔のみえないビジネス文書でのやりとりにおいては、言葉を通じてその姿勢をみせるしかないので、敬語が重要なツールとなります。

使い方を間違えてしまうと、相手に対して失礼であり、自らの教養のなさを露呈することにもなりかねません。また、上下関係を意識した丁寧すぎる敬語は慇懃無礼な印象を与えかねず、会社としての品位を落とすことにもなってしまいます。

だからこそ、きちんとした敬語の使い方をマスターしなければならないのです。

敬語の種類と意味

自分・自社の人間には謙譲語を

敬語は、使う相手と敬意の表し方によって、「尊敬語」「謙譲語」「丁寧語」の3つに分けられます。特に気をつけたいのは、尊敬語と謙譲語の使い分けです。「相手には尊敬語、自分・自社の人間には謙譲語」が基本となります。若い人にありがちなのが、自分の上司の言動などを相手企業に伝えるときに「部長がおっしゃっていた」などの尊敬語を使うケースです。これは間違いで、上司は自社の人間なので「申し上げた」が正しい使い方となります。

敬語の種類と使い方

種類	意味	使い方例
尊敬語	相手自身・相手の行為・状態などを敬う	(~様が)おっしゃる
謙譲語	自分自身・自分の行為・状態などをへりくだって表現する	(私が)伺います
丁寧語	言葉遣いを丁寧に表現する	いいます・お電話

敬語の言い換え表現

動詞	尊敬語	謙譲語
会う	お会いになる・会われる	お目にかかる・お会いする
与える	あげる・賜る・献ずる・くださる	賜る・くださる・差し上げる
いう	いわれる・おっしゃる・お話しになる	申す・申し上げる
行く	いらっしゃる・行かれる・お出かけになる・おいでになる・お越しになる	参る・伺う・参上する
いる	いらっしゃる	おる
受ける	お受けになる	いただく・賜る・授かる・お受けする
思う	お思いになる・思われる	存じます・存じ上げる
考える	お考えになる	存じる・考えさせていただく
聞く	お聞きになる・聞かれる・お尋ねになる	拝聴する・お聞きする・伺う・承る・お尋ねする
来る	おいでになる・おみえになる・いらっしゃる・お越しになる	参る・参上する・伺う
知っている	知っていらっしゃる・ご存じ	存じ上げる
する	なさる	いたす・させていただく
食べる	召し上がる・お召し上がりになる	ご馳走になる・頂戴する・いただく
伝言する	おことづけになる	申し伝える
願う	お願いされる	お願い申し上げる・お願いさせていただく
みる	ご覧になる	みられる・拝見する
もらう	お受け取りになる	いただく・頂戴する・賜る
読む	お読みになる・ご覧になる・読まれる	拝読する・読ませていただく・お読みする

※丁寧語は動詞の後ろに「～ます」を組み合わせる

丁寧語への言い換え

あっち／こっち ➡ **あちら／こちら**
さっき ➡ **先ほど**
すごく ➡ **大変・とても・非常に**
だんだん ➡ **次第に・徐々に**
どうしよう ➡ **いかがいたしましょう**
歳をとった ➡ **お歳を召された**
もうすぐ ➡ **まもなく**
やっぱり ➡ **やはり**
わかった ➡ **かしこまりました**
～すればよいか ➡ **～すればよろしいですか**
～でよいか ➡ **～でよろしいですか**
～できない ➡ **～いたしかねます**
～という ➡ **～と申します**

※文末の「だ」「である」は「です」「ます」「ございます」に換える。
名詞の上には「お」「ご」を付ける。「お」は基本的に訓読みの言葉（例：「お友達」）に、「ご」は基本的に音読みの言葉（例：「ご友人」）に付ける。

自称と他称の敬語表現

人やものなどの名詞にも、敬語は存在する。
相手側を敬い、自分側はへりくだるのが基本だ。

自分側のものは「自称」、相手側のことは「他称」

自分のもの・人はへりくだり、相手のもの・人は敬う

動詞だけでなく、人やものなどを指す「名詞」にも、敬語は存在します。自分側のことをいう場合は「自称（卑称）」としてへりくだり、相手側のことは「他称（尊称）」として敬うようにしましょう。これらの呼び方には文書・手紙特有の慣用句も多いので、整理して頭に入れておいてください。

自称と他称【もの】

●場所

対象	自称（卑称）	他称（尊称）
会社	当社・弊社・小社	貴社・御社
支店・店舗	当店・小舗・弊店・当支社	貴店・貴部・貴支社
官公庁	当省・当庁・当署	貴省・貴庁・貴署
学校	当校・本校・本学	貴校・御校・貴学
家	小宅・拙宅・弊宅・弊屋	お家・お宅・貴宅・貴家
所	当地・当方	貴地・御地

●もの

対象	自称（卑称）	他称（尊称）
意見	私見・私意・拙意・管見・愚見	お考え・貴意・ご意見・ご高見
気持ち・配慮	私意・拙意・微意	お気持ち・ご厚志・ご厚情・ご芳志
贈り物	寸志・粗品・心ばかりの品・粗菓・粗酒	ご厚志・ご高配・結構なお品・お心づくしの品・佳品・銘菓・銘酒
文書	弊信・書面・書中	貴信・貴書・ご書面・ご書状・お手紙・お便り
返事	答え・回答・返事・返信	お答え・お返事・ご返事・ご回答

●行動

対象	自称（卑称）	他称（尊称）
授受	拝受・受領・受納	ご受領・ご査収・お納め
訪問	お伺い・ご訪問・お訪ね・参上	ご来訪・ご来店・ご来社・お越し・お立ち寄り・おいで

自称と他称【人】

対象	自称	他称
本人	私・私ども・当方・小生	○○様・貴殿・貴兄・あなた様
家族	私ども一同・家族・家中	ご家族・ご家族の皆様・皆様・皆々様
両親	両親・父母	ご両親様・お父様お母様
子ども	子ども	お子様
父	父・父親・老父	お父様・お父上・ご尊父
母	母・母親・老母	お母様・お母上・ご賢母様・ご母堂様
夫	夫・主人	ご主人(様)・ご主君
妻	妻・家内	奥様・令夫人・ご令室
息子	息子・せがれ・愚息	ご令息・ご子息
娘	娘	ご令嬢・ご息女

自称・他称を踏まえた敬語のルール

自分・自分の身内に尊敬語を使わない

上司に対する文書でも尊敬語を使いますが、他社の人に対して上司の言動を尊敬語で表すのは不適切です。社内・身内の人間について相手に伝える場合には、へりくだった表現を使うようにしましょう。

間違った尊敬語の使い方（例）

例1　（誤）弊社の課長がおっしゃっております。
→（正）弊社の課長が申しております。

例2　（誤）おいしく召し上がりました。
→（正）おいしくいただきました。

例3　（誤）父がお訪ねになります。
→（正）父が伺います。

相手に謙譲語を使わない

慣れないうちは、尊敬語と謙譲語を混合してしまいがちです。謙譲語を尊敬語のように用いるという、間違った使い方をしてしまうことがあります。謙譲語を相手に対して使うのは大変失礼なことなので、絶対に避けなければなりません。

間違った謙譲語の使い方（例）

例1　（誤）○○様が申していました。
→（正）○○社の○○様がおっしゃっていました。

例2　（誤）担当者に伺ってください。
→（正）担当者にお尋ねください。

例3　（誤）地図を拝見してください。
→（正）地図をご覧ください。

例4　（誤）弊社へ参られる際は～
→（正）弊社へいらっしゃる際は～

例5　（誤）皆様でいただかれてください。
→（正）皆様で召し上がってください。

二重敬語は避けよう

間違って使用しがちなのが「二重敬語」です。これは、言葉を丁寧にしようとしすぎるあまり、尊敬語の上にさらに尊敬表現を重ねるという表現のこと。基本的に二重表現を使っても、相手に不愉快を与えることはありませんが、まわりくどい印象を与えてしまうことがあります。

例えば、「読む」の尊敬語を使う場面で、「お読みになられる」といったように、「お読みになる」に加えて「～られる」を使用するのは間違いとなります。

ただし、「お召し上がりになる」「お伺いする」など、慣例的に二重敬語の使用が許されている表現もありますが、これはあくまでも例外的なものです。

以下の事例を参考にして、間違えないよう注意しましょう。

例1●

（二重敬語）お客様が資料をご覧になられた。
→（正しい敬語）お客様が資料をご覧になった。

「ご覧になる」と「～られる」を二重に使用しているので間違い。

例2●

（二重敬語）A社のB部長がおみえになられた。
→（正しい敬語）A社のB部長がおみえになった。

「おみえになる」+「～られる」を二重に使用しているので間違い。

頭語と結語の組み合わせ

社外文書に欠かせない頭語と結語。
頭語は「こんにちは」、結語は「さようなら」に当たる。

頭語と結語は文章や手紙特有の言葉

頭語と結語には対応関係がある

文書や手紙の書き出し部分と終わりの部分には、特有の表現方法があります。それが、「こんにちは」に該当する頭語と、「さようなら」に該当する結語です。

頭語には「拝啓」「前略」など、結語には「敬具」「早々」などが用いられます。さらに、「拝啓」と「敬具」、「前略」と「早々」のように、それぞれの組み合わせは必ず対応したものが決まっているので、これらはぜひ覚えておきましょう。

書き出し・書き終わりのルール

頭語は行頭を下げない、結語は文末右端に

頭語を書き出す際は、冒頭は1字下げを行わない決まりとなっています。また、頭語の後に続く前文は、1字空けて書き始める、もしくは1行分改行して書くのがルール。どちらにしても問題ありませんが、改行せずに1字空きで進めるのが一般的となっています。

結語は、文末の最終行に入れますが、その際には右寄せにしましょう。通常の文章のように句点（。）を書いてはいけないので注意してください。

頭語と結語を省略してもよい場合

お悔やみやお見舞いなどの場合は省略する

文書の送り先が親しい相手などの場合には、頭語と結語を省略してもかまいませんが、ビジネス上の相手ならば書いておいたほうがよいでしょう。また、年賀状、お悔やみ状などの場合も頭語・結語は使わないのが慣例です。

いくつかの組み合わせを覚える

最も一般的なものは「拝啓」＋「敬具」

頭語と結語には多くのパターンがありますが、一般的に用いられるのは「拝啓」と「敬具」。これは、目上の相手にも使用できるので、ぜひ覚えておきたい組み合わせです。

そのほか、前文を省略したいときには、「前略」と「早々」が使われます。これならば、次節以降で解説する時候の挨拶や安否の挨拶などの前文を省略することが可能です。いきなり本文から書き出せる便利な組み合わせなので、最低限これらは押さえておきましょう。

頭語と結語の組み合わせ例

文書の種類	頭語＋結語
普通の場合	拝啓＋敬具・敬白、拝呈＋拝具
丁寧な場合	謹啓＋謹白、謹呈＋謹言、粛啓＋再啓
前文省略の場合	前略・冠省・略啓＋草々・早々・不備・不一
重ねて出す場合	再啓＋敬具、再呈＋拝具、追啓＋再々失礼いたしました
返信の場合	拝復・復啓＋敬具・敬答・不備

➡頭語と結語を用いた文書例

拝啓　時下ますますご清栄のこととお慶び申し上げます。日頃は格別の配慮を賜り、心からお礼申し上げます。

さて、昨日は弊社が企画いたしました「真夏のサマーセールキャンペーン」にご協力いただきまして、誠にありがとうございました。おかげさまで応募総数も予想をはるかに上回り、キャンペーンは大成功を収めることができました。

これも偏に、皆様のご協力の賜物です。今後とも、何とぞご支援、ご指導のほどよろしくお願い申し上げます。

まずは、書中をもちましてお礼申し上げます。

敬具

頭語は行頭、一字下げずに書く

頭語の後には句読点を入れず、一字分の空きを入れて、すぐに挨拶の文章を続けてもよい

結語は最後の行の行末に。句点（。）は入れない

時候の挨拶で心を和ませる

頭語に続く時候の挨拶は、四季が豊かな日本ならでは。慣用的な表現で季節感を表現したい。

時候の挨拶には2通りの表現がある

改まった印象の漢語調の表現、親近感を与える口語調の表現

頭語の後には、時候の挨拶を入れるのが基本です。ビジネス文書では、季節を問わない「時下」という言葉を用いて「時下ますますご清栄のこととお慶び申し上げます」と続けることもできますが、四季が豊かな日本では、時候の挨拶によって相手の心を和ませる効果があります。

時候の挨拶には「寒風の候」といった漢語調の表現と、「例年にない厳しい寒さが続いておりますが」といった口語調の表現があります。前者は一般的なビジネス文書で使われる表現、後者はやわらかで親近感を与える表現です。さらに、月ごとに旧暦に基づいた季節感を表す決まり文句があり、3~5月が春、6~8月が夏、9~11月が秋、12~2月が冬とされています。

月ごとの時候の挨拶

●1月

漢語調の表現	口語調の表現
新春の候(みぎり・折柄/以下同)	早いものでいつしか松の内も明け
酷寒の候	今年の寒さは格別でございますが
初春の候	例年にない厳しい寒さが続きますが

●2月

漢語調の表現	口語調の表現
余春の候(みぎり・折柄/以下同)	立春とは名ばかり、余寒なお厳しい折柄
立春の候	春とは名ばかりで、寒気はなかなか退きませんが
春寒の候	ようやく鶯の初音も聞かれるころとなりました

●3月

漢語調の表現	口語調の表現
早春の候(みぎり・折柄/以下同)	うれしい春の訪れ
軽暖の候	一雨ごとに少しずつ暖かく
浅春の候	ようやく春めいて

●4月

漢語調の表現	口語調の表現
陽春の候(みぎり・折柄／以下同)	春の装いも美しく
春暖の候	青葉薫る頃となりましたが
仲春の候	うららかな季節を迎え

●5月

漢語調の表現	口語調の表現
新緑の候(みぎり・折柄／以下同)	風薫る好季節となりました
惜春の候	日々に新緑の色を増すこの頃
初夏の候	はや衣替えの季節となり

●6月

漢語調の表現	口語調の表現
梅雨の候(みぎり・折柄／以下同)	降りみ降らずみの今日この頃
薄暑の候	初ぜみの肥を聞く頃となり
初夏の候	青葉をわたる風も、いつか夏めいてまいりました

●7月

漢語調の表現	口語調の表現
盛夏の候(みぎり・折柄／以下同)	梅雨明けとともに、極暑の季節となりました
大暑の候	厳しいお暑さのみぎり
真夏の候	ただただひと雨ほしい今日この頃

●8月

漢語調の表現	口語調の表現
残暑の候(みぎり・折柄／以下同)	立秋とは名ばかりで、暑気は一向に衰えませんが
晩夏の候	残暑耐えがたく
初秋の候	朝夕は幾分しのぎやすくなりました

●9月

漢語調の表現	口語調の表現
初秋の候(みぎり・折柄／以下同)	虫の音にも秋の気配が感じられます
新涼の候	さわやかな季節が訪れてまいりました
野分の候	天高く、気清き秋となりました

●10月

漢語調の表現	口語調の表現
秋冷の候(みぎり・折柄／以下同)	秋色いよいよ深く
紅葉の候	味覚の秋
秋麗の候	紅葉燃える好季節となりました

●11月

漢語調の表現	口語調の表現
晩秋の候(みぎり・折柄／以下同)	日ごと冷気が加わり
初霜の候	野も山も霜枯れている今日この頃
深冷の候	はや晩秋となりましたが

●12月

漢語調の表現	口語調の表現
初冬の候(みぎり・折柄／以下同)	心せわしき師走の折柄
師走の候	クリスマスツリーが街に現れる頃となり
歳晩の候	いよいよ本年も押し詰まってまいりました

安否を気遣う挨拶・感謝を伝える挨拶

時候の挨拶に続くのは、相手の安否を気遣う挨拶、さらに日頃の感謝を伝える挨拶になる。

安否を気遣う挨拶

うまくいっていることを前提とした繁栄・健康を喜ぶ言葉を

時候の挨拶に続くのは、相手の安否を気遣う挨拶です。これは、実際には安否を気遣うというよりは、うまくいっていることを前提とした繁栄・発展・健康を喜ぶ挨拶を意味します。

下表の6ブロックの言葉をひとつずつ選び、順番につなげてみましょう。これらの組み合わせで、さまざまなタイプの安否を気遣う挨拶文を作成することができます。

安否を気遣う（繁栄を喜ぶ）挨拶

企業・団体向け	貴社／御社／皆様／各位（など）	→ には／におかれましては（どちらも省略可）	→ ますます／いよいよ／一層	→ ご隆盛／ご隆昌／ご繁栄 ご発展／ご清祥／ご清栄	→ のことと／の日／の趣／の御事と のご様子／の段／のこと何よりと	→ お喜び申し上げます お慶び申し上げます 拝察いたします 大慶に存じます
個人向け	○○様／貴殿／先生			ご活躍／ご健勝 ご清祥／ご清栄		慶賀の至りに存じます 何よりと存じます

※一般的には「喜ぶ」が使われるが、より丁寧な文章にしたいときや慶事のときには「慶ぶ」を使う。

日頃の感謝を伝える挨拶

厚情や世話への感謝を加えるとより丁寧に

日頃から付き合いのある相手に対しては、安否を気遣う（繁栄を喜ぶ）挨拶の後、さらに日頃の感謝を伝える言葉を続けます。こうすることで、より丁寧な文章となるのです。具体的なエピソードを入れ込めば、ますます印象がアップするでしょう。

下表の6ブロックの言葉からひとつずつ選び、順番につなげてみてください。これらの組み合わせで、さまざまなタイプの感謝の挨拶文を作成することができます。

日頃の感謝を伝える挨拶

平素は／日頃は／いつも／常々／常日頃／このたびは／長年 →	格別の／過分の／多大の／特別の／何かと／一方ならぬ／身に余る →	お引き立て／ごひいき／ご高配／ご愛顧／ご厚情／ご用命 ご教示／ご支援／ご厚誼／ご協力／ご指導／お力添え →	を賜り／に預かり／をいただき／下さり／を受け／をくださいまして →	厚く／心から／謹んで／ありがたく →	感謝申し上げます／お礼申し上げます／ありがとうございます

※よく使われる感謝の言葉
高配：相手からの心配りを敬って伝える言葉
愛顧：目をかけてひいきにすること
厚情：厚い情けや思いやり
教示：知識や方法などを教え示す
厚誼：情のこもった親しい付き合い、厚いよしみ

業務上の挨拶と起こし言葉

返書での挨拶・お詫びなどひと通り終えたらいよいよ本題へ。書き出しにも決まり文句がある。

返書での挨拶

受け取ったことと、送付についてのお礼を

返信の文書では、「文書を受け取ったこと」「送付についてのお礼」の挨拶も必要となります。

返事を出すのが遅くなってしまった場合には、必ずお詫びの言葉を添えるようにしましょう。言い訳がましくならないよう、簡潔にするのがポイントです。

●送付についてのお礼

例 ご書面、確かに拝受いたしました。誠にありがとうございました。

●返信が遅れたことへのお詫び

例 本来ならばすぐにでもご返事申し上げるべきところ、遅くなりまして申し訳ございません。

ご無沙汰のお詫び・突然の連絡時の挨拶

付き合いのない相手への挨拶にも慣用句がある

付き合いが途絶えてしまっていた相手などに対しては、感謝の言葉の代わりにご無沙汰のお詫びをしなければなりません。また、面識のない相手への初めての文書では、突然の連絡についての挨拶が必要です。下表の言葉をつなげることで、それぞれの挨拶文をつくってみましょう。

ご無沙汰のお詫び

日頃は／平素は／長らく → とかく／心ならずも／つい → ご無沙汰いたしまして
ご無音に打ち過ぎ
ご連絡を怠り → 誠に申し訳ございません
深くお詫び申し上げます
何とぞご容赦ください

突然の連絡時の挨拶

突然の不躾なお手紙を
突然、お手紙を
差し上げます失礼を → どうぞお許しください
ご容赦ください

「起こし言葉」で本題へ進む

唐突にならず、かつ相手に肝心な部分を意識させる

挨拶がひと通り終わったら、いよいよ本題へ入ります。

その際は唐突な感じにならないよう、改行して最初の1字を下げ、「さて」「ところで」といった言葉を置いてから主文を書き始めましょう。このようにして、読む相手に次からが本題であることを意識させるわけですが、そのときに用いる言葉を「起こし言葉（起辞）」といいます。

その後ひと通り説明して最後に結論を述べる場合には、「つきましては」という言葉で締めに入るとよいでしょう。さらに補足がある場合は、「なお」と置いて必要事項を書き添えてください。

主文に入るときの決まり文句（起こし言葉）

言　葉	使い方例
さて	さて、この度弊社では
実は	実は、弊社でこのたび開発した
ところで	ところで、先日お願い申し上げていた○○の件についてですが
早速ですが	早速ですが、先日ご依頼いただいておりました
早速ながら	早速ながら、昨日注文させていただいた

主文の中で使われる決まり文句

言　葉	用いる状況	使い方例
つきましては	結論をまとめる	・つきましては、○月○日までにご回答いただきますよう、お願いいたします ・つきましては、下記の通り報告会を行います
なお	用件を補足する	・なお、ご不明な点がございましたら、下記までお尋ねください ・なお、○○につきましては、改めて○○からご連絡させていただきます

※「なお」は漢字で「猶」「尚」と書くこともできるが、ビジネス文書ではひらがなで表記するのが一般的である。

文章がグッと締まる結びの挨拶

**末文には結びの挨拶を忘れずに。
慣用的な表現を上手に使って、好印象を与えよう。**

好印象を残す「結び」のひと言

必要に応じていくつか併記することも

主文を書き終えたら、改行して結びの挨拶を入れるようにしましょう。これによって文書がグッと締まるので、相手にも好印象を残せます。

「まずは書面にてお知らせ申し上げます」といった一般的な挨拶のほか、相手の繁栄や健康を祈る挨拶、今後の支援や交誼を願う挨拶など、様々な意味合いの挨拶があります。さらには、必要に応じていくつかの言葉を併記することも可能です。

表にある言葉をつなげて、結びの挨拶文をつくってみましょう。

一般的な結びの挨拶

まずは／以上 取り急ぎ／略儀ながら	書面にて／書中をもって 書中をもちまして	ご挨拶／お知らせ／ご通知 ご依頼／お祝い／お礼 お見舞い／お詫び／お悔やみ お願い／ご回答／お返事 ご報告／ご案内／お礼	申し上げます まで まで申し上げます

相手の繁栄や健康を祈る

なお／時節がら／切に → 貴社ますますのご隆盛を／ますますのご発展のほど／ご自愛のほど → 心から／偏に／謹んで → お祈り申し上げます／祈り上げます／願い上げます

今後の支援や交誼を願う結びの挨拶

今後とも → 何とぞ／変わらぬ／倍旧の → ご愛顧／お引き立て／ご高配／ご指導／ご支援／ご鞭撻 → のほど／を賜りますよう → よろしくお願い申し上げます

そのほかの結びの挨拶文

●返事を求める結びの挨拶

（例）	では、お返事をお待ち申し上げます。
	お忙しい中を恐縮ですが、○日までにご回答をいただければ幸いです。

●伝言を依頼する結びの挨拶

（例）	○○様へお伝えいただけますよう、お願い申し上げます。

●断る際の結びの挨拶

（例）	遺憾ながらご期待に添いかねますので、何とぞご容赦ください。
	あしからずご了承くださいますよう、お願い申し上げます。

手紙や一筆箋でより親近感のある文書に

手書きの文字にはパソコンの印刷文字にはない温かさや心が伝わる。

手紙の書き方

丁寧な手書き文字を通して心を伝える

祝い状や礼状、詫び状を送るときは、PCのワープロソフトで作成するだけでなく、手紙にしてみるのもよいでしょう。丁寧に手書きをすることで、より心を込めた姿勢が伝わり、コミュニケーションがより円滑になることもあります。

一般的には横書きより縦書きのほうが正式だとされますが、重要なのは、封筒との統一性です。洋封筒は横書き、和封筒は縦書きにしましょう。また、2枚以上の便箋を使うのが常識で、文面が1枚で終わってしまう場合には、白紙の便箋を1枚付けて出すようにしてください。ただし、弔事の手紙では「不幸が重なる」ことを避けるため、便箋は1枚にしなければなりません。

一般的な手紙の書き方

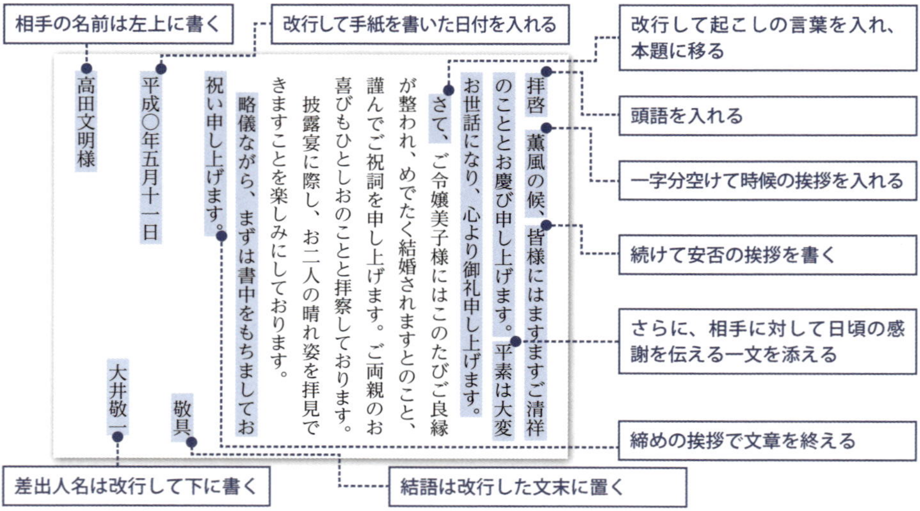

拝啓　薫風の候、皆様にはますますご清祥のこととお慶び申し上げます。平素は大変お世話になり、心より御礼申し上げます。
さて、ご令嬢美子様にはこのたびご良縁が整われ、めでたく結婚されますとのこと、謹んでご祝詞を申し上げます。ご両親のお喜びもひとしおのことと拝察しております。
披露宴に際し、お二人の晴れ姿を拝見できますことを楽しみにしております。
略儀ながら、まずは書中をもちまして祝い申し上げます。
敬具
平成〇年五月十一日
大井敬一
高田文明様

一筆箋の書き方

「ひと言伝えたい」というときに

「一筆箋」とは親しい相手にメッセージを送ったり、贈り物にひと言添えたりするときに使う小さめの便箋のことです。便箋に書くほどの内容でもないが、ひと言伝える必要があるときに使えます。

「ひと言伝える」という主旨なだけに、1枚だけ使って簡潔に用件をまとめてください。前文や末文が要らないだけでなく、白紙の一筆箋を重ねる必要もありません。

阿部佳子様

先日は新居にお招きいただき、心温まるおもてなしをありがとうございました。

懐かしい友人も多く集まり、楽しいひととき を過ごさせていただきました。

ささやかながらお礼をと思い、阿部様のお好きな白泉堂の水ようかんをお送りしますので、皆様でお召し上がりください。

穂積恵美

宛名は最初に書いても、省略してもOK。

いきなり本題に入り、お礼や感謝を述べる。言葉遣いに関しても、親しい相手であれば話し言葉で可

差出人の名前は文末に。省略可

封筒・便箋のマナー

- 正式な手紙：白の和封筒（縦型・長型4号・二重タイプ）＋白地縦書きの便箋
  目上の人に出す手紙・依頼状・詫び状・督促状などで用います。
- 私的な手紙：デザイン・色・縦書き横書きなど自由
  親しい間柄の相手への近況報告・お礼・お祝いなどで用います。
- 慶弔の手紙：白の和封筒（縦型・長型4号）＋白無地の便箋
  文章を書く際は、上3センチ、下2センチほど空けます。弔事の場合は「不幸が重なる」のを避けるため、二重タイプの封筒や2枚以上の便箋は使用してはいけません。

筆記具のマナー

改まった手紙の場合、筆記具は万年筆（黒やブルーブラックのインクを使用）や毛筆を使うようにしましょう。下書き用とされる鉛筆や、絶縁を意味する赤インクは避けてください。

電子メールの基本とマナー

通信手段として不可欠なメールには
紙の文書にはない留意点やマナーがある。

メール文書の書式例

❶ 宛先：000@000.00.jp
❷ CC：111@111.11.jp
❸ BCC：
❹ 件名：世田谷支店移転のお知らせ
❺ 添付：世田谷支店地図.jpg

❻
平成書房株式会社
営業部　尾谷義美様

❼
平素から大変お世話になっております。
立志書店世田谷支店　店長・水野です。

❽
このたび、当世田谷支店は下記に移転することになりました。
なお、電話番号およびFAX番号に変更はありません。

●立志書店　世田谷支店
　新住所（平成○年9月1日より）
　移転先住所：東京都世田谷区成城○丁目○番地○号

念のため、世田谷支店地図も添付いたします。

以上、まずは取り急ぎメールにてご案内申し上げます。

❾
・・・・・・・・・・・・・・・・・・・・
立志書店　世田谷支店　店長　水野忠文
〒○○○-××××
東京都世田谷区成城○丁目○○番地○○号
電話：○○-××××-△△△△　FAX：○○-△△△△-××××
Mail：aa@aaa.bb.jp
立志書店ホームページ：　http://www.000.00.jp

メール文書の基本項目

❶宛先

送信先のメールアドレスを入力します。頻繁にやりとりする相手は、アドレス登録をしておくと便利です。顧客や取引先には、「様」をつけて登録しておきましょう。

❷CC

複数の相手に同時にメールを送るときに使う機能です（相手には送信先のアドレスが表示されます）。

❸BCC

基本的にCCと同じ機能ですが、相手には送信先アドレスが表示されません。不特定多数に送る場合などに使いましょう。

❹件名

「お知らせ」「ご案内」だけでなく、「事務所移転のお知らせ」「新作発表会のご案内」など、メール内容を簡潔にまとめたタイトルを入力します。また、「こんにちは」「お疲れ様です」などの件名では、迷惑メールに自動振り分けされてしまうこともあるので注意してください。

❺添付

ファイルを添付した際に表示されます。重いデータは添付しないでください。

❻宛名

送信相手の会社名・部署名・役職・氏名を入力します。

❼挨拶文

普段やりとりする相手には、長い挨拶は避けましょう。初めて送る相手に対しては、改まった挨拶が必要です。

❽本文

できるだけ簡潔に書いてください。1行は35字ほどを目安とし、段落の途中で適宜改行をするとよいでしょう。内容が変わる際には、1行空けると読みやすくなります。なお、半角カタカナ・丸数字・ローマ数字・㈱㈲といった省略文字などは、文字化けすることがあるので使用してはいけません。

❾署名

送信者の会社名・名前・住所・電話番号・FAX番号・自社HPなどを入れて5～6行に収めてください。あらかじめ署名登録をしておくと、メール作成時に自動的に入るので便利です。

返信の際のマナー

件名はそのままに、迅速にメール受け取りの報告を

メールでのやりとりは、アドレスの打ち間違いや送受信ミス、サーバの故障によるメール紛失などのトラブルが起こりがちです。そのためメールの返信がないと、相手は「届いていないかもしれない……」と不安になってしまいます。時間がなくて内容がチェックできないときでも、メールが届いたという報告に「後ほど改めてお返事します」といった一文を添えて、迅速に返信するようにしましょう。

なお、返信メールの件名は、相手から送られたときのままにしておく（自動的に「Re:」と付く）のがマナーです。

FAX文書の基本とマナー

FAXは手軽な通信手段のひとつ。送信状作成などマナーに則って使おう。

➡FAX送信状の書式例

FAX送信状 ❶

株式会社　エコエネルギー
営業部　長谷円蔵
〒○○○-××××　東京都港区六本木○-○-○
TEL：○○-××××-△△△△
FAX：○○-△△△△-×××× ❷

❸ 平成○年10月13日

❹ 株式会社　大層建設
営業部　大木美津様
(送信先FAX：○○-△△△△-××××)

☑ご確認ください
☐折り返しご連絡ください
☐後ほどお電話を差し上げます ❺

送付枚数：2枚（この用紙を含む） ❻

❼ 件名：「エコパワーフレーム」お見積り状送付の件

平素は大変お世話になっております。
このたびは、弊社製品「エコパワーフレーム」についてお問い合わせいただきまして、誠にありがとうございます。
お見積書を作成いたしましたので、お送りいたします。
何とぞご検討いただけますよう、お願い申し上げます。 ❽

記

❾ 添付書類：お見積書　1通

以上 ❿

FAX文書の基本項目

❶送信状

FAX機器は社内・部署内で共有するのが一般的です。他の人宛てのものと間違われないよう、先方の部署名・氏名を明記した送信状を必ずつけるようにしましょう。

❷発信者名

FAX発信者の会社名・部署名・氏名などを明記します。電話番号やFAX番号を書いておくと、相手が問い合わせをしようとするときに、FAX文書で連絡先などを確認できるので便利です。

❸日付

送信年月日も記入します。

❹宛先

相手先の会社名・部署名・役職・氏名を記入します。送信ミスがあったときのために、相手先のFAX番号も記入しておきましょう。

❺チェック欄

「ご確認ください」「折り返しご連絡ください」「後ほどお電話を差し上げます」などを記載し、当てはまる項目にチェックを入れましょう。

❻発信枚数

紙詰まりなどによる送信トラブルに備え、1枚ずつナンバリングしておくとよいでしょう。なお、「送信状を含める」「含めない」という表記も忘れずに記入してください。

❼件名

用件がひと目で分かるよう、具体的に分かりやすく書いてください。

❽本文

普段やりとりをしている相手だとしても、簡単な挨拶は書いておきましょう。用件についてはメールと同様、分かりやすく簡潔にまとめること。

❾別記

別紙の書類に関する内容・枚数を記入します。別紙がなく、送信状のみで済ませる場合は、日時・場所・数量などの具体的な内容を箇条書きにして入れてください。

❿結び

「記」を書いた場合は、右下に「以上」と書いて締めます。

FAXを送るときのマナー

FAXは手軽で合理性を優先させた通信手段であるだけに、社交文書を送るのには適していません。また、社内・部署内で共有して利用している会社が多いので、担当者だけに読んでほしい内容や、プライバシーに関する記述は控えなければなりません。

送付枚数は多くても10枚とし、それ以上送る必要がある場合は、あらかじめ先方の了承を得てからにするのがマナーです。また、細かい文字や図は印刷で潰れてみえにくいこともあるので、拡大して送るなどの配慮も忘れずにしておきましょう。

当たり前のことですが、個人宅に送る場合は電話と同様、早朝・深夜は避けてください。

COLUMN

文書内容の訂正方法

訂正印などで訂正部分を明快に

作成した文書の内容に誤りや変更が生じ、訂正しなければならない場合、押印などで「明快に」「誰が訂正したのか」をはっきりさせる必要があります。

以下に、さまざまなケースの訂正方法を紹介するので、しっかり頭に入れておきましょう。

●横書き文書の場合

田川南㊞
営業部・~~石川則秋~~が立会を行います。

訂正する箇所を二重傍線で消し、その上に訂正者印を押し、上部に正しい内容を書きます。

●縦書き文書の場合

田川南㊞
営業部・~~石川則秋~~が
立会を行います。

訂正する箇所を二重傍線で消し、その上に訂正者印を押し、右側に正しい内容を書きます。

●数字を訂正する場合

10,000㊞
金~~100,000~~万円を補修費として充填し、

間違えた数字だけを訂正するのではなく、該当する数字をすべて二重傍線で消し、訂正者印を押し、上部に正しい数字を書きます。

●脱字があった場合

市㊞
千葉県野田における再開発の

追加の文字を挿入部分とともに書き示し、その脇に訂正者印を押します。

●法律文書や証書の場合

弐千
参萬~~参千~~円

弐字抹消
弐字挿入㊞

欄外に認め印を押し、「弐字抹消、弐字挿入」など訂正する文字数と正しい内容の文字数を明記、訂正部分に二重線を引いて訂正文字を記入します。また、数字は漢数字で表記しますが､本文中に押印してはいけません。

第2章

取引が円滑に進む

社外文書：業務文書

社外文書（業務文書）のポイントと基本項目

業務をスムーズに進める上で必要なことを社外の相手に伝える文書。正確かつ丁寧に。

社外に発信する文書は、失礼や間違いのないよう丁寧に仕上げること。特に、通知、交渉、見積り、お詫びなど取引に直接関わる実務的な業務文書には、より正確さが求められます。

ポイント1

情報は正確に

自社の意思や情報を相手に知ってもらうための文書なので、伝えたいことを正しく漏らさずに記入してください。また、会社間でトラブルが生じた場合など、文書は証拠代わりにもなります。ミスが出ないよう書き終えたら最低でも２度は読み返しましょう。

ポイント2

分かりやすく簡潔な文章で

長たらしい文章、まわりくどい言い回しなど、分かりにくい文書では、情報がうまく伝わりません。特に、案内状、依頼状、照会状など相手の行動を促す目的の文書では、相手に何をしてほしいのかを分かりやすく、はっきりと書くようにしましょう。

ポイント3

敬語をきちんと使いこなす

丁寧な表現やきちんとした敬語を使い、礼儀と誠意をもって文書を作成しましょう。ただし、大げさな敬語や必要以上に卑下した言葉は、相手を不快にさせかねないので、尊敬語、謙譲語、丁寧語を正しく使い分けてください。

ポイント4

受信者の立場に立って

文書をきちんと理解してもらうためには、相手の立場に立って書くことが大切です。特に、抗議や断りなどの意思を伝えるケースでは、相手に不愉快な思いをさせないよう考慮しなければなりません。感情に任せることなく、事実を冷静に伝える必要があります。

業務文書（社外文書）の基本項目

東総部発第123号 ❶
平成○年4月7日 ❷

❸ 名北大学理学部教授
　小川俊二様

山成商事株式会社
総務部長　池澤智弘 ❹

座談会ご出席のお願い ❺

❻
拝啓　陽春の候、ますますご健勝のこととお慶び申し上げます。
　さて、過日当社総務課長根岸大樹がお伺いし、ご内諾をいただいております標題の件について、下記のように実施いたしますので、ご出席くださいますようお願い申し上げます。 ❼

敬具

記

1．	日時	平成○年５月２５日 午後２時から３時まで
2．	場所	当社５階第１会議室
3．	テーマ	社内報『けやき』７月号掲載予定の「食生活事情」について
4．	出席者	先生のほか以下の者が参加いたします。 海外事業部長　佐藤和義 大阪営業部長　並木正一郎 広報部長　　　鈴木彰 総務部長　　　池澤智弘

❽

以上

❶文書番号
内容・種類・取引先などを分類して記号と番号を付けておくと、確認や照会のときに役立ちます。

❷日付
平成○年○月○日と略さずに書きましょう（西暦でも可）。

❸宛先
相手の社名は「○○株式会社」など省略せずに正式名称を記入します。敬称は「様」「殿」「各位（複数名の場合）」「御中（個人名のない場合）」など。

❹発信者
課長職以上の場合は役職を付けます。社外文書では所在地や電話番号を記載することも。

❺標題
ひと言で内容が分かるように。ただし、縦書きの儀礼的な文書や催促・クレームの場合、標題は書きません。

❻頭語
「拝啓」が一般的です。「前略」は急用や相手が親しい場合のみ使用します。

❼主文
「さて」「つきましては」などで始めます。要点を簡潔にまとめ、分かりやすく書くよう心がけましょう。

❽別記
日時や場所などは別記にまとめると分かりやすくなります。

案内する

分かりやすい趣意説明で、行動を促す働きかけを。

シチュエーション	懇親会、株主総会、新年会・忘年会、歓送迎会、受注会、展示会、セミナー、創立記念行事、開店・開業などを案内するケース
目的	催事や会合などの開催を知らせ、出席・参加を求めること。また、開店・開業など広報・宣伝の情報を伝え、興味をもってもらう
ポイント	■どのような目的・内容の会合や催事なのか、趣意説明を分かりやすく ■慣用語句を生かした社交的挨拶を使って丁寧に ■５Ｗ１Ｈを踏まえ、書き漏れのないように

NG文書を添削！

→懇親会の案内

加盟店各位

東南ＳＣ株式会社

総務部　鈴木一郎

懇親会開催のご案内

拝啓　時下ますますご清栄のこととお慶び申し上げます。また、平素は弊社に対し格別のご厚情を賜り誠にありがとうございます。

さて、本年度の締めくくりといたしまして、（皆様の労をねぎらい、弊社の感謝の意を込めまして、）恒例の懇親会を行うことになりました。~~日時は７月28日午後３時より６時まで、会場は「グランドホテル」の予定でございます。~~

つきましては、ご多用中とは存じますが、万障お繰り合わせの上、何とぞご臨席賜りますようお願い申し上げます。

敬具

記

1. 日時　7月28日（土）　午後3時から6時
2. 会場　グランドホテル　清流の間
　地下鉄大江戸線東新宿駅下車（別紙地図をご参照ください）
3. 会費　8000円

なお、誠にお手数ではございますが、同封のはがきにて7月10日までにご出欠をお知らせください。

以上

- 懇親会を開く趣旨は明確にしておく
- 日時・場所・アクセス・会費などは別記で箇条書きにしたほうが分かりやすい
- 会合に必要な事柄は、細部にわたって記す。会場については最寄りの交通機関を説明し、地図を添える
- 出欠の連絡の方法、期限も明記しておく

→経営セミナーの案内

販売店経営セミナーのご案内

拝啓　風薫るさわやかな季節となりましたが、販売店の皆様には、ますますご清祥のこととお慶び申し上げます。

さて、まだまだ景気の先行きは不透明で、大変厳しい経済状況が続き、我が業界におきましても、労働需要の逼迫、競争の激化、資材の高騰などの影響から、倒産も身近に感じられる昨今です。

幸いにも当社は、皆様のご協力、ご支援により、業績は順調に推移してまいりましたが、楽観が許されない状況にあるといえます。

つきましては、皆様との結束をさらに固めて、厳しい現状を乗り切るため、当社主催による第１回販売店経営セミナーを下記の通り開催する運びとなりました。

何かとご多忙とは存じますが、万障お繰り合わせの上、ぜひともご参加くださいますようお願い申し上げます。

なお、お申し込みは同封のはがきにて、５月22日までにご回答いただきますよう、あわせてお願い申し上げます。

敬具

記

１．日時　平成○年６月６日(水)午後１時～５時
２．会場　当社３階　大会議室
３．講師　「景気動向と分析」　城南大学　芦田良一教授
　　　　　「新しい店舗経営のあり方」　経営評論家　大里健太郎先生
４．会費　1,500円(テキスト代含む)

以上

CHECK!

国の経済、業界の状況に言及することで、セミナーに参加する必要性を印象付ける

気軽に参加したいと思える趣意説明を入れる

覚えておきたいビジネス用語

万障お繰り合わせの上→何とかご都合をつけて（参加を切に願うときの表現）

書き換え文例

「ご多忙の折、誠に恐れ入りますが、何とぞご出席賜りますようお願い申し上げます。」

講演、講義などのテーマと講師名を記すなど、セミナーの内容に簡単に触れる。できるだけ、相手の興味や関心の強い内容であることをアピールしたい

⇩メールに書き換え

宛先：000@000.00.jp
CC：
件名：第１回販売店経営セミナーのご案内

販売店各位

平素より格別のお引き立てを賜り、誠にありがとうございます。
さて、まだまだ景気の先行きは不透明で、楽観が許されない経済状況が続いている中、販売店の皆様との結束を固めて、厳しい現状を乗り切るため、当社主催による第１回販売店経営セミナーを下記の通り開催することにいたしました。
ご多用中とは存じますが、ぜひともご参加くださいますようお願い申し上げます。

１．日時　平成○年６月６日(水)午後１時～５時
２．会場　当社３階　大会議室
３．講師「景気動向と分析」　城南大学　芦田良一教授
　　　　「新しい店舗経営のあり方」　経営評論家　大里健太郎先生
４．会費　1,500円(テキスト代含む)
＊なお、誠に勝手ながら、５月22日までに、メールにて出欠をお知らせください

CHECK!

件名は、ひと目で内容が分かるように

書き換え文例

「日頃は何かとご厚情を賜り、厚くお礼申し上げます。」
「いつもお世話になっております。」

本文は簡潔に。ただし、セミナーの簡単な趣旨説明は必須

定時株主総会の案内

平成○年６月８日

株主各位

ハルカワ製菓株式会社
代表取締役社長　春川明雄

第20回定時株主総会のご案内

拝啓　向暑の候、いよいよご清祥のこととお慶び申し上げます。平素はいろいろとお引き立てをいただき、深謝いたしております。

さて、当社第２０回株主総会を下記により開催いたします。ご多忙中とは存じますが、何とぞご臨席賜りますようご案内申し上げます。

なお、本議案中には定足数のご出席を必要とする議案もございます。当日ご臨席いただけない場合は、誠にお手数ですが、同封の委任状に賛否をご記入いただき、ご記名、ご捺印の上、速やかにご返送くださいますようお願い申し上げます。

敬具

記

日時　平成○年６月29日（金）午後２時より
場所　銀座山手会館７階　大ホール
議案　１．第20期営業利益報告書、貸借対照表の件
　　　２．システム開発借入金の件
　　　３．監査役１名の任期満了に伴う選出の件

以上

CHECK!

株主総会の案内状の送付は、遅くとも2週間前までには済ませる

書き換え文例

「厚くお礼申し上げます。」
「誠にありがとうございます。」
「心よりお礼申し上げます。」

覚えておきたいビジネス用語

臨席→
会合や式典などに出席すること

書き換え文例

「万一、当日ご出席願えない場合は、書面により、議決権を行使することができます。」

欠席の場合の議決方法を具体的に記す

会社説明会の案内

会社説明会のご案内

拝啓　時下ますますご健勝のこととお慶び申し上げます。このたびは、会社案内をご請求いただき、誠にありがとうございます。

さて、当社に関心をおもちいただいた皆様の就職活動のために、下記の通り、会社説明会を開催いたします。

当日は、代表取締役社長　花田義人が学生の皆様にプレゼンテーションを行うほか、人事担当から会社の概要や募集要項などについても詳しくご説明させていただく予定です。また、入社３～５年の先輩社員が、自らの就職活動の体験を踏まえて、皆様の質問にお答えする場も用意いたします。

ぜひご参加いただいて、当社をより深く知っていただければ幸いです。皆様のお申し込みを心よりお待ちしております。

敬具

記

【日時】　平成○年２月17日（土）　午前10時～12時半
　　　　２月18日（日）　午前10時～12時半／午後２時～４時半
【場所】　本社７階　大会議室（港区芝浦○－○－○）
【お申し込み】当社ホームページの採用ページよりエントリーするか、人事部までご連絡をお願いいたします
　　　　＊定員になり次第締め切らせていただきますので、ご了承ください
【お問い合わせ】○○－××××－△△△△　人事部　担当・大島清二

以上

書き換え文例

「ご壮健のことと」
「ご活躍のことと」

自社に興味をもってくれたことに対する感謝の気持ちを表す

開催の趣旨、内容に触れて、参加したいと思わせることが大事

書き換え文例

「この機会に、当社へのご理解をより深めていただければと、期待しております。」

申し込み方法、問い合わせ先を明記すること

新年会の案内

新年会のご案内

拝啓　謹んで新春のお慶びを申し上げます。旧年中はいろいろとお引き立てを賜り、誠にありがとうございます。本年もさらなるご高配を賜りますよう、よろしくお願い申し上げます。

さて、新しい年の盛業を皆様とともに祈念すべく、恒例の新年会を下記の通り開催いたしますので、ご案内申し上げます。

初春を寿ぎ、お取引先様すべてのますますのご発展を願いながら、相互の親睦を深める会にしたいと存じます。ご多用中のところ、大変恐縮ではございますが、何とぞご出席くださいますようお願い申し上げます。

敬具

記

1．日時　1月26日(木)　午後6時より
2．場所　南新宿ホテル　17階　バンケットルーム
西新宿駅から徒歩5分(別紙地図をご参照ください)
3．会費　7,000円

なお、誠に勝手ながら、同封のはがきにて1月18日までにご出欠をお知らせください。

書き換え文例

「新春の候、ますますご清祥のこととお慶び申し上げます。平素は」(新年の挨拶が済んでいる場合)

「年の瀬も迫り、何かとご多忙のことと存じます。平素は」(前年のうちに案内を出す場合)

覚えておきたいビジネス用語

盛業→
事業や商売などが栄えていること

会の趣旨を明確にして、気軽に参加してもらえるようにする

書き換え文例

「下記のメールアドレスにご返信をお願い申し上げます。」(日が迫っている場合、出欠はメールで返事してほしい旨を明記して、アドレスを添える)

忘年会の案内

忘年会のご案内

拝啓　年の瀬も迫り、今年もいよいよ残り少なくなりましたが、ますますご隆盛のこととお慶び申し上げます。

さて顧みますと、本年は大変厳しい経済状況ではありましたが、幸いにして順調に業績を伸ばすことができました。これも偏に皆様方のご協力とご支援の賜物と心より感謝申し上げます。

つきましては、恒例の忘年会を下記により開催し、皆様とともに一年を振り返り、来たる年を希望をもってめでたく迎えたいと存じます。ご多用の折、誠に恐れ入りますが、万障お繰り合わせの上、ぜひともご出席くださいますようお願い申し上げます。

敬具

記

日時　12月19日(水)　午後6時～8時
場所　南東京会館　6階　かえでの間
ＪＲ目黒駅　徒歩1分(別紙地図をご参照ください)
会費　5,000円

以上

書き換え文例

「日頃は何かとお引き立てを賜り、厚くお礼申し上げます。」(時候や慶賀の挨拶なしの場合)

1年の締めくくりとして、社内の報告と感謝の言葉を

書き換え文例

「日頃のご厚誼へのお礼と親睦を兼ねた会にしたい」
「皆様のご厚誼を謝しつつ、ご慰労を兼ねた会にしたい」

書き換え文例

「時節柄ご多忙中とは存じますが、」

ワンランクアップ!　**文書テクニック**

案内の文書では、相手の興味をひくことが重要。会の内容に触れたり、多色、罫線、網かけなどを使ったりして、強調したいところを目立たせる工夫を。

歓迎会の案内

歓迎会のご案内

拝啓　初秋の候、ますますご清栄のこととお慶び申し上げます。平素は何かとお引き立てをいただき、誠にありがとうございます。

さて、このたび順風銀行名古屋支店長として、本社より森信太郎が着任いたしました。

つきましては、皆様へのご挨拶も兼ねまして、下記により歓迎会を催したいと存じます。

ご多忙のところ大変恐縮ですが、ぜひともご出席くださいますようお願い申し上げます。

敬具

記

1．日時　　9月20日(木)　18時から20時まで
2．場所　　中日会館　3階　紅葉の間
　　　　　地下鉄桜通線名古屋駅1分(別紙地図ご参照ください)

＊誠に勝手ながら、出欠のご返事を9月12日までに川上宛てにご連絡ください。

以上

誰の歓迎会なのか、会社名、役職名、氏名を正確に記入する

書き換え文例

「新支店長のお披露目かたがた、皆様との親睦を深めさせていただきたく、」
「前任者同様のご指導、ご鞭撻をお願いしたく、」

送別会の案内

送別会のご案内

拝啓　向春の候、皆々様にはますますご清栄のこととお慶び申し上げます。

さて、すでにご承知のことと存じますが、大田物流株式会社の広報課長宮田慶介氏は、このたび札幌支社長として赴任されることになりました。

顧みますと、氏の卓越したご人格とご識見は、常に私ども大田グループ一同が模範としてきたところであります。

つきましては、一夕同氏をお招きして、栄転を祝し、また今後のご活躍を祈って、送別会を下記の通りに開催したいと存じます。

どうぞ万障お繰り合わせの上、ご出席くださいますようお願い申し上げます。

敬具

記

1．日時　　3月14日(水)　午後5時半より7時半まで
2．場所　　レストラン・オールボワール
　　　　　JR新橋駅より徒歩5分
3．会費　　お一人様　8,000円

なお、準備の都合がございますので、誠に勝手ながら、出席の有無を3月6日までにお知らせください。

以上

CHECK!

どこの誰がどうなるのかを明記。役職名、氏名、異動先などは間違えないように

ビジネス文書とはいえ、事務的過ぎるのも考えもの。ひと言を添えることで出席を促したい

会の趣旨を明確にして、参加しやすくする

書き換え文例

「お世話になった感謝の意を表し、氏のさらなるご活躍を祈念して、」
「同氏に感謝するとともに、前途を祝して、」

受注会の案内

平成○年2月1日

お得意様各位

株式会社東西デパート
販売促進部企画室

春のプレタポルテ受注会のご案内

謹啓　梅のつぼみもそろそろ膨らみ始めましたが、皆様にはますますご清祥のこととお慶び申し上げます。いつも格別のお引き立てを賜り、誠にありがとうございます。

さて、このたび当店では、下記の通り「春のプレタポルテ受注会」を開催いたす運びとなりました。パリやローマの春の雰囲気溢れる高級婦人服。生地は本場フランス、イタリアから選りすぐり、トップデザイナーの技術とキャリアを生かした入念な縫製と着心地のよいカッティング、サイズも7～13号と豊富にご用意いたしました。

どうぞ皆様お誘い合わせの上、ご来店ご用命を賜りますようご案内申し上げます。

謹白

記

1．日時　2月19日(日)午前9時より
2．会場　当デパート8階　特別催事場

以上

書き換え文例

「春寒の候、皆様にはつつがなくご健勝のことと心よりお慶び申し上げます。」
「春の訪れを待ちわびる頃となりましたが、貴下いよいよご清栄のこととお慶び申し上げます。」
文例では、女性客を対象にしているので、柔らかな表現になっているが、受信者によって、時候の挨拶を変えるとよい。

案内の趣旨を明確に。催事の特徴など、相手の興味をひく情報を盛り込む

覚えておきたいビジネス用語

用命→
用事をいいつけること。いいつかった用事や注文

催事の日時と場所は、相手がひと目で正確に分かるように別記する

案内する

ワンランクアップ! 文書テクニック

業者ではなく女性客が対象の場合、縦書きにして頭語から始める私信のスタイルにするのもよい。ビジネス文書というよりも招待状の雰囲気になる。

展示会の案内

製品展示会のご案内

拝啓　清秋の候、ますますご清栄のこととお慶び申し上げます。平素は、格別のお引き立てを賜り、厚くお礼申し上げます。

さて、このたび弊社では、新製品ナビ画面付き「ミシンＡＢ１２３」を発売することになりました。ＡＢ１２３は、ナビゲーション画面からワンタッチ操作ができ、様々なステッチやボタンホール、刺繍まで、パネルにタッチするだけで選ぶことができ、上糸調節もミシン任せと簡単。別売りのソフトがあれば、自分がパソコンで描いたイラストを刺繍できる、わが業界初の機種でございます。

つきましては、発売に先立ち、日頃ご愛顧をいただいておりますお得意様方のご高覧に供し、ご批判を仰ぎたいと存じ、下記の通り新製品展示会を開催することにいたしました。

ぜひともご来臨くださいますようご案内申し上げます。

敬具

記

１．日時　　平成○年10月29日(月)　午後１時から６時まで

２．場所　　日本橋○○○センター　10階ホール

中央区日本橋○－○－○　　電話番号　○○－××××－△△△△

以上

新製品のメリットを具体的に述べて、実際にみてみたいと興味をもたせることが大切

覚えておきたいビジネス用語

高覧→

相手がみることの尊敬語

CHECK！

意見、批判を聞きたいと添えることで、一方的な展示会のイメージでなく、参加しやすい会の印象に

書き換え文例

「皆様お誘い合わせの上、ご来店ご用命賜りますよう」

「この機会にご来臨賜り、ご高覧いただきたく」

「ご来場賜りますよう」

新サービスの案内（プレスリリース）

旅行情報サイト「旅いこＮＥＴ」提供のご案内

拝啓　春風の候、貴社ますますご清栄のこととお慶び申し上げます。日頃は格別のお引き立てをいただき、誠にありがとうございます。

さて、このたび弊社では、携帯電話ＧＯＯＤ　ＰＨＯＮＥのモバイルサイトにて、「旅いこＮＥＴ」の提供を始めました。

この新サービスは、旅行に行く前の情報入手はもちろん、旅行先でも観光スポットやイベント、グルメ情報などがチェックでき、宿泊やレストランの予約、各種チケットの入手も簡単にできる便利なサイトです。中でも、当社のゆるキャラ“たびＢＯＯ”が案内する今だけ情報、現地の人や旅行者のクチコミ掲示板の生の声、各種レジャー施設やお店の割引クーポン、レアな面白お土産が人気です。

本格的な旅行シーズンを前に、今すぐどこかへ出かけたくなる情報満載の「旅いこＮＥＴ」の詳細を皆様に知っていただきたく、ニュースリリースを同封いたしました。ぜひお取り扱いのご検討をいただきたくご案内申し上げます。

この件についてのお問い合わせは、下記までお願いいたします。

敬具

広報担当：高田、大浦

電話：○○－××××－△△△△　ＦＡＸ：○○－△△△△－××××

E-mail：000@000.00.jp

目を通してもらうために、簡単に内容、ＰＲのポイントを紹介

書き換え文例

「何とぞ貴メディアでも取り上げていただきたくお願い申し上げます。」

CHECK！

問い合わせ先、担当者名を必ず明記

創業祭の案内

大創業祭のご案内

拝啓　秋色も日増しに濃くなってまいりましたが、ますますご健勝のこととお慶び申し上げます。日頃は格別のご愛顧を賜り、心よりお礼申し上げます。

さて、おかげさまで弊店は、来たる10月10日に創業30周年を迎えます。これも偏に皆様のお引き立ての賜物と、深く感謝申し上げます。

つきましては、恒例の年に一度の創業祭を、下記の通り開催いたします。本年は「30周年大創業祭」と銘打ち、例年以上に魅力溢れる企画をご用意いたしました。

期間中は、感謝の気持ちを込めて、全商品20～30％オフの超特価にてご奉仕させていただきます。また、本状ご持参にてご来場いただきましたお客様には、漏れなく○○屋福袋を進呈いたします。どうぞ皆様お揃いでご来店くださいますようご案内申し上げます。

敬具

記

1．開催期間　10月5日（金）～14日（日）
2．営業時間　午前10時～午後9時（最終日は午後6時まで）
3．場所　○○屋デパート本店および一条通り店

以上

「～の候」とする時候の挨拶より、柔らかで親しみやすい印象

CHECK!

感謝の気持ちはしっかりと表現する

来場特典は、「行きたい」という気を起こさせる一番の特効薬

書き換え文例

「皆様お誘い合わせの上ご来店賜りますよう」
「どうぞこの機会をお見逃しなくご来場いただきますよう」

キャンペーンの案内

「春の色いろキャンペーン」のご案内

謹啓　春の日差しが待ち遠しい厳しい寒さが続いておりますが、皆様には、ますますご清栄のこととお慶び申し上げます。平素は格別のご高配を賜り、心よりお礼申し上げます。

さて、本格的な春の訪れに先立ちまして、各メーカーの春の新色が出揃いました。トレンドのベージュに加え、春らしいパステルを基調に、大人の女性にもぴったりのプリティー・シックな色がバラエティ豊かにラインナップされています。

つきましては、皆様にも、ひと足早い春色を楽しんでいただこうと、当社の新春フェア「春の色いろキャンペーン」を、下記の通り開催いたします。期間中は各メーカーの新製品をお試しいただけるのはもちろん、お買い上げいただいた皆様には、当社オリジナルのポーチを始め、素敵なプレゼントもいろいろ用意いたしております。

皆様お誘い合わせの上、奮って当社販売店まで足をお運びくださいますよう、お願い申し上げます。

謹白

記

1．キャンペーン期間　平成○年2月10日（金）～19日（日）
2．場所　当社各販売店
（最寄りの販売店情報は　http//www.0000.com）
3．時間　各販売店の営業時間内

以上

必ず感謝の気持ちを添える

今年のトレンド情報などにもさりげなく触れて、興味を引くことも大事

「行ってみたい」と思わせる内容を紹介する

新規開店の案内

平成○年３月25日

取引先各位

株式会社ＬＭＳ

代表取締役社長　澤木譲

新規開店のご案内

拝啓　時下ますますご隆盛のこととお慶び申し上げます。平素は格別のお引き立てを賜り、誠にありがとうございます。

さて、弊社では従来より経営の多角化を進めてまいりましたが、今般、アパレル分野にも進出し、来たる４月２０日に、下記の通り第１号店『ショップ・ラヴィ』を開店させていただく運びとなりました。これも偏に、皆様方のご芳情、ご支援の賜物と深く感謝申し上げます。「生活、人生」を意味する店名に相応しく、年齢を問わず、自分らしいライフスタイルで人生を楽しむ女性たちを輝かせるファッションを提案してゆく所存でございます。

何とぞ、旧に倍しますご指導、ご鞭撻を賜りますようお願い申し上げます。

まずは、開店のご挨拶かたがたご案内申し上げます。

敬具

記

ショップ・ラヴィ（店長　川澄彩花）

４月20日オープン

新宿区内藤町○－○－○

電話　○○－××××－△△△△

アクセス　東京メトロ新宿御苑前駅より徒歩３分

営業時間　午前１１時半～午後９時

以上

書き換え文例
「このたび」
「このほど」
「今回」

感謝の気持ちを「芳情」「厚情」などと書いて表し、謙虚な印象に

CHECK!
どんな店であるかをアピールして、脱定型文を目指したい

覚えておきたいビジネス用語
鞭撻→
努力するよう励ますこと

書き換え文例
「倍旧のご指導を」
「一層のご鞭撻を」
「変わらぬご指導、ご鞭撻を」

新会社設立の案内

新会社設立のご案内

拝啓　初秋の候、ますますご清祥のこととお慶び申し上げます。平素は格別のご高配を賜り、深謝申し上げます。

さて、このたび私どもは、かねてより品川に建設中の流通センターの完成を機に、大洋興産株式会社より流通・配送部門を分離し、10月1日より新たに「大洋物流株式会社」として独立、運営する運びとなりました。

新会社の経営陣容並びに概要は別紙にてご案内させていただいております。この新会社設立により、皆様に、従来より一層きめ細かなサービスをご提供できると確信しております。何とぞ変わらぬご指導、ご鞭撻のほどよろしくお願い申し上げます。

つきましては、平素よりお引き立てを賜っております皆様へのご披露、ご挨拶を兼ねて、下記の通りささやかな祝賀の宴を開催いたします。

ご多忙中とは存じますが、ご臨席くださいますようお願い申し上げます。

敬具

記

1．日時　　平成○年９月27日（木）午後３時より
2．会場　　東京都品川区○－○－○　　電話○○－××××－△△△△（代）
　　　　　大洋物流株式会社流通センター（別紙地図をご参照ください）

以上

CHECK！

会社設立の経緯を簡単に。創業の日も忘れずに記入する

新会社としての決意を述べる

新会社の運営には、周囲の人たちの協力が不可欠。謙虚に支援をお願いする

書き換え文例

「まずは、書中にて新会社設立のご挨拶かたがたご案内申し上げます。」（祝賀会の案内がない場合）

支店開設の案内

支店開設のご案内

拝啓　初夏の候、皆様にはますますご清栄のこととお慶び申し上げます。平素は、格別のお引き立てを賜り、厚くお礼申し上げます。

さて、山手銀行（頭取　天池健太郎）では、かねてより青梅街道沿いに中野支店の建設を進めてまいりましたが、おかげさまで地上５階地下１階（駐車場完備）の新店舗が完成、当行41番目の店舗として、下記の通りオープンする運びとなりました。

新店舗の開設により、お客様のより一層のご利用の便を図るとともに、今後も、創業以来70年の信条、お客様第一を念頭に、さらなる努力を重ねてまいる所存でございます。何とぞ末永いご愛顧を賜りますようお願い申し上げます。

まずは、略儀ながら書中をもってご案内申し上げます。

敬具

記

1．新店舗名　　山手銀行中野支店（支店長　中根明雄）
2．所在地　　　中野区○－○－○（丸ノ内線新中野駅より５分）
3．電話番号　　○○－××××－△△△△
4．営業開始日　６月11日（月）

以上

工事中に不便をかけていることもあるので、お詫びと感謝の気持ちを込める

書き換え文例

「ますますのお客様満足度の向上を図ってまいる」
「お客様のご要望に広くお応えし、従来以上のサービスをご提供してまいる」

CHECK！

簡単に決意を述べて、今後のご愛顧をお願いする

書き換え文例

「まずは開店のご挨拶とご案内まで。」
「まずは開店のご案内かたがたご挨拶申し上げます。」

覚えておきたい **ビジネス用語**

略儀→
略式（「本来はお伺いしてご案内するのが正式ですが手紙で失礼します」という意味合い）

通知する

情報をより早く正確に伝えるため、簡潔、明瞭に。

シチュエーション	社屋移転、社名変更、電話番号変更、注文品・商品見本発送、価格改定、送金などを通知するケース
目的	新しい決定事項や変更事項、その他の事実や意図などを、社外に正確に知らせることで、業務を円滑に進めること
ポイント	■業務に支障がないよう、より早く正確に知らせる ■伝える内容をきちんと整理し、わかりやすく簡潔にまとめる ■箇条書きを活用し、５Ｗ１Ｈ（２Ｈ）、特にWhatをしっかりと

NG文書を添削！

➡社屋移転の通知

社発通第19887号
平成○年４月16日

取引先各位

大路興産株式会社
代表取締役社長　大路栄太

業務拡大のため

社屋移転のご通知

拝啓　春暖の候、貴社ますますご隆盛のこととお慶び申し上げます。平素は格別のお引き立てを賜り、厚くお礼申し上げます。

さて、このたび弊社におきましては、下記の通り本社を~~5月7日に~~移転することになりました。~~移転先は東京都中央区新川○　○　○、電場番号は○○-××××-△△△△でございます。~~

誠にお手数ですが、お手元の名簿などを変更していただきますようよろしくお願い申し上げます。

これを機に、社員一同一層の努力をいたしてまいる所存でございます。
今後とも、変わらぬご愛顧を賜りますようお願い申し上げます。

敬具

記

1. 新住所　〒○○○-××××　東京都中央区新川○-○-○
2. 新番号　電話　○○-××××-△△△△
　　FAX　○○-△△△△-××××
3. 営業開始　5月7日（月）より
　　（5月2日までは旧住所で営業いたしております）

以上

移転の理由を簡単に入れておく

特に正確に伝えるべき情報は、読みやすいように別記にする

今後の決意をひと言添えることで、ただの移転通知ではなく、挨拶の要素が強まる

必要な情報は、箇条書きにして読みやすく、漏れなく伝える

➡新事業部開設の通知

イノベーション事業部開設のお知らせ

拝啓　初秋の候、貴社ますますご清祥のこととお慶び申し上げます。平素は格別のご高配に預かり、厚くお礼申し上げます。

さて、弊社では、CO_2を抑え、環境に負荷の少ない省エネルギーの家づくりをさらに充実させるため、10月1日付で下記の通り「イノベーション事業部」を新設いたします。

弊社では、従来より環境にやさしい家づくりを得意としてまいりましたが、昨今の需要の高まりを受け、よりコストもCO_2も抑えたエコ住宅を、広くご提案していくことを目的として新たな事業部を発足する運びとなりました。これも偏に皆様のご支援の賜物と感謝しております。

弊社では、この事業部に全社を挙げて取り組む所存でおりますので、今後ともご指導、ご鞭撻を賜りますようお願い申し上げます。

まずは、書面にてお知らせ申し上げます。

敬具

記

新設事業部名	イノベーション事業部
	電話　○○－××××－△△△△
	FAX　○○－△△△△－××××
開設日	平成○年10月1日(月)
担当役員	福田聡史　　部長　　小野俊介

以上

覚えておきたいビジネス用語
預かる→
恩恵や好意を受ける

いつ開設するのかを明記する

CHECK!
どの部署が、どのような目的で開設されるのかを伝えることで、会社のPRにもつながる

書き換え文例
「これを機に、より一層皆様のご期待に添うべく、奮励努力してまいりますので、」
「社員一同、一層の飛躍を図るよう業務に精進してまいりますので、」

⇩メールに書き換え

宛先：000@000.00.jp
CC：
件名：イノベーション事業部開設のお知らせ（XYZホームズ）

関係各位

平素は格別のお引き立てを賜り、誠にありがとうございます。

さて、来たる10月1日付で、新たに「イノベーション事業部」を開設する運びとなりましたので、お知らせ申し上げます。

新しい事業部では、弊社が得意としておりますCO_2を抑え、環境に負荷の少ない家づくりをさらに充実してまいります。
概要は下記の通りでございます。

皆様には、今後とも変わらぬご指導、ご鞭撻のほどよろしくお願い申し上げます。

……………………………………………………
イノベーション事業部
(担当役員　福田聡史　　部長　小野俊介)
電話　○○－××××－△△△△
FAX　○○－△△△△－××××
……………………………………………………

書き換え文例
「いつも大変お世話になっております。」
「毎度格別のご愛顧をいただき、ありがとうございます。」

CHECK!
できるだけ簡潔にまとめるために、まずは要点を述べる

開設の目的は必ず伝える。ただし、内容は簡潔に

「記」とする代わりに、点線などで囲んでみやすくしてもよい

ワンランクアップ! 文書テクニック

メールで通知する際は、「後日、改めて移転のお知らせをお送りさせていただきます」という旨を記入して、その後正式な通知や挨拶状を送る

社名変更の通知

社名変更のご案内

謹啓　新涼の候、貴社ますますご隆盛のことと拝察申し上げます。

平素は、ひとかたならぬご愛顧を賜り、心よりお礼申し上げます。

さて、このたび弊社では、11月１日に創業30周年を迎えるのを機に、下記の通り、社名を「株式会社ＯＫＤサービス」として新たな出発をさせていただくことになりました。

皆様には、ご不便、お手数をおかけすることになり、大変ご迷惑とは存じますが、社員一同、これまで以上に社業に精進を続けるとともに、皆様のご要望にお応えする所存でございます。

まずは略儀ながら、書中をもって社名変更のご挨拶を申し上げます。

謹白

記

新社名　株式会社ＯＫＤサービス
（旧社名　岡田産業株式会社）

変更日　平成○年11月１日
（住所、電話番号に変更はございません）

以上

覚えておきたいビジネス用語
拝察→
「推察」のへりくだった言い方

書き換え文例
「有限会社から株式会社への組織変更に伴い、」
「事業ブランドの浸透を図ることを目的として、」
「国際事業部門の強化を図り、新体制で事業を推進することを目的とし、」

相手に迷惑をかけることに対するお詫びの気持ち、今後の決意を簡潔に記す

変更がある場合は、新住所、電話番号を明記。変更がないときは、その旨を入れておく

電話番号変更の通知

電話番号変更のご通知

拝啓　時下ますますご清祥のこととお慶び申し上げます。また、平素はひとかたならぬご高配を賜り、厚くお礼申し上げます。

さて、このほど事業の一部変更のため、当営業部の電話番号が下記の通り変更となりますのでお知らせいたします。

お手数をおかけして誠に恐縮でございますが、名簿その他をご訂正くださいますようお願い申し上げます。

敬具

記

■新電話番号　○○－××××－△△△△
（旧番号　○○－××××－△△××）

■変更日　平成○年２月１日（水）

面倒をかけるお詫びの気持ちを伝える

書き換え文例
「電話番号のお控えをご訂正いただきますようお願い申し上げます。」
「登録番号のご変更など、よろしくお願いいたします。」
「お手元の名簿などのご変更をお願い申し上げます。」

新番号は、字を大きくするなど目立たせる

CHECK!
変更日は必ず入れること。これを忘れると、相手に迷惑がかかり、業務にも支障をきたしかねない

事務所移転の通知

事務所移転のご通知

拝啓　秋冷の候、貴社ますますご清栄のこととお慶び申し上げます。日頃は格別のお引き立てを賜り、心より感謝いたしております。
　さて、このたび弊社は、スタッフの増加で事務所が手狭になったのに伴い、11月１日より、下記へ移転することになりました。新しい事務所は、これまで以上に交通の便もよい場所にございます。
　これを機に、社員一同さらに努力してまいる所存でございます。
今後とも、どうぞ変わらぬご指導、ご鞭撻のほどよろしくお願い申し上げます。
　略儀ではございますが、書面にてご挨拶申し上げます。

敬具

記

新住所　〒○○○－××××　東京都品川区品川○－○－○
ＪＲ品川駅徒歩１分
（案内図は別紙をご覧ください）
電話　○○－××××－△△△△
FAX　○○－△△△△－××××
営業開始日　平成○年11月１日（木）

以上

CHECK！
変更の理由を簡潔に記入する

新事務所の利便性などアピールすることがあれば、以下の内容を追加する
「駅から直結のビルの中にございます。」
「駐車場も完備しております。」
「緑豊かな○○公園の前にございます。」

出荷の通知

出荷のご案内

拝啓　時下ますますご盛栄のこととお慶び申し上げます。毎度格別のお引き立てをいただき、厚くお礼申し上げます。
　さて、11月２日にＦＡＸにてご注文いただきました商品「ＡＫ８・１セット」を、本日、下記添付書類とともに、白クマ運輸便にて発送いたしました。よろしくご査収のほどお願い申し上げます。
　なお着荷いたしましたら、お手数ですが、同封の受領書に署名押印の上、弊社営業部までご返送いただければ幸いでございます。
　今後とも弊社商品をお引き立てのほど、よろしくお願い申し上げます。
　まずは、出荷のご案内まで。

敬具

記

添付書類
●納品書明細書　１通
●受領書　１通

以上

書き換え文例
「去る11月２日にお電話にてご注文いただきました」
「11月2日付でご注文を賜りました」
「11月２日付貴注文書417号でご注文をいただきました」

CHECK！
確認のため、受注日、注文方法、商品名、個数、発送方法などを明記する

覚えておきたいビジネス用語
査収→
書類などを調べて受け取ること

書き換え文例
「このたびは、弊社製品をご購入いただき、誠にありがとうございました。またのご用命を心よりお待ち申し上げます。」

➡見本発送の通知

平成○年２月５日

赤星通商株式会社
業務部　藤村久義様

千住ユニフォーム株式会社
営業部　星野克夫

商品見本発送のご案内

拝啓　時下ますますご隆盛のこととお慶び申し上げます。日頃は、格別のご厚情を賜り、厚くお礼申し上げます。

さて、かねてご依頼いただいておりましたＨＯＴ123シリーズの見本全色が揃いましたので、同封の出荷案内書の通り、本日、安土運輸の宅急便にて発送いたしました。明日には到着の予定ですので、よろしくご検収賜りますようお願い申し上げます。

まずは、発送のご案内まで。

敬具

記

添付書類	出荷案内書	１通
	ＨＯＴ123シリーズ仕様見積書	１通

誠に恐縮ではございますが、仕様見積書を同封させていただきました。ご検討のほどよろしくお願い申し上げます。

以上

書き換え文例

「いつも何かとお引き立てを賜り、心よりお礼申し上げます。」
「このたびは、商品見本のご依頼をいただきまして、誠にありがとうございます。」

書き換え文例

「先般ご請求いただきました」
「○月○日にお電話にてご依頼いただきました」

覚えておきたいビジネス用語

検収→
納入品などを検査して受け取ること

CHECK!

確認のため、発送方法、到着予定日を記入する

見積書も一緒に送って、積極性を示すのもビジネスでは必要

ワンランクアップ！ 文書テクニック

出荷や見本発送の通知に、自社製品の案内や見積書を添えておけば、次の購買につながることも。ただし、ダイレクトメールのようにならないよう簡潔に。

着荷の通知

着荷のご通知

拝啓　時下ますますご盛栄のこととお慶び申し上げます。

さて、7月20日付でご出荷いただきましたＡＫ－1器20個を、本日納品書通り、確かに受領いたしました。ただちに全商品の検品を行いましたが、不良品の混入もなく、発注書との相違はございませんでした。

なお、納品受領書を同封いたしましたので、ご査収くださいますようお願い申し上げます。

まずは、取り急ぎ着荷のご通知まで。

敬具

CHECK!

受領書を送る際、受領書のみを返送するのではなく、検品の結果、間違いなく受け取った旨を伝える

書き換え文例

「一部梱包に水漏れ箇所が認められましたので、お知らせいたします。販売には差し支えございませんので一応受け取りましたが、今後十分ご注意くださいますようお願い申し上げます。」(トラブルがあった場合)

上記のように、問題があった場合は、迅速に、事実関係を正確に伝える

価格改定の通知

価格改定のお知らせ

拝啓　深秋の候、貴社ますますご清栄のこととお慶び申し上げます。平素は格別のお引き立てを賜り、厚くお礼申し上げます。

さて、弊社におきましては、お得意様各位のご期待に添うべく、経営の合理化、省力化を図り、生産コスト、流通コストの抑制に努め、製品価格を据え置いてまいりました。しかしながら、昨今の諸資材、諸原料の相次ぐ値上げ、また人件費その他諸経費の高騰により、もはや企業努力のみでは製品価格の水準を維持するのは困難な事態となりました。

つきましては、誠に不本意ながら、来年2月1日(金)より、製品価格を別紙の通り改訂させていただくことになりました。何とぞ諸般の事情をご賢察の上、ご了承賜りますよう謹んでお願い申し上げます。

まずは略儀ながら、書中をもってお願い申し上げます。

敬具

「値上げ」などの直接的な表現は避ける

書き換え文例

「長引く不景気と仕入れ価格等の高騰のため、現行の価格体系を維持するのが困難な状況となりました。」

「諸原料の値上げが相次ぎ、限界に達しました。」

実情を詳しく述べる必要はないが、相手が納得するよう丁寧に値上げの経緯と理由に触れる

覚えておきたい ビジネス用語

諸般→

いろいろな、種々の（理由を特定できない、明らかにしたくない場合の表現）

書き換え文例

「余儀ない事情をご理解いただき、今後とも変わらぬご高配を賜りますようお願い申し上げます。」

➡送金の通知

平成○年６月１日

株式会社ＬＢＤ商会御中

株式会社ハナイ
東京都新宿区四谷○－○－○
電話○○－××××－△△△△
経理部　古城聡史

送金のご通知

拝啓　時下ますますご盛業のこととお慶び申し上げます。平素は格別のお引き立てを賜り、心よりお礼申し上げます。

さて、４月分商品代金につき、下記の通りご送金申し上げました。何とぞご査収のほどお願い申し上げます。

なお、お手数ですが、入金をご確認され次第ご一報くださいますようお願い申し上げます。

まずは送金のご通知まで。

敬具

記

１．金額　　　115万円
２．支払方法　恵比寿銀行四谷支店貴口座へ電信扱いにて振込
３．送金日　　平成○年５月31日

以上

送金の通知は、相手が会社なので、敬称は「御中」に

書き換え文例

「５月10日付貴信にてご請求いただきました『BD188』10ケースの代金につきまして、」

書き換え文例

「ご入帳されましたら、ご一報賜りますようお願い申し上げます。」
「折り返し、領収証をお送りくださいますようお願い申し上げます。」

CHECK!

金額、振込先、日付など送金の内容は、細心の注意で正確に記入する

➡領収書送付の通知

平成○年６月５日

株式会社ハナイ御中

株式会社ＬＢＤ商会
東京都港区青山○－○－○
電話○○－××××－△△△△
経理部　植田仁

領収書送付のご通知

謹啓　貴社ますますご清栄のこととお慶び申し上げます。日頃は、格別のお引き立てを賜り、厚くお礼申し上げます。

さて、先般ご請求いたしました４月分商品代金1,150,000円につき、早速当社取引口座にお振り込みいただき、ありがとうございました。本日、確かに入金を確認いたしました。

ここに、領収書を同封いたしましたので、ご査収くださいますようお願い申し上げます。

まずは、お礼かたがたご通知申し上げます。

謹白

記

同封書類　　領収書　　　　１通

以上

社名は(株)などと略すのは失礼になるので、正式名称を記入する

CHECK!

商品名と金額を、本文中に明記すること

書き換え文例

「本日、確かに拝受いたしました。」

「記」として、領収書を同封したことを明示する

休業日変更の通知

休業日変更のお知らせ

拝啓　仲秋のみぎり、貴社ますますご清栄のこととお慶び申し上げます。平素は格別のご厚誼に預かり、誠にありがとうございます。

　さて、弊社では、これまで毎週火曜日を定休日としてまいりましたが、業務内容の一部変更に伴い、来たる11月1日より定休日を月曜日に変更させていただくことになりました。

　皆様には、大変ご迷惑をおかけいたしますが、何とぞご了承くださいますようお願い申し上げます。

　今後とも、変わらぬご愛顧のほどどうぞよろしくお願いいたします。

　まずは、書中をもってお知らせ申し上げます。

以上

覚えておきたいビジネス用語
みぎり→頃、時節

CHECK!
休業日が変更になる日付を、正確に明記すること

書き換え文例
「本店の移転に伴い、誠に勝手ながら、下記の期間中、休業日を変更させていただくことになりました。」（一時的な変更の場合）

書き換え文例
「このため、何かとご不便をおかけすることとなりますが、ご了承賜りますようお願い申し上げます。」

夏季休暇の通知

夏期休業のお知らせ

謹啓　盛夏の候、貴社ますますご盛業のこととお慶び申し上げます。平素は格別のお引き立てに預かり、厚くお礼申し上げます。

　さて、誠に勝手ながら、弊社では下記期間を、夏期一斉休業とさせていただきます。皆様にはご不便をおかけいたしますが、何とぞご理解ご了承のほどよろしくお願い申し上げます。

　なお、期間中の緊急のご用向きにつきましては、最寄りの担当者までご連絡くださいますようお願い申し上げます。

謹白

記

全社一斉夏期休業　平成○年**8月13日(月)**
14日(火)
15日(水)　**の3日間**

以上

書き換え文例
「弊社では、下記の通り、全社一斉休業を実施させていただきます。」
「弊社では、下記の期間、夏期一斉休業としてお休みをとらせていただきます。」
「下記の通り、当社一斉の夏期休業日を定めました。」

休業中の対応について記入する。緊急連絡先を入れる場合は、別記休業期間に加える

相手がすぐに日程を確認できるよう、太字にして明示する

ワンランクアップ! 文書テクニック
相手の業務にも影響がある休業などの通知は、発送時期に注意すること。進行中のプロジェクトなども考慮して、1カ月くらいは余裕をみる。

照会する

明確な回答を得るため、丁寧で分かりやすい問い合わせを。

シチュエーション	発注品の未着や内容相違、発送予定、返品、在庫状況、取引条件、信用状況などビジネス上の疑問点、不明点を問い合わせるケース
目的	具体的で分かりやすい問い合わせをすることで、より正確で詳しい回答を受けること
ポイント	■問い合わせ内容は正確に分かりやすく、その範囲も明示する ■照会されて当然のケースでも、詰問調にならないよう丁寧に ■相手の手間をとらせることに謝意を述べる

NG文書を添削！

➡品数不足の照会

営発照第967号

平成○年10月14日

株式会社アキノ精器御中

総務部長　大島敦史様

東京都港区三田○－○－○

南平商事株式会社

営業部長　今野正夫

BCA器数量不足についてのご照会

拝啓　平素は格別のお引き立てを賜り、厚くお礼申し上げます。

さて、突然ではございますが、去る10月３日に注文いたしました「BCA264」器、本日トラック便にて着荷いたしました。早速、（ドライバー立ち会いのもとに、）荷ほどきの上、検査いたしましたところ、当社が注文した数量より（下記の通り、25個）不足しておりました。

~~同品は10月25日の期限をもって得意先に納入を確約しているものです。数量不足では納入できず、かといって他に転用できる品物でもありません。非常に困惑している次第です。~~

（何かの手違いか運送途中の事故かと存じます。）

つきましては、至急ご調査の上、不足分を納入くださいますようお願い申し上げます。

まずは取り急ぎご照会申し上げます。

敬具

記

1．注文数　150個
2．着荷数　125個

以上

CHECK！

- 事後の整理や確認のためにも、発信番号を忘れずに記入する
- こうした案件の場合、会社名のみならず、相手の責任者名も忘れずに
- 内容がひと目で分かる件名にする
- 相手に、発信者の立場、実情を分かりやすく伝えるために、文章を補う
- 暗に相手を非難するような文章は避ける。いくら困惑していても、しつこくて嫌味な印象になる

➡発注品未着の照会

商品未着についてのご照会

前略　去る４月20日付注文書「営発注第103号」により注文いたしましたＰ型扇風機180台を、５月18日付にてご出荷のご連絡をいただきましたが、今もって現品が到着いたしておりません。いかがいたしたものかと案じ、お問い合わせした次第です。

同品は、小山台商店街が市制50周年記念行事の一環として、６月10日に開催する大セールの福引の景品として使用されるものです。万一、納入期日に遅れますと不要となり、同商店街にも多大なご迷惑をおかけすることになります。

お手数ですが、至急ご調査の上、取り急ぎお手配とご連絡（電話○○－××××－△△△△直）をお願い申し上げます。

草々

CHECK!

「前略」として挨拶を省略し、いきなり本文に入ることで、緊急性をアピールする

書き換え文例

「いかがいたしたものか、甚だ困惑しております。」

書き換え文例

「事情をご理解の上、何とぞ早急のご確認、ご連絡をお待ち申し上げております。」

⇩メールに書き換え

宛先：000@000.00.jp
CC：
件名：商品未着についてのご照会

田中工業株式会社
総務部長　藤村修一様

いつもお世話になっております。
山川販売株式会社・販売部の小田でございます。

去る４月20日付「営発注第103号」により注文いたしましたＰ型扇風機180台が、５月18日付ご出荷のご連絡をいただいたにもかかわらず、今もって到着しておりません。

地元商店街への納入期限（６月３日）も迫っておりますので、至急ご手配くださいますようお願い申し上げます。
まずはご調査のうえ、本日中にご連絡（電話番号・○○－××××－△△△△直）をいただけますと幸いです。

お手数をおかけいたしますが、よろしくお願い申し上げます。

書き換え文例

「いつもお引き立てありがとうございます。」
「このたびはお世話になります。」

メールでは、最初に名乗るのが一般的。特に、あまりやりとりがない相手には、名乗ってから本題に入ったほうが分かりやすい

電話連絡を求めることで、より緊急性をアピールする

➡発注内容相違の照会

発注品相違についてのご照会

前略　去る５月６日付「販注Ｎｏ．246」注文書にてご注文いたしました「37Ａ型電気フライヤー」が、本日トラック便にて着荷いたしました。早速荷ほどきの上、納品書と照合して検査しましたところ、注文品の「37Ａ型」機とは異なる「77Ｂ型」機が出てまいりました。

つきましては、至急ご調査いただき、注文書通りに急送いただきますようお願い申し上げます。

なお、着荷した品は、当社ではお引き受けいたしかねますので、「37Ａ型」機着荷の際に、トラック便にて返品させていただきます。それ以前にご必要な場合は、折り返し、期日と返品方法を合わせてお知らせくださいますようお願い申し上げます。

まずは取り急ぎご照会かたがたお願い申し上げます。

草々

記

1．注文品　　37Ａ型電気フライヤー　20台
2．着荷品　　77Ｂ型電気フライヤー　20台
3．77Ｂ型電気フライヤーの返品方法および期日

以上

急を要するので、挨拶は省略して本題に入る

書き換え文例

「早速荷ほどきし検品いたしましたところ、注文品の37Ａ型機でなく、すべて77Ｂ型機であることが判明いたしました。」

書き換え文例

「貴社にて十分お調べいただき、至急、注文の品をお送りくださいますようお願い申し上げます。」

覚えておきたいビジネス用語

折り返し→
間を置かずに対応する様子、ただちに

➡発送予定日の照会

発送予定日についてのご照会

拝啓　時下ますますご隆盛のこととお慶び申し上げます。平素はひとかたならぬお引き立てを賜り、誠にありがとうございます。

さて、去る２月17日付「総発注Ｎｏ．225号」注文書にて注文いたしました「ＤＫ008」の発送予定日を知りたく、ご照会させていただきます。

当社といたしましては、貴社とのこれまでのお付き合いから、所定期日までに納入いただけることにいささかの懸念もありませんが、同品の購入先より再三にわたり納入日の問い合わせがあり、確認させていただく次第です。

つきましては、お手数をおかけいたしますが、同品の発送予定期日を折り返しご連絡いただきたく、取り急ぎお願い申し上げます。

敬具

CHECK!

内容がひと目で分かるような件名を記入

覚えておきたいビジネス用語

隆盛→
勢いが盛ん、隆昌

書き換え文例

「発送予定日について、お問い合わせいたします。」

少々長めではあるが、相手との信頼関係を気遣って、丁寧に書いたほうがよい

⇒商品返品の照会

GOURME T08機返品についてのご照会

拝啓　炎暑の候、貴社ますますご清栄のこととお慶び申し上げます。平素は格別のお引き立てを賜り、厚くお礼申し上げます。

さて、去る７月３日付「事発注第201号」注文書にて注文いたしましたGOURME T08機３台が、本日着荷しました。

早速店舗にて試用いたしましたところ、残念なことに、３台のうちの１台がまったく作動しないことが判明いたしました。製造責任者が何度も試みましたが、一向に作動せず、電気系統のトラブルではないかと思われます。

つきましては、この１台については返品いたしますので、貴社におかれましても至急ご調査の上、できるだけ早く代替品をお送りいただきたくお願い申し上げます。

まずは取り急ぎご照会かたがたお願い申し上げます。

敬具

書き換え文例

「前略　去る７月３日付で注文いたしました」
緊急の場合は挨拶を省略してもよい

返品の場合は、その理由を必ず明記する

CHECK!

相手にどうしてほしいのかを明確に伝える

⇒在庫の照会

在庫状況のご照会

拝啓　残暑の候、貴社ますますご隆盛の由、大慶に存じます。日頃は、格別のご厚情を賜り、誠にありがとうございます。

さて、当社の営業部員からの報告によりますと、貴社の店頭在庫の中で、ＥＣＯ24型エアコンと卓上型扇風機ＸＹ—Ⅱの在庫が、通常の４分の１まで落ちているとの情報を得ております。現在の在庫状況は、いかがでございましょうか。

長期天気予報によれば、今年は９月中旬まで残暑が続くようで、まだまだ両製品の売れ行き見通しは大変明るいと推量されます。

つきましては、ご多用中お手数をおかけして誠に恐縮ですが、至急当社営業部員との間でご調整くださいますようお願い申し上げます。

以上、取り急ぎご照会申し上げます。

敬具

書き換え文例

「先日納品いただきましたＥＣＯ24型エアコンが、当初の予想を上回る売れ行きとなっています。今年は残暑が長く続くようですし、追加で○機注文をいたしたいのですが、在庫状況はいかがでしょうか。」
「下記商品について、在庫状況をおうかがいしたく本状をお送りいたしました。」

CHECK!

問い合わせすることで、販売促進を訴えるのが本来の狙い

取引条件の照会

取引条件に関するご照会

拝啓　清涼の候、貴社いよいよご発展の由、心からご慶賀申し上げます。平素は格別のお引き立てを賜り、厚くお礼申し上げます。

さて、このたびは新製品「キャスティング・リール」のカタログをご送付いただき、誠にありがとうございます。早速検討させていただきましたところ、従来品よりさらに性能が優れていることが分かり、貴社の量産体制が整い次第、当社で取り扱いたくお願い申し上げます。

つきましては、ご多用中大変恐れ入りますが、下記の通り具体的な取引条件について、９月25日までにご提示くださいますようお願い申し上げます。

まずは、取り急ぎご照会まで。

敬具

記

１．価格　　　　現金仕入価格・売掛
２．支払方法　　現金支払・手形取引、
　　　　　　　　各月の締切日・支払期日について
３．運送費等の負担の範囲
４．保証金、その他付帯条件

以上

書き換え文例

「早速弊社内で協議いたしました結果、11月を目途に導入する方向で検討いたしております。」
「早速拝見いたしました結果、ぜひお取り扱いさせていただきたく、見本品を○個お送りいただきたくお願い申し上げます。」

書き換え文例

「ご回答くださいますよう」
「ご返信いただきますよう」

CHECK!

回答がほしい内容を、できるだけ具体的に別記すると、相手も答えやすくなる

卸売価格の照会

商品価格のご照会

拝啓　青葉の候、貴社ますますご隆昌のこととお慶び申し上げます。平素は格別のお引き立てに預かり、誠にありがとうございます。

さて、先般わざわざご来社の上ご説明いただきました新製品「除加湿型空気清浄機ＸＹⅡ」を、当社でも取り扱いたくご連絡申し上げます。

つきましては、下記の通り、同製品の卸売価格、値引率等についてお知らせくださいますようお願い申し上げます。

なお、売れ行き次第では、今後とも継続して取引をお願いいたしたいと存じますので、その点も考慮に入れていただけますと幸いです。

あわせて、当社各支店にパンフレットを置いて販売促進を行いますので、パンフレットを従来より余分にご送付くださいますよう、重ねてお願い申し上げます。

敬具

記

1.「除加湿型空気清浄機ＸＹⅡ」の卸売価格
2.「除加湿型空気清浄機ＸＹⅡ」の値引率
3.「除加湿型空気清浄機ＸＹⅡ」の発注の最低ロット数
4.「除加湿型空気清浄機ＸＹⅡ」の支払方法
5.「除加湿型空気清浄機ＸＹⅡ」のパンフレット

以上

覚えておきたいビジネス用語

先般→
この間、先だって、先頃

書き換え文例

「カタログをご送付いただきました」
「先日、詳しくご説明いただきました」
「弊社にて商品説明会を開催していただきました」

書き換え文例

「現在、導入を検討いたしております。」
「○月をめどに導入する方向で検討中でございます。」

CHECK!

今後、大量発注もあることを示唆して、有利な取引の布石に

販促に力を入れることをアピール

➡信用状況の照会

営発照第5678号
平成○年１月20日

株式会社北斗
営業部長　大北真一様

南都商事株式会社
営業部長　西川隆

信用状況についてのご照会

拝啓　寒冷の候、貴社ますますご清栄のこととお慶び申し上げます。日頃は何かとご高配を賜り、厚くお礼申し上げます。

さて、本日は誠に勝手なお願いでございますが、貴社とお取引がございます東西商会株式会社様の信用状況に関しまして、腹蔵のないご意見をお聞かせいただきたく、ここにお願い申し上げます。

実は今般、弊社において、新規に同社との取引を開始する件が懸案となっているものです。つきましては、下記の項目について、貴社に差し支えのない範囲でお教えいただきますよう、重ねてお願い申し上げる次第でございます。

なお、本件は厳秘に付し、他に漏らすことなどの行為は絶対にいたしません。貴社に一切ご迷惑をおかけしないことをお約束いたします。

ご繁忙中ご面倒をおかけいたしますが、何分のご配慮を賜りますれば幸甚に存じます。

敬具

記

東西商会株式会社様
(本社・千代田区神田○－○－○)について
１．営業状態
２．信用状態
３．貴社との取引状況(支払いの遅延などの有無)

以上

書き換え文例

「○○社の信用状況につきまして、私どもにご教示いただきたくお願い申し上げます。」
「○○社に関しまして、どんな些細な情報でも結構ですので、お教えいただきたくお願い申し上げます。」

書き換え文例

「弊社では初めての取引のため、○○社様の内情について存じ上げておりません。」
「○○社様より、新規取引のお申し込みを拝受いたしましたが、同社の財政内容等についてまったくの不案内でございます。」
上記のように、信用照会が必要な理由を明確に伝える

CHECK!

信用状況の照会では、秘密厳守を約束することは必須。情報が漏れないように、封書にして「親展」で送る

覚えておきたいビジネス用語

幸甚→
この上ない幸せ、非常にありがたいこと

ワンランクアップ! 文書テクニック

信用状況の照会は、一方的なお願いなので、より丁寧に文書を作成しなければならず、強要するような表現もタブー。知り得た情報の秘密厳守はもちろん、照会対象の会社の心象を気にするのであれば、「弊社からの依頼につきましても、ご内密にしていただきたくお願い申し上げます」と添えるとよい。

回答する

相手が知りたいことを正確、かつ迅速に伝える。

シチュエーション	顧客や取引先などからの質問や問い合わせ、取引条件、発注品の未着や誤送、在庫状況、信用状況などの照会に対して答えるケース
目的	相手が知りたいことを、迅速かつ正確に答えてトラブルを防ぎ、ビジネスの円滑化を図ること
ポイント	■相手の問い合わせに対応した形で回答する ■相手が知りたいことだけを、客観的に正確に答える ■後にトラブルとならないよう、取引条件などの回答の記載ミスに注意

NG文書を添削！

発注品未着照会への回答

商品未着のご照会の件

~~拝啓~~（拝復）　平素は格別のお引き立てを賜り、誠にありがとうございます。

さて、ご注文の「P型扇風機」が未着との貴信~~を拝見いたしました。~~（、誠に恐縮しております。）

（大変申し訳なく、心よりお詫び申し上げます。）

早速調べましたところ、出荷システムの入力にミスがあり、貴社への発送がされていないことが判明いたしました。

つきましては、さっそく出荷の手続きをいたし、明日の午前中には貴社着の便で発送の手配をさせていただきました。

本来なら、お伺いしてお詫び申し上げるべきところですが、取り急ぎ書中をもちまして、お詫びかたがたご回答申し上げます。

（今後、二度とこのような不手際を起こさないよう十分留意いたしますので、何とぞ変わらぬお引き立てのほど、よろしくお願い申し上げます。）

敬具

- 照会に対する返信なので「拝復」に
- まずは、未着に対するお詫びの気持ちを伝えること
- 回答状でも、ミスを報告するのだから、お詫びの気持ちを表す
- お詫びと同時に、今後の決意やトラブル防止の対処法などを伝える

➡取引条件照会の回答

お取引条件について

拝復　時下ますますご隆昌のこととお慶び申し上げます。このたびは、格別のお引き立てを賜り、厚くお礼申し上げます。

さて、９月10日付のお手紙拝読いたしました。お取引条件についてご照会いただき、誠にありがとうございます。

つきましては、下記の通りご回答申し上げます。ご不明な点などございましたら、何なりとお問い合わせくださいますようお願い申し上げます。

今後とも末永くご指導、ご鞭撻のほど、どうぞよろしくお願い申し上げます。

取り急ぎ、ご照会の回答をさせていただきました。

敬具

記

1．	価格	別紙価格表をご覧ください
2．	注文の条件	１セット（50個入り）から
3．	返品の条件	納入後４カ月以内
4．	送料	貴社負担
5．	決済方法	月末締め、翌々月15日のお支払い 返品分は、該当する月の新規注文分と相殺

以上

返信なので「拝復」。結語は「敬具」が一般的

照会してもらったことへの感謝を表す

覚えておきたい ビジネス用語
何なりと→
何でも、どんなことでも

書き換え文例
「ご遠慮なくお問い合せいただければ幸いでございます。」
「営業部・二宮または杉下まで、ご一報いただきたくお願い申し上げます。」

⇩メールに書き換え

宛先：000@000.00.jp
CC：
件名：お取引条件について

株式会社　関東販売
販売課長　北田遼介様

このたびは大変お世話になります。

弊社新製品につきまして、お取引条件をご照会いただき、
誠にありがとうございます。
早速ですが、下記の通りご回答申し上げますので、
ご検討のほどよろしくお願い申し上げます。

1．	単価	5,500円
2．	注文の条件	１セット（50個入り）から
3．	返品の条件	納入後４カ月以内
4．	送料	貴社負担
5．	決済方法	月末締め、翌々月15日のお支払い 返品分は、該当する月の新規注文分と相殺

取り急ぎ、ご回答まで。

初めてのメールのやりとりなので、「いつも」でなく「このたびは」とする

書き換え文例
「よろしくご検討くださいますようお願い申し上げます。」
「ぜひご検討いただきたくお願いいたします。」
「ご高覧の上、ご検討のほどよろしくお願いいたします。」

CHECK！
回答部分を罫線で囲むと、ひと目で分かりやすい文面になる

➡製品照会の回答

「DX121」についての照会へのご回答

拝復　時下ますますご清栄のこととお慶び申し上げます。毎度格別のお引き立てを賜り、厚くお礼申し上げます。

さて、11月10日付貴信のご照会の件でございますが、下記の通りご回答申し上げます。

本製品は当社の看板商品であり、性能的にも他社製品を大きく引き離しているとの自負をもっております。したがって、今後の売れ行き状況を推量いたします限り、少なくとも2、3年は活況を呈すると考えております。

貴社におかれましても、どうか得意先小売店各位の販促にご尽力くださいますよう、ここに謹んでお願い申し上げます。

敬具

記（略）

いつの照会に対する回答なのか、日付を入れると分かりやすくなる

書き換え文例

「11月10日付にてご照会のありました標記の件について、」
「ご照会いただきましたDX121につきまして、早速検討いたしましたので、」

覚えておきたいビジネス用語

活況→
商売などが活発で景気のよい状態

具体的な数字を出して、信頼性を高める

➡在庫状況照会の回答

在庫状況のご照会の件

拝復　毎毎ひとかたならぬお引き立てに預かり、厚くお礼申し上げます。

このたびは、在庫状況についてご照会いただき、誠にありがとうございます。

３月20日付貴信のご照会の件でございますが、ご指摘の通り当店のキャスティング・リールは、現在、通常の店頭在庫の約半分程度まで落ちております。これも偏に、貴社がＴＶや新聞などで展開されたキャンペーンの成果と、いたく感謝している次第です。

しかしながら、売れ行き状況自体は、当地の解禁シーズン当初と比較して低迷しており、禁漁時期に入った現段階では、その３分の１まで落ちております。

したがいまして、ここ半年は、現在の在庫数にて十分需要に応えられるものとの見方をしております。

来季のシーズンを迎えれば、販売見込み数は再び回復することが予想されますので、その頃に改めてご注文させていただきたいと存じます。

今後とも、よろしくご指導、ご鞭撻のほどお願い申し上げます。

まずは、取り急ぎご回答まで。

敬具

覚えておきたいビジネス用語

毎毎→
いつも

相手の販促を評価・感謝する気持ちを表す

CHECK!

具体的な数字を挙げて、こちらの実情を盛り込み、注文を控える理由を示唆

書き換え文例

「売れ行きの活況が期待できる来季シーズン開幕の頃に、改めてご注文させていただきます。」

ワンランクアップ！ 文書テクニック

販促を狙った問い合わせには、やんわりと期待をかわし、「今は注文しない」ではなく「後で注文をする」という無難な回答を。

➡信用照会への回答

平成○年６月20日

幡野商事株式会社
営業部長　佐東浩一様

株式会社河野
営業部長　山谷健治

「株式会社大園」について

拝復　貴社におかれましては、ますますご隆盛のこととお慶び申し上げます。

早速ですが、６月10日付貴信にてご照会のありました株式会社大園について、下記の通りご回答申し上げます。

なお、同社とは長くお取引させていただいておりますので、この回答内容に関しましては、すべて極秘扱いとさせていただきますようお願い申し上げます。

記

1．「株式会社大園」は、昭和45年の創業以来、堅実な経営を行っています。同社は、すでに20年にわたる当社の顧客先ですが、現社長の大園一郎氏は当地の商業組合の理事を務めており、地域経済の発展にご尽力され、厚い信頼を得ております。
2．支払状況に関しましては、いまだかつて滞ったことはなく、その面でも信用状況は良好と申せましょう。月末締切の翌月15日支払い（50万円までは現金か小切手、それ以上は90日の手形が支払い条件）になっております。
3．昨今の事業業績は可もなく不可もなくというところのようです。それは、同社長の人柄を反映し、堅実な経営を行っている証左だと思われます。当社と親しい経営者の方からも、当社と大差ない感想を得ております。

以上、簡単ながらご回答申し上げます。

さらに詳しい情報をお知りになりたいようでしたら、同様に商業組合の理事を務められているＢＡＣ商事の宮本人事部長にご照会されてはいかがでしょうか。必要でしたら、同氏をご紹介いたしますので、ご一報ください。

敬具

書き換え文例

「同社は、当社にとって大切なお取引先でありますゆえ、」
「同社とは、親しくお取引させていただいております関係上、」

CHECK!

照会状で秘密にすることに言及していても、念を押して情報漏洩の防止を

覚えておきたいビジネス用語

証左→
事実を明らかにする拠り所となるもの、証拠

他の照会先の紹介を申し出ることで、さらに丁寧で信頼できる印象となる

ワンランクアップ！ 文書テクニック

会社照会への回答では、第三者としてなるべく客観的に情報を伝える。照会された会社を「売り込んであげよう」などとは、くれぐれも考えないこと。事実に基づいた情報提供に徹しよう。

交渉する

相手を理解しながらも、説得力をもって自社の意見を明確に。

シチュエーション	値上げや値下げ、納期・支払期限の延期や繰り上げ、取引条件の変更などについて交渉するケース
目的	取引上の意見や主張に食い違いのある両者が、互いに納得・満足のいく結論を求めるために用いる
ポイント	■文書自体が証拠になるので、必要事項のみを正確に記す ■曖昧な表現を避け、自社の意見を明示 ■相手の立場を理解し、感情的にならないように説得する

NG文書を添削！

➡納期の交渉①

納期遅延~~について~~（のお願い）

拝啓　時下ますますご隆盛のこととお慶び申し上げます。平素は格別のお引き立てを賜り、厚くお礼申し上げます。

さて、９月20日付にて弊社「ＸＹⅡ」150台をご注文賜わり、誠にありがとうございました。当初の予定では、ご注文いただきました150台すべてを期日までに納入できる見込みでしたが、「ＸＹⅡ」が予期せぬほどの大ヒットとなり、（大変不本意ながら）納品に遅れが生じております。

つきましては、勝手なお願いで申し訳ございませんが、ご注文数の50％に当たる75台の納期に関し、１カ月の猶予をいただきたく存じます。（他社には30％の納品率でご了承いただいておりますが、）長くお付き合いいただいている貴社には、~~他社よりも~~特別に高い納品率を確保させていただきました。

どうか事情をご賢察の上、何とぞ（下記の通り）ご猶予くださいますようお願い申し上げます。

敬具

記

1．平成○年10月25日　ＸＹⅡ　75台　納品予定
2．平成○年11月25日　ＸＹⅡ　75台　納品予定

以上

「お願い」という言葉を入れないと、横柄な印象になってしまう

申し訳ない気持ちを表すことが、相手の説得には不可欠

具体的な数字を入れたほうが信憑性が増す

確認のため、改めて納期と台数を別記する

➡納期の交渉②

XYⅡ納期遅延の件

拝復　毎度お世話になり、誠にありがとうございます。
　さて、貴信にてお申し込みのありました納期延引の件、貴社の事情はお察しいたしますが、当社といたしましては納入先との約束もございますので、延引はいたしかねます。
　もし、どうしても間に合わない場合には、１カ月は到底無理ですが、２週間お待ち申し上げます。それ以上遅延いたしますと、先方との契約により、ペナルティーを課せられ、値引きに応じなければならなくなります。
　特別な納品率を確保してくださったことは大変ありがたいのですが、どうか以上の事情をご賢察の上、下記の通りご納入くださいますようお願い申し上げます。

敬具

遅延交渉の申し出に対する返信なので「拝復」を使う

覚えておきたいビジネス用語
延引→
予定より遅れること、遅らすこと

CHECK!
一部譲歩して、強硬に交渉する形

書き換え文例
「弊社の状況もご理解いただき、何とぞご協力賜わりますようお願い申し上げます。」

⇩メールに書き換え

宛先：000@000.00.jp
CC：
件名：XYⅡ納期遅延の件（オオカワ商会）

木村産業株式会社
村中良一様

いつも大変お世話になっております。
オオカワ商会・阿部でございます。

10月15日付にてお申し込みのありました納期遅延の件、
貴社の事情はお察しいたしますが、
当社としても納入先との約束もあり、延引はいたしかねます。

どうしても間に合わない場合には、納品予定の残り75台につきましては、何とか２週間後の11月10日の納品でお願いしたく存じます。それ以降では、先方との契約でペナルティーを課せられることになります。

以上の事情をご賢察いただき、上記期日までにご納入くださいますようお願い申し上げます。

自社の言い分はしっかりと明示する

覚えておきたいビジネス用語
賢察→
他人が推察することを敬っていう表現

書き換え文例
「弊社の苦境もご理解いただき、」

➡値上げの交渉①

CWAⅢ価格改定のお願い

拝啓　貴社ますますご隆盛の由、大慶に存じます。平素は格別のお引き立てを賜り、心よりお礼申し上げます。

さて、このたびは、弊社「CWAⅢ」の価格改定に関しましてお願いがあり、ご連絡いたしました。同品は、発売開始当初から低価格を維持し、改定することなくまいりましたが、昨今の原材料の高騰とライバル会社の進出に伴い、値上げを余儀なくされる状況になりました。

つきましては、8月25日をもって、貴社への卸売価格を下記の通り、改定いたしたくお願い申し上げます。

貴社におかれましても、いろいろとご事情はございましょうが、どうかお聞き届けくださいますよう重ねてお願い申し上げます。

敬具

記(略)

内容は「値上げ」でも、あえて直接的な表現は避ける

覚えておきたいビジネス用語
大慶→
大いに喜ばしいこと

書き換え文例
「価格の見直しが急務となっております。」
「従来の価格では、当社の経営が立ち行かなくなってまいりました。」

書き換え文例
「諸般の事情をお汲み取りのうえ、何とぞご理解賜りますようお願い申し上げます。」

➡値上げの交渉②

CWAⅢ価格改定について

拝復　貴社ますますご隆盛のこととお慶び申し上げます。

さて、貴信を拝見いたしました。ご存じの通り、弊社は貴社のCWAⅢを長年メイン商品として取り扱ってまいりました。貴社のご協力もあって、当地区では他社をしのぐ販売実績を上げるまでにいたっております。

しかし、ご指摘の通り、ライバル会社の進出によりシェアの低下はいかんともしがたい状況になりつつあります。ライバル社商品は約１０％も安い価格で出回っているのが実情です。

弊社では、傘下小売店との関係強化などにより全力を挙げて拡販に努めておりますが、この期に及んで値上げされることは逆効果で、その打撃は甚大なものになると推測されます。１ダースにつき500円以内の値上げでしたら、ライバル社に対抗できる自信がございますが、それ以上の値上げはご容赦願いたく、ここにお願い申し上げる次第でございます。

諸事情はございましょうが、どうか再度ご検討のほど、重ねてお願い申し上げます。

敬具

覚えておきたいビジネス用語
いかんともしがたい→
どうにもできない、どのようにするのも難しい

書き換え文例
「シェアの低下は避けられない状況に」

覚えておきたいビジネス用語
容赦→
控えること、大目にみること

見積価格再考の交渉

見積価格再考のお願い

拝復　余寒の候、ますますご清栄のこととお慶び申し上げます。平素は、格別のお引き立てを賜り、厚くお礼申し上げます。

さて、「ＪＲＣＶ」機につきまして、２月４日付でお見積もりをお送りいただきまして、誠にありがとうございました。

早速検討いたしましたが、当方の予算とは隔たりがあり、決定しかねております。何とかもう少しご考慮いただけませんでしょうか。

当社といたしましては、長くお取引いただいております貴社より購入したい意向でございますので、何とぞもう一度ご検討くださいますようお願い申し上げます。

できれば、現見積価格の７％まで値引きしていただけると幸いです。

なお、ご返事は遅くとも、２月15日までにお願い申し上げます。

敬具

書き換え文例

「もう少しご考慮くださいますようお願い申し上げます。」
「いま一度ご考慮いただきたくご相談申し上げます。」

できれば相手から購入したい気持ちを表し、再検討を強くアピール

CHECK！

具体的な数字を出すことで、交渉の糸口にする

返答の期日を明記する

見積価格の再交渉

見積価格再考について

拝復　毎度お世話になり、誠にありがとうございます。

さて、２月７日付のご書状にてお申し込みの件ですが、当社の見積価格は、最大譲歩してのものでございます。貴社もご承知のことと存じますが、価格の値上げは当業界全般における流れでございまして、決して他意があってのことではございません。特に、貴社につきましては長年の取引関係を重視し、他社より有利に提示させていただいております。

貴社がご提示の見積価格の７％までの値引きでは、いかんともしがたいのが率直なところです。ただ段階的措置としまして、今後も長く取引を継続していただくことを条件に、半年間は７％の値引き、それ以降は当社見積価格通りということでいかがでしょうか。

以上よろしくご検討の上、２月20日までにご回答くださいますようお願い申し上げます。

敬具

何度か書状が取り交わされているので、挨拶は簡単に

書き換え文例

「２月７日付貴信の『ＪＲＣＶ』機の見積価格再考についてですが、」
「２月７日付にての見積価格の値下げに関しまして、」

一部譲歩した案を提示することで再交渉を図る

申し込む

申し込む内容や目的を簡潔明瞭にし、誤解のない表現を目指す。

シチュエーション	新規取引や新規加入、取引条件の変更や注文の取り消し、イベントや会合への参加などを申し込むケース
目的	一定の契約や行為を成立させたいという意思を提示し、相手の承諾を得ること
ポイント	■内容や目的、理由を明確に書き、こちらの意思を正しく伝える ■相手の信用を得るために、自社に関する情報を開示する ■簡潔明瞭な文章で、曖昧な表現は避ける

NG文書を添削!

新規加入の申し込み

平成○年３月15日

唐河市印刷組合~~殿~~ 御中

大海印刷株式会社
代表取締役社長　大海航平

本日書状をもってお願いいたしますのは、唐河市印刷組合に弊社も加入させていただきたい件でございます。

新規加入のお願い

謹啓　早春の候、皆様にはますますご清栄のこととお慶び申し上げます。当地での創業の折には、格別のご高配、ご理解を賜り、厚くお礼申し上げます。

さて、申すまでもなく、弊社は当市の商業事情にはまだまだ疎く、それだけに、当市の印刷業界、ひいては商工業全般にわたって寄与することを通じて、皆様のお仲間に入れていただきたいと願っております。~~そこで、唐河市印刷組合に加入させていただきたく、本状をお送りさせていただきました。~~

つきましては、申込用紙を（に必要事項を記入の上、）同封いたしましたので、よろしくご検討のほどお願い申し上げます。

まずは取り急ぎお願いまで。

謹白

団体や組織宛ての場合は「御中」。特に、「殿」は個人、それも目下の人宛てなので注意する

最も伝えたい事柄を先に記す。理由はその後に続けたほうが、分かりやすくなる

あまり省略しすぎないこと。相手に分かりやすい文面にする

➡展示会参加の申し込み

「秋の着物展示会」の申し込みについて

謹啓　時下ますますご隆昌の由、大慶に存じます。平素は格別のご指導を賜り、厚くお礼申し上げます。

さて、先般、貴組合ホームページにて、今秋10月10日より開催される「第４回秋の着物展示会」についての告知を拝見いたしました。

つきましては、弊社もぜひ同展示会に参加させていただきたく、本状を差し上げました。

弊社は創業以来、江戸より続く天然灰汁醗酵建藍染による染色技法にこだわり、藍色の美しさを生かした着物づくりで多くのお客様に大変喜ばれております。

出展希望の品目につきましては、弊社のカタログを同封いたしますので、よろしくご高覧、ご検討のほどお願い申し上げます。

まずは略儀ながら、展示会参加申し込みのお願いまで。

謹白

CHECK！
何の申し込みかがひと目で分かる標題に

明文化することで、正式にオファーする

相手の承諾を得るために、自社の実績や抱負をアピール

書き換え文例
「まずは書中をもちまして、展示会参加の申し込みをお願い申し上げます。」

⇩メールに書き換え

宛先：000@000.00.jp
CC：
件名：秋の着物展示会の申し込みについて

中部着物協会
展示会事務局御中

このたびは、大変お世話になります。
藍染工房こんや　社長の紺野でございます。

先日、貴組合ホームページにて、10月10日から開催される「第４回秋の着物展示会」の告知を拝見し、弊社もぜひ参加いたしたく、申し込みをお願い申し上げます。
弊社は小さいながらも、江戸より伝わる「天然灰汁醗酵建藍染」の染色技法による着物づくりを続けております。
弊社の概要および出展希望の品目につきましては、改めて参加申込書とともに、弊社カタログをお送りさせていただきますので、よろしくご高覧、ご検討のほどお願い申し上げます。
まずは取り急ぎ、展示会参加申し込みのお願いまで。

CHECK！
要点のみを簡潔に記す

自社の紹介も簡潔に

メールだけで済ませないことを記入して、丁寧な印象をアピール

申し込む

新規取引の申し込み

平成○年４月21日

株式会社中本産業
総務部長　藤原守道

ＪＰＫ株式会社
営業部長　和田翔太

新規お取引のお願い

拝啓　陽春のみぎり、貴社ますますご発展の段、大慶に存じます。

さて、誠に突然で失礼ですが、貴社と新規にお取引をお願いいたしたく、ここに本状を差し上げます。

弊社はこれまで、主に関東以北を中心に堅実な経営で社業の発展に努めてまいりました。おかげをもちまして、ここ数年の社業の伸びは著しく、ここにきて、大幅に販路の拡張を図っていくことになりました。

つきましては、御地における販売は、ぜひとも実績のある貴社にお願い申し上げたく、お申し込みをさせていただく次第です。弊社の会社概要、製品紹介等の参考資料を下記の通り同封いたしましたので、何とぞご高覧、ご検討のほどお願い申し上げます。

この件につきまして、貴社にその意がおありということでしたら、すぐに担当者を伺わせますので、折り返し貴意をお知らせ願えれば幸いです。お取引の諸条件などにつきましては、担当者に詳しくお話し願えればと存じます。

略儀ながら、まずは書中にてお願い申し上げます。

敬具

記

添付書類	弊社営業案内書	２枚
	製品カタログ	２枚

以上

覚えておきたいビジネス用語
おかげをもちまして→
お力添えをいただいて、おかげさまで

CHECK!
相手に求めることをはっきりさせるためにも、申し込みの理由を明記する

書き換え文例
「○○の販売に実績のある貴社との取引をお願いいたしたく、」
「御地で絶大な人気と信用を築かれている貴社のお力添えを賜りたく、」
「業界最大手の貴社のご事業の一翼を担いたく、」

まずは、こちらの情況を説明すべきなので、自社の資料を同送する

書き換え文例
「何とぞご高覧いただき、ご検討賜りますようお願い申し上げます。」

ワンランクアップ！ 文書テクニック
初めて対応する相手には、文書だけで済まそうとはせず、電話や訪問など、直接お願いするのがマナー。取引をスムーズに進めるために、自社情報などを分かりやすく伝えよう。

➡注文取消の申し込み

事務机100基注文取消のお願い

拝啓　時下ますますご清栄のこととお慶び申し上げます。

さて、9月25日付(営発注No.2221)で注文いたしました事務机100基、取引先商社の支店開設延期のため、納入中止の通知が到着いたしました。

つきましては、誠にご迷惑とは存じますが、弊社事情をご賢察の上、先のご注文はお取り消しくださいますようお願い申し上げます。

本朝、電話にて貴社営業部第一営業係長　城野様にはご連絡申し上げましたが、本書状にて重ねてご容赦賜りたく、ここにお願い申し上げる次第です。

なお、取引先商社の支店開設はいつになるか、今のところ断定はできかねますが、関係筋の情報によりますと、明春には竣工の予定と伺っております。その折に再注文がございましたら、従来通り改めて貴社に注文させていただく所存でございます。

以上、何とぞご了承のほどお願い申し上げます。

敬具

CHECK!

注文の日付、発注書ナンバーを明記して、確認しやすいように

書き換え文例

「お客様より、都合により注文を見合わせたいという連絡がありました。」

相手の理解を得るため、取消の理由を明示。ただし、言い訳がましくならないよう簡潔に

再注文の可能性を示唆しておく

➡取引条件変更の申し込み

取引条件変更のお願い

拝啓　厳寒のみぎり、貴社ますますご隆盛の段、大慶に存じます。平素は、ひとかたならぬご配慮に預かり、心よりお礼申し上げます。

さて、このたび弊社営業部が新ビルに移転したのを機に、営業・販売体制の拡充を図っております。その一環として、現在の商習慣からはいささか古くなりました取引条件を改め、新たな取引条件で取引先各社と従来以上の親交を深めたいと考えております。

つきましては、誠に恐縮に存じますが、下記の通り取引条件を変更いたしたく、お願い申し上げる次第でございます。

この件に関しましては、後日担当者を貴社に派遣し、詳細にご説明させていただきますが、まずは書状にてお願い申し上げます。なおご不明、ご質問がございましたら、本社営業部販売促進課課長　高田正一(電話○○－××××－△△△△)までご一報ください。

何とぞ事情ご賢察の上、ご承諾賜りたくお願い申し上げます。

敬具

記

	新取引条件	(旧取引条件)
1．支払方法	銀行振込	(現金取引)
2．搬入方法	物流部直送	(営業部直送)
3．実施	平成○年3月1日以降の注文より	

以上

CHECK!

相手の承諾を得るため、理由を明示することは必須

書き換え文例

「大変申し訳ございませんが、」
「誠にお手数とは存じますが、」

新条件と旧条件を箇条書きで対比させて、ひと目で分かりやすい文書にする

勧誘する

相手がアクションを起こしたくなるような文章を作成する。

シチュエーション 業界団体やメンバーズクラブなどへの加入、新規事業や共同事業への参画、ツアーやイベントへの参加、商品やサービス購入などを勧誘するケース

目的 企業やユーザーを誘い、加入、参加、購入などを促して、ビジネスにつなげること

ポイント
- 加入、参加することによるメリットを明記する
- トラブルや信用低下につながるような誇大表現は避ける
- 簡潔、明快で分かりやすい文章が効果的

NG文書を添削!
イベント出店の勧誘

「第５回アジアグルメ博」出店のお誘い

拝啓　処暑の候、貴社ますますご発展の由、大慶に存じます。平素は格別のご高配を賜り、厚くお礼申し上げます。

さて、恒例となりました「アジアグルメ博」を、今年も~~10月10日から１週間、平和公園にて~~（下記の通り）開催することとなりました。貴社~~の~~（におかれましては、昨年も）タイレストラン「コサムイ」に~~も、~~ぜひご出店をしていただきたく、（ご出店いただき、大変好評でしたので、）ご案内させていただきます。

この「グルメ博」は、年々世間の注目度も上がっており~~、~~（ます。マスコミ報道でも多々取り上げられ、）第５回目の今年はさらに盛況が予想されます。（、早くから実施の問い合わせが殺到するなど）

なお、出店ブースには限りがありますので、お早めにお申し込みくださいますようお願い申し上げます。~~ご不明な点などは、実行委員会事務局（○○　××××　△△△△）まで、お気軽にお問い合わせください。~~

まずは、書中にてお誘い申し上げます。

敬具

記（略）

詳細や大事なことは目立つように別記する

勧誘する理由がないと説得力に欠ける

具体性がないと、出店する魅力が感じられない

➡クラブ入会の勧誘

ゴールド倶楽部ご入会のご案内

謹啓　春寒の候、貴社ますますご隆盛の段、慶賀のいたりに存じます。

先般、ゴールド倶楽部会員　大里商事の渡辺誠様よりご紹介をいただき、ゴールド倶楽部入会案内および入会申込書をご送付させていただきました。突然のお手紙でご無礼とは存じましたが、どうかご容赦のほどお願い申し上げます。

さて、私どもＧＬＤ株式会社では、ゴールド倶楽部を運営し、会員の皆様にご満足いただけるよう、直営のホテルやレストラン、スポーツジムなどの情報提供、優先予約、各種割引など様々な特典をご用意しております。

特に、今回は特別キャンペーンといたしまして、ご入会いただきました皆様に、ディナーのときにご利用いただけます「スペシャル割引券」をプレゼントいたしております。この機会にぜひ、ご入会賜りますよう、改めてお願い申し上げます。

なお、このキャンペーンは今月末日までとなっておりますので、お早めにお申し込みくださいますよう、重ねてお願い申し上げます。

末筆ながら、ますますのご健勝をお祈り申し上げます。

謹白

紹介者の氏名を記入すると、相手も信用しやすい

書き換え文例

「突然お手紙を差し上げますご無礼をお許しください。」
「不躾なお手紙を差し上げまして、大変申し訳ございません。」

限定の特典は勧誘に効果的

締切があると、「早く申し込まないと……」という気にさせる効果大

⇩メールに書き換え

宛先：000@000.00.jp
CC：
件名：ゴールド倶楽部ご入会のご案内

株式会社大河原産業
代表取締役社長　上川幸平様

突然のメールにて、大変失礼いたします。
ゴールド倶楽部会員　大里商事株式会社の渡辺誠様よりご紹介をいただき、ぜひとも当倶楽部にご入会願いたくご案内をさせていただきます。

ＧＬＤ株式会社が運営する「ゴールド倶楽部」では、会員の皆様のために、直営のホテルやレストラン、各種施設のご利用に様々な特典をご用意いたしております。
特に今回は特別キャンペーンとしまして、今月末までにご入会いただきますと、お得な「スペシャル割引券」をプレゼントいたしております。

後日改めて、入会案内等お送りさせていただきますが、この機会にぜひお申し込み賜りますよう、重ねてお願い申し上げます。

書き換え文例

「○○様にぜひご入会いただきたく、メールでは失礼かと存じましたが、ご案内させていただきました。」
「ぜひご入会願いたく、早急にご連絡いたしたいと、失礼ながらメールでご案内させていただきました。」

メリットの記載は必須

メールだけで済ませるのは、丁寧さに欠ける

勧誘する

➡共同仕入れのお誘い

共同仕入れのお誘い

謹啓　新緑の候、ますますご隆盛のことと拝察いたします。日頃は、格別のご高配を賜り、厚くお礼申し上げます。

　さて、ご存じのように、当地には大手の大杉販売株式会社が進出し、大量仕入れによる廉価販売を展開しております。弊店のような弱小企業では価格面で対抗できず、売り上げはここ数カ月減少の一途をたどっています。

　これは当地域内で同業を営まれる貴社におかれましても、同様のお悩みをおもちのことと拝察申し上げます。つきましては、この際、貴社と弊社が仕入れ面で協力し、信用力を増大して大量仕入れを実現することで、低価格仕入れを図ってはいかがかと存じます。

　この件につきまして、できるだけ早い時期に貴社とご相談いたしたく、ご意向をお伺いする次第です。ご回答をお待ち申し上げますとともに、とりあえずご都合のほどお伺いいたします。

謹白

現状をアピールして、必要性を説く

書き換え文例

「同様のお悩みをおもちなのではないでしょうか。」

CHECK!

どうしたいのか、目的を分かりやすく明記すること

➡工場見学の勧誘

地ビール工場見学ツアーのご案内

拝啓　新緑の候、ますますご清栄のこととお慶び申し上げます。日頃より格別のご厚情を賜り、厚くお礼申し上げます。

　さて、このたび大北市飲食店組合では、先日開催された理事会の可決を受けて、北斗ヶ岳山麓の地ビール工場見学ツアーを実施することになりました。

　県内有数の景勝地・北斗ヶ岳の山麓にありますブルーワリー「北斗」では、国内でも最高レベルの品質を誇るビールづくりで知られ、「北斗エール」「北斗アンバー」などいずれも手に入りにくいマニア垂涎の逸品を送り出しています。本来、あまり公開していない工場内を、当組合との強い絆から、特別に案内していただけることになりました。また、できたてのビール、まだ市場に出ていない新作ビールなどの試飲もさせていただける予定です。

　地元北斗豚料理のランチも楽しめるバスツアーを、当組合の会友でもあります「大北観光」に格安料金で企画していただきました。

　皆様、ぜひお誘い合わせの上ご参加いただきますようご案内申し上げます。

敬具

稀少価値をアピールして、参加したいと思わせたり、お得感を与える

安い価格もメリットのひとつなので言及する

書き換え文例

「どうぞ奮ってご参加くださいますよう」
「こぞってご参加賜りますよう」

➡業界団体加入の勧誘

会発勧No.235
平成○年１月20日

株式会社ＡＢＣトーイズ
代表取締役社長　吉井彰様

社団法人南信玩具協会連合会
会長　高木幸作

玩具協会連合会入会のお誘い

拝啓　厳寒のみぎり、貴社ますますご隆昌のこととお慶び申し上げます。平素は、当連合会に格別のご高配を賜り、心よりお礼申し上げます。

さて、弊会は玩具業界全体の向上を目的として活動を続けてまいりましたが、本年４月には、設立満50周年を迎えます。

貴社におかれましては、創業以来堅実なるご経営で、ますますのご発展を続けられていることに、大変敬服いたしております。

我が国の経済状況はまだまだ先行き不透明で、ビジネス界も激変が続き、従来の経営では淘汰されてしまう厳しい時代となっております。業界内でもお互いに情報交換をしながら、事業活動の活性化を図り、この時代を乗り切っていきたいと考えております。

つきましては、弊会の資料を同封いたしますので、この機会にぜひご加入くださいますようご案内申し上げます。後日改めて、ご挨拶に伺い詳しくご説明させていただく所存でございます。

まずは取り急ぎご入会のお願いを申し上げます。

敬具

現状をアピールして、必要性を説く

覚えておきたいビジネス用語
敬服→
感心し尊敬の念を抱く

相手の自尊心をくすぐることも有効。ただし、大げさなのは逆効果なので注意

入会するメリットを明記

書き換え文例
「近日中に拝眉の上、ご挨拶申し上げたいと存じます。」

ワンランクアップ！ 文書テクニック

「特別に」「あなただけ」などの限定の表現は、勧誘の効果を上げるのに有効だが、なぜ「特別」なのか、なぜ「あなた」なのかの理由がないと、ＰＲ臭くなるので注意すること。

確認する

曖昧な表現は避け、間違いなく簡潔、明確に記入する。

シチュエーション	注文や注文取消、納期、価格、支払条件などを確認するケース。特に電話や口頭による注文、取り決めなどを、文書で再度確かめることが多い
目的	不確かな事実や口頭での決定事項を文書によって確認し、トラブルの発生を防ぐこと
ポイント	■トラブル発生時の証拠となるので、曖昧な表現は避ける ■日付や数量、値段などは正確に記入する ■確認事項は箇条書きなどで簡潔、明確に記す

NG文書を添削！

支払条件の確認

支払条件のご確認

~~前略~~ → 拝啓　時下ますますご隆昌のこととお慶び申し上げます。このたびは、弊社とのお取引をご快諾いただき、誠にありがとうございます。

去る３月１日のご商談の際にお約束いただきました支払い条件につきまして、下記の通りで相違ないか、今一度お確かめいただきたくご連絡申し上げます。

ご多忙のところ、誠に恐れ入りますが、ご確認のほどよろしくお願い申し上げます。

まずは、~~取り急ぎ~~ → お礼かたがた ご確認まで。

~~草々~~ → 敬具

記

１．納期　　　毎月10日
２．納品場所　貴社本部第一倉庫
３．支払日　　毎月20日締め、翌月末日
４．支払条件　現金振込
　　　　　　　（三徳銀行品川支店　当座預金○○○○○○）

新しく取引が始まったばかりなので、丁寧に。簡単な挨拶、取引承諾に対する謝意を入れたい

取引快諾に対するお礼を入れたので、その点を書き加える

➡電話発注の確認

AX－DⅢ注文のご確認

拝啓　日頃は格別のお引き立てを賜り、誠にありがとうございます。

さて、10月22日にお電話にて注文いたしましたAX－DⅢの件につきまして、念のため文書にて、お送りいたします。

同製品は、11月5日付をもって得意先に納入することになっております。ご多忙とは存じますが、11月2日までに弊社に着荷いたしますように、お手配のほどよろしくお願い申し上げます。

敬具

記

1．注文品　AX－DⅢ　100台
2．入荷日　11月2日

以上

注文の日付、方法を明記する

書き換え文例

「改めて書面にてお送りいたします。」
「書面にてお送りいたしますので、ご確認くださいますよう、よろしくお願い申し上げます。」

CHECK！
日付、数字は間違いのないよう記入する

⇩メールに書き換え

宛先：000@000.00.jp
CC：
件名：AX－DⅢ注文のご確認

株式会社　香野産業
販売課　峰田俊哉様

いつも大変お世話になっております。
MGK商事　坂本でございます。

さて、10月22日にお電話にて注文いたしましたAX－DⅢはご手配願えましたでしょうか。念のため、下記の通り確認させていただきたくメールをお送りいたします。
ご多用中とは存じますが、何とぞよろしくお願い申し上げます。
取り急ぎ、ご確認まで。

記

1．注文品　AX－DⅢ　100台
2．入荷日　11月2日

以上

CHECK！
ひと目で内容が分かる件名を付ける

覚えておきたいビジネス用語
多用中→
お忙しいところ

覚えておきたいビジネス用語
取り急ぎ→
急いで、真っ先に

依頼する

相手の快諾が得られるように、分かりやすく丁寧にお願いする。

シチュエーション	販促や取引開始、取引条件の変更、文書送付、アンケートの回答、講演会などへの出演、推薦や紹介、調査などの依頼をするケース
目的	こちらの要望を伝え、相手に動いてもらうこと。出演料や講演料など相手にもメリットがある場合と、相手の好意に頼る場合とがある
ポイント	■メリットの有無にかかわらず、丁寧にお願いする ■何をどうしてほしいのか、依頼内容を過不足なく伝える ■相手の立場を考慮し、検討するための時間を計算に入れる

NG文書を添削！

新製品販売の依頼

新商品販売のお願い

拝啓　時下ますますご清祥のこととお慶び申し上げます。このたびは格別のお引き立てを賜り、誠にありがとうございます。

さて、ご存じかとは存じますが、弊社は今春（3月21日より）主婦向けの新商品（BEATⅢ）を発売いたします。この商品は、弊社のこれまでの研究成果を集大成したもので、開発・商品化には総力を傾注してまいりました。

「ＢＥＡＴⅢ」は大、中、小の３種類があり、それぞれ１ケースが10個入りになっています。その他、詳細な特徴および効果、価格、取引条件については別紙を同封いたしましたので、ご参照いただければ幸いです。後日、サンプルができ次第、こちらもご送付させていただきます。

~~つきましては、この商品を貴社にてお取り扱いいただきたくお願い申し上げます。~~

この件につきましては、近日中に担当者が伺いますが、とりあえず書面にてご懇請申し上げます。

~~謹呈~~ 敬具

つきましては、この業界でも大手販売業務として実績がおありになる貴社に、この商品をお取り扱いいただきたくお願い申し上げます。

発売日、商品名など重要事項は必ず明記する

文書の要点となる依頼内容は、前半部分にもってくる

「拝啓」で始まったら、結語は「敬具」

➡販促強化の依頼

「ＢＥＡＴⅢ」販促のお願い

拝啓　時下ますますご繁栄の趣、何よりと存じます。日頃は何かとご高配を賜り、厚くお礼申し上げます。

さて、弊社が今春発売を開始いたしましたＢＥＡＴⅢは、代理店、小売店の皆様のご努力もあり、快調な滑り出しをみせております。弊社では全力で開発に取り組んだ背景もあり、これまで以上に販売状況を注視しております。

貴社でも早速同商品のお取り扱いをいただき、感謝に堪えません。

ただ、貴社の販売地域の売れ行きが、他地域に比べて大きな落差がみられることが気になっております。調査の結果、小売店の立地条件が悪いのに加え、商品そのものの宣伝に、少々工夫が足りないのではないかと思われます。

つきましては、弊社でもメディアの宣伝を強化していく方針ですので、貴社におかれましても、小売店各位に対し一層の販促指導をお願いする次第でございます。

なお、この件に関しまして、近日中に担当者が資料をもってお伺いいたしますので、よろしくご尽力のほどお願い申し上げます。

取り急ぎ書中にてご懇請申し上げます。

敬具

書き換え文例
「同商品をお取り扱いくださり、衷心より感謝いたしております。」
「同商品のお取り扱いを快諾していただき、お礼申し上げます。」

一方的な依頼でなく、宣伝を強化するので相手にも頑張ってほしいと「お願い」する形に

書き換え文例
「より一層ご尽力くださいますよう、心よりお願い申し上げます。」

覚えておきたいビジネス用語
懇請→
心を込めて頼むこと

⇩メールに書き換え

宛先：000@000.00.jp
CC：
件名：ＢＥＡＴⅢ販促のお願い

東北販売株式会社
販売課　宮城様

いつもお世話になっております。
このたびは、新商品ＢＥＡＴⅢをお取り扱いいただき、誠にありがとうございます。

３月の発売開始以来、快調な滑り出しの同商品ですが、
貴社の販売地域の売れ行きが、他地域と比べて大きな落差がみられるのが、大変気になっております。早速調査をしましたところ、商品そのものの宣伝に、少々工夫が足りないように思われます。

今後、弊社ではメディアの宣伝を強化していく方針ですので、貴社におかれましても、小売店各位に対し一層の販売指導を徹底してくださいますようお願い申し上げます。

なお、この件につきまして、近日中に担当者が資料をもってお伺いしますので、ご尽力のほどよろしくお願い申し上げます。

挨拶に加えて、謝意を表すことも大切

書き換え文例
「調査の結果、特に商品の宣伝方法に若干問題があるようです。」

要点だけを、できるだけ簡潔にまとめる

覚えておきたいビジネス用語
尽力→
目的の実現に力を尽くすこと

➡特約店契約の依頼

特約店についてのお願い

拝啓　時下ますますご隆昌の由、大慶に存じます。

さて、本日突然にお手紙を受け取られてご不審のことと拝察いたしますが、本状の用件は、弊社との特約店契約についてのお願いでございます。

このたび弊社では関西営業所を設け、大阪、兵庫地区における販売強化を図ることにいたしました。そこで、当地の流通事情に詳しく、貴社ともお取り引きのある内海産業営業部長　赤松様に伺いましたところ、貴社を非常に高く評価しておられ、本状を差し上げた次第でございます。

弊社の概要および特約店契約の諸条件は別紙の通りでございます。貴社におかれましても、必ずお得になる契約内容と確信しております。ぜひ内容をご検討いただき、同封の封筒にてご一報賜りますようお願い申し上げます。

敬具

書き換え文例

「突然お手紙を差し上げ、大変ご無礼かとは存じますが、」
「突然お手紙を差し上げるご無礼を、どうかご容赦願います。」

CHECK!

なぜ相手に選んだのかを明示する

覚えておきたいビジネス用語

一報→
ちょっと知らせること

➡取引先紹介の依頼

取引先紹介のお願い

拝啓　盛夏の候、貴社ますますご清栄のこととお慶び申し上げます。先日は、いろいろとご教示を賜り、深謝申し上げます。

さて、弊社で今年初頭より発売をしております空気清浄機「エアロマ」シリーズは、おかげさまをもちまして、すでに１５万台以上を売り上げるヒット商品となり、多くのユーザー様からご好評をいただいております。今後は、アジア全域への普及を視野に入れつつ、来春を目標に台湾、タイへ進出したいと画策いたしております。

つきましては、先日の交流会の際にお話のありました株式会社ＡＢＣ商事の営業ご担当者を、ぜひご紹介くださいますようお願い申し上げます。弊社製品のアジア進出には、当地の取引に明るいＡＢＣ商事様との取引は、ぜひともお願いしたいところでございます。福井様より、弊社についてひと言お口添えをいただければ幸甚に存じます。

もちろんご紹介賜りましたら、貴社に一切ご迷惑をおかけしないことを堅くお約束いたします。

ご多用中、誠に恐縮ですが、書中をもちましてお願い申し上げます。

敬具

覚えておきたいビジネス用語

教示→
教え示すこと

書き換え文例

「ぜひ弊社にお引き合わせくださいますようお願い申し上げます。」
「ぜひ弊社にご紹介願えませんでしょうか。」

CHECK!

相手に面倒と思わせないように、一度に多くのことを依頼しないこと

紹介者に迷惑をかけない約束は必須

価格引き下げの依頼

価格改定についてのお願い

拝啓　貴社いよいよご隆昌の段、大慶至極に存じます。平素はひとかたならぬご愛顧を賜り、心よりお礼申し上げます。

早速ですが、貴社から納入させていただいております「ＮＫＪ200シリーズ」につきまして、仕入価格の値下げにご協力いただきたくお願い申し上げます。

ご承知の通り、小社は昨年約1,000万円を投じて店舗を改築し、貴社商品の販売に尽力しております。これも、貴社のライバル会社のＰＣＤ販売が当地に進出し、その対策の一環としてのものでございます。

しかしながら、ＰＣＤ販売は価格面での競争が激しく、小社の販拡努力では対抗しかねるのが実情でございます。その上、店舗改築の打撃がまだ尾を引いて、一部資金繰りに苦慮しております。

以上、同封いたしました別紙資料をご参照いただき、ご賢察の上、何とぞよろしくご配慮くださいますよう、切にお願い申し上げます。

敬具

タイトルでは「値下げ」という直接的な表現を避ける

伝えづらい内容だが、まずは依頼の要点を明記。丁寧にお願いする姿勢で

CHECK!

依頼の理由を、具体的かつ説得力のある内容で示す

書き換え文例

「諸事情ご賢察、ご理解の上、ご協力賜わりますようよろしくお願い申し上げます。」

資金融通の依頼

資金融通のお願い

拝啓　貴社ますますご隆盛のこととお慶び申し上げます。平素はひとかたならぬご愛顧を賜り、厚くお礼申し上げます。

さて、誠に恐縮ではございますが、資金のご融資をお願いいたしたく、本状を田崎経理部長に持参させる次第でございます。

ご承知のように小社は昨年、約8,000万円を投じて最新鋭の設備を導入し、生産増強に努めてまいりました。ところが今年に入り、予定していました大口の受注が一方的に解約となり、一時は大苦境に陥りました。

全社一丸となっての営業活動、生産の効率化などで、少しずつ回復の兆しがみえてまいりましたが、まだ大口解約の打撃が尾を引いている状況でございます。

つきましては、大変身勝手なお願いでございますが、500万円をご融資いただけませんでしょうか。返済は、毎月の貴社のお支払い代金から100万円ずつ相殺させていただくという形でお願いできますと幸いでございます。

以上の事情をご賢察の上、何とぞよろしくご配慮くださいますよう、心よりお願い申し上げます。

敬具

融資の用件だけに、丁重に持参して誠意を示す

承諾を得るためには、融資の理由をある程度詳しく述べる必要がある

CHECK!

返済方法をしっかり書かないと、説得力に欠ける

書き換え文例

「このような事情でございますので、何とぞご高配を賜りますよう、」

支払延期の依頼

支払いについてのお願い

拝啓　時下ますますご清祥のこととお慶び申し上げます。平素は格別のお引き立てを賜り、誠にありがとうございます。

さて、早速ですが、仕入れ代金のお支払いに関しまして、お願いしたいことがあり本状をお送りさせていただきます。今月30日締めの貴社よりの仕入代金は、通常では５月10日支払いの予定になっております。この件につきまして、甚だ不躾ながら、今回に限り支払いを５月25日まで延ばしていただきたくお願い申し上げます。

すでに貴社におかれましてもお聞きおよびのこととは存じますが、理由は、弊社取引先である近松商会に大口の貸し倒れが生じたことによります。今後の対策には十分な見通しがあり、これ以上貴社にご迷惑をおかけすることはございません。

当社の実情をご理解賜り、今回のみ支払遅延をご容赦くださいますよう、重ねてお願い申し上げます。

敬具

覚えておきたいビジネス用語
不躾→
礼を欠くこと、無作法

書き換え文例
「大変身勝手なお願いで恐縮ですが、」
「誠に勝手ながら、」
「大変恐縮に存じますが、」

CHECK!
支払いを延期しなければならない具体的な理由を記す

確実に支払える見通しを示すことで、誤解や憶測が生じないように

一部支払延期の依頼

一部支払猶予のお願い

拝啓　貴社ますますご隆昌の段、大慶至極に存じます。日頃はひとかたならぬご高配を賜り厚くお礼申し上げます。

さて、先月22日付にて着荷いたしました「ＡＭＫ」機20台の代金請求書を、本日まさに拝受いたしました。通常通り、早速今月15日の支払い予定日に全額お支払いすべきところでございますが、当店の大口取引先であります坂戸工務店が５億円もの負債をもって倒産という事態が生じました。これは、当店にとりましても、大きな痛手を被っております。

つきましては、大変勝手なお願いでございますが、ご援助のお気持ちをもって、今月のお支払いは15台分でご容赦いただき、残り５台分は来月11月15日の支払予定日までご猶予くださいますよう、まげてご承引のほどお願い申し上げます。

取り急ぎ、ご都合お伺い申し上げます。

敬具

覚えておきたいビジネス用語
猶予→
実行の期日を延ばすこと

覚えておきたいビジネス用語
まげて→
是が非でも、そこを何とか

覚えておきたいビジネス用語
承引→
承知して引き受ける

書き換え文例
「何とぞご了承のほどお願い申し上げます。」

ワンランクアップ! 文書テクニック
支払いの猶予は、直接依頼するのが原則。書状はあくまでも緩和措置として、すぐに出向くこと。

➡信用調査の依頼

営発依第3356号

平成○年２月16日

信用調査のお願い

拝啓　梅鶯の候、貴社ますますご繁昌のこととお慶び申し上げます。平素は格別のご愛顧を賜り、心よりお礼申し上げます。

さて、本日は誠に勝手なお願いながら、下記の会社につきまして信用状況をご調査いただきたくお願い申し上げます。

実は、過日、貴社を訪問の折りに話題となりましたアクティー株式会社との新規取引の件が煮詰まってきており、ほどなく最終結論を出さなければなりません。

つきましては、どのような情報でも結構でございますので、貴社において差し支えのない範囲内でご調査いただき、弊社にご提供くださいますよう重ねてお願い申し上げる次第でございます。

なお、ご提供いただきました情報は、厳に極秘扱いとし他に漏らすなどの行為は絶対にしないことをお約束いたします。ご調査に要しました費用は、当然ながら弊社にて負担させていただきます。

敬具

記

１．会社名　　アクティー株式会社（代表　椎名英二）

２．住所　　東京都渋谷区松濤○─○─○

３．電話　　○○－××××－△△△△

４．内容　　信用状況

以上

書き換え文例

「早速ですが、下記の会社の信用状況の調査をお願いしたく、本状をお送りいたします。」

「差し支えない範囲内で」の断り書きを入れるのは必須

覚えておきたいビジネス用語

厳に→
厳しく、厳重に

CHECK!

秘密厳守の約束は必ず入れること

確認のため、調査対象会社のアウトラインを別記に提示する

依頼する

ワンランクアップ！文書テクニック

相手に負担をかけることになる依頼は、より丁寧な文面を心がけること。説得するというよりも、相手の好意にすがる感じで。

アポイントの依頼

「ＡＸⅡ」発表展示会のお打ち合わせについて

拝啓　時下ますますご清祥のこととお慶び申し上げます。平素は格別のご高配を賜り、厚くお礼申し上げます。

さて、「ＡＸⅡ」発表展示会の開催も、いよいよ来月に迫ってまいりました。予定通り、関係各位への案内状の発送も終了し、準備作業は第２段階に入っております。

つきましては、貴社、弊社の担当者が揃っての第２回目のミーティングを開きたいと存じますので、スケジュールのご調整をお願い申し上げます。展示会開催期間中に配布予定のパンフレットの草案ができあがる17日(木)午後を目途に、ご都合をお聞かせいただきますと幸いでございます。

ご多忙のところ大変恐縮ですが、ご協力のほどよろしくお願い申し上げます。

敬具

CHECK!

関係者が集まるときは、早めの日程調整が必要

書き換え文例

「ミーティングを開きたいと存じますが、ご都合はいかがでしょうか。」
「ミーティングを開きたく、お時間をいただきたくお願い申し上げます。」

日にちの候補を出すと、相手も調整しやすい

アンケートの依頼

アンケートご協力のお願い

拝啓　錦秋の候、貴社ますますご隆盛のこととお慶び申し上げます。日頃は、何かとお引き立てを賜り、誠にありがとうございます。

さて、弊社がこの春より発売いたしております「ＶＸシリーズ」は、おかげさまで予想を上回るヒット商品となりました。これも偏に、販売店の皆様のご尽力の賜物と、心より感謝いたしております。

弊社では、この機を逃さず、さらなる販売拡大につなげるため、なお一層喜んでいただける製品の改良、開発を進めておりますが、ぜひお客様のご意見をお聞きし、参考にさせていただきたいと存じます。

つきましては、販売店の皆様にアンケートのご協力を賜りたく、アンケート用紙を同封させていただきました。大変お手数をおかけいたしますが、貴店へご来店のお客様にご記入していただきますようお取り計らいのほど、よろしくお願い申し上げます。なお、お答えいただきましたお客様へのお礼として、サンプル・セットを別便にてお送りいたします。

誠に勝手ながら、回答用紙は11月末日までに、同封の返信用封筒にてご返送いただけますよう重ねてお願い申し上げます。

今後ともよりよい製品をご提供してまいりますので、倍旧のご支援、ご協力をよろしくお願い申し上げます。

敬具

書き換え文例

「現状に満足することなく、今以上の成果につなげるため、」

CHECK!

協力を促すため、アンケートの目的を明記する

お礼の品があれば、依頼がさらに効果的となる

書き換え文例

「回答用紙は返信用封筒に入れ、11月末日までにご投函くださいますよう」

原稿執筆の依頼

原稿執筆のお願い

拝啓　新春のみぎり、大河内先生におかれましてはますますのご活躍のこととお慶び申し上げます。

さて、突然のお願いを差し上げる失礼をお許しください。私どもは、墨田区のミニコミ誌「すみだ点描」編集部と申します。小誌は墨田区とりわけ隅田川周辺の四季折々の風景を中心にしたエッセイと、区内の各種情報を紹介するために誕生、今年でちょうど創刊10年目を迎える季刊誌です。

５月に刊行予定の創刊10周年記念号では、墨田区ゆかりの著名人の方たちに、隅田川や墨田区の思い出について寄稿していただく予定でおります。

つきましては、ご幼少時代を当区で過ごされた先生に、玉稿を賜りたく、謹んでお願い申し上げる次第でございます。

取り急ぎ、企画の趣旨と執筆内容、それに小誌のサンプルを同封いたしました。ご多用中恐縮ですが、ご高覧のほどよろしくお願い申し上げます。来週半ばくらいに、改めてお電話を差し上げます。

まずは、書中をもちましてお願い申し上げます。

敬具

書き換え文例
「突然にお手紙を差し上げ、無礼かとは存じましたが、どうかご容赦ください。」

CHECK!
初めての相手には、丁寧に自己紹介する

書き換え文例
「ぜひご執筆いただきたくお願い申し上げる次第でございます」

手紙を送った後は電話でフォロー

講演の依頼

講演のお願い

拝啓　早春の候、福島先生におかれましては、ますますご活躍の段、大慶に存じます。

さて、突然のお手紙で誠に恐縮でございますが、弊社では例年、入社５～７年目の中堅社員を対象にセミナーを開催しており、各界でご活躍の評論家、ジャーナリスト、大学教授の方々にもご講演いただいております。

このたびは、先生の近著『世界と日本経済のウソ』を拝読し、非常に興味深く、上下巻を一気に読了いたしました。特に、最終章「日本経済の進むべき道」には、いたく感銘を受け、日本経済の一端を担うビジネスマンのひとりとして、気持ちを新たにいたしました。

つきましては、弊社の中堅社員たちにも同様の感動を実感してもらいたく、ぜひ私どものセミナーでご講演いただけませんでしょうか。ご講演の内容、日時などにつきましては、下記の通りでございます。

ご多忙のところ恐縮でございますが、ご検討の上、何とぞご承諾いただきたくお願い申し上げます。後日、改めてご依頼のお電話を差し上げます。

まずは、略儀ながら書中をもちましてお願い申し上げます。

敬具

記（略）

受講対象者の属性を伝えたほうが、講演者に依頼を引き受けてもらいやすい

CHECK!
なぜ講演してほしいのか、具体的な理由を述べると効果的

書き換え文例
「ぜひセミナーでご講演くださいますよう、謹んでお願い申し上げます。」
「ぜひ弊社のセミナーに講師としてご来臨いただきたくお願い申し上げます。」

➡見積書送付の依頼

総発依第9867号
平成○年１月10日

オーシマ工業株式会社
営業部長　中谷史男様

株式会社　東越商事
総務部長　垣内一弘

「クリーンＡＣⅡ」見積書ご送付のお願い

> 製品名を入れておくと、確認しやすい

拝啓　初春のみぎり、貴社ますますご繁昌のこととお慶び申し上げます。

さて、早速ですが、弊社ではこのたび、貴社の新製品「業務用空気清浄機クリーンＡＣⅡ」の購入を検討中です。

つきましては、お手数をおかけいたしますが、下記の条件によるお見積もりを作成いただき、ご送付くださいますようお願い申し上げます。

> **書き換え文例**
> 「下記の条件にしたがい、至急お見積もりを作成してくださいますようお願い申し上げます。」
> 「下記の条件により、販売価格をご提示いただけますでしょうか。」

ご多忙のところ、大変恐縮ですが、１月20日（金）必着でご送付いただけますと幸いです。

> 見積もりが必要な期日を明記

取り急ぎご高配のほど、お願い申し上げます。

敬具

記

1．製品名　　業務用空気清浄機クリーンＡＣⅡ
2．数量　　　５台
3．納期　　　２月15日（水）まで
4．納品場所　東越ホテル新館
5．支払条件　翌月末銀行振込
6．納品方法　貴社ご指定
7．運賃諸掛　貴社ご負担

以上

ワンランクアップ！　文書テクニック

見積もりのための条件提示は、箇条書きでみやすくまとめる。条件が詳しいほうが、正確な見積もりが作成できる。

➡見積書再送付の依頼

お見積もりご検討のお願い

拝啓　時下ますますご清栄のこととお慶び申し上げます。

このたびは、貴社新製品「WM３」につきまして、早速見積書をご送付いただき、ありがとうございました。迅速なご対応に、心より感謝いたしております。

内容につきましても、大筋での異論はございません。しかしながら、お申し越しの価格につきましては、いささか発注が厳しい状況でございます。ご承知の通り、当販売地区は、大型店舗の出店などで販売競争がますます激化する一方で、貴社ご希望の価格では、この熾烈な競争を生き残るのは困難に思われます。

つきましては、誠に勝手なお願いで恐縮ですが、お見積もりの価格より５％の値引きをご検討願えませんでしょうか。事情ご賢察賜り、再度お見積もりいただけますようお願い申し上げます。

以上、よろしくご配慮のほどお願い申し上げます。

敬具

早速見積もりを送付してくれたことへの謝意を告げる

書き換え文例

「ご提示の価格では、遺憾ながら発注に踏み切れずにおります。」
「お申し越しの価格につきましては、貴意に沿いかねます。」

CHECK!

再見積もりを依頼する理由を必ず入れる

➡資料送付の依頼

資料送付のお願い

拝啓　時下ますますご隆盛のこととお慶び申し上げます。日頃は格別のお引き立てを賜り、厚くお礼申し上げます。

さて、弊社では今秋、大宮に営業所を新設するべく準備が進んでおりますが、オフィスで使用するデスク、チェアについて現在検討中でございます。

先般、貴社ホームページの取り扱い製品一覧の中で、オペレーションデスクＪＭシリーズ、オフィスチェアＫＹシリーズを拝見し、新しい営業所の雰囲気に相応しいのではと、候補に挙げさせていただいている次第です。

つきましては、同シリーズの詳細なカタログ並びに関連資料などをご送付願えますでしょうか。

ご多用中、大変恐縮に存じますが、何とぞよろしくお願い申し上げます。

敬具

CHECK!

送付依頼の理由を簡単に記す

書き換え文例

「新しい営業所の雰囲気にもよく合い、購入を検討いたしております。」
「○○の機能やデザイン性に興味をひかれ、購入を検討したく存じます。」

書き換え文例

「突然のご依頼で恐縮ではございますが、どうぞよろしくお願い申し上げます。」
「お手数をおかけして誠に申し訳ございませんが、よろしくお願いいたします。」

注文する

トラブル防止のためにも正確さを第一に。

シチュエーション	品物やサービスの購入を決め、それを注文するケース。一般的な注文のほか、見積書による注文、指値による注文、見計らい注文、追加注文、注文取消など
目的	申し込み状の一種で、商品や製品を購入する意思表示をすること
ポイント	■品名、数量、価格、納期、支払条件などは正確に明記 ■簡潔かつ分かりやすい文章で、相手に手間をかけさせない ■注文取引の相手への謝意は忘れずに

NG文書を添削！ 一般的な注文

SNW1シリーズご注文の件

拝啓　~~秋冷の候、貴社におかれましては、~~（時下）ますますご清栄のこととお慶び申し上げます。~~平素は格別のお引き立てを賜り、厚くお礼申し上げます。~~

さて、このたびは、2004年シーズン版商品カタログをお送りいただき、ありがとうございました。種々検討いたしました結果、下記の通り、ご注文申し上げますので、よろしくお願いいたします。

~~できるだけ~~（スキーの需要シーズンを目前に控えております関係上、）早急にご納入くださいますようお願い申し上げます。

まずは取り急ぎご注文まで。

敬具

記

1．品名・商品番号・数量・単価

スノーボードセットSW1－01　10112　10セット 400,000円(税別)

スノーボードセットSW1－03　10312　5セット 450,000円(税別)

2．合計金額　850,000円(税別)

3．支払方法　貴社支払方法に準ずる

4．納期　平成○年11月20日

5．納品場所　デナリスポーツ本店

6．納品方法　貴社一任

7．運賃諸掛　貴社ご負担

以上

時候の挨拶等は省いて簡単に

急ぐ理由を書いたほうが説得力がある

支払条件等も明記したほうが、後のトラブル防止になる

➡追加の注文

ＡＳＷ５追加注文の件

拝啓　毎度格別のお引き立てに預かり誠にありがとうございます。

さて、過日お送りいただきました「ＡＳＷ５」は大変好調で、現在、在庫数がわずかとなりました。

つきましては、前回と同様に、型、デザイン並びに価格をお見計らいの上、各種取り混ぜて3,000個お送りくださいますようお願い申し上げます。

なお、ご承知の通り、当社の顧客層は30代前後の女性が多く、その点もご考慮いただければ幸いです。取引条件は、先般と同じ条件にてお願いいたします。

ご多忙中、大変恐縮ですが、至急発送のお手配をいただきますよう、重ねてお願い申し上げます。

まずは取り急ぎ追加注文まで。

敬具

記

1.「ＡＳＷ５」3,000個(型、デザイン、価格は見計らいで)
2．取引条件　　前回の注文(12月10日付)と同一

以上

相手の協力を得やすいように、追加の理由を簡単に記入

覚えておきたいビジネス用語
見計らい→
みつくろうこと、おおよその見当をつけること

書き換え文例

「お忙しいところ恐縮ですが、３月25日までに納品いただきますよう、よろしくお願い申し上げます。」
「ご多忙かと存じますが、早急にお手配くださいますよう、よろしくお願い申し上げます。」

⇩メールに書き換え

宛先：000@000.00.jp
CC：
件名：「ＡＳＷ５」追加注文の件

相馬産業株式会社
営業部長　長瀬昌史様

いつも大変お世話になっております。
富徳物産　山口でございます。

さて、先日お送りいただきました「ＡＳＷ５」が大変好調で、
早くも在庫数がわずかとなりました。
つきましては、前回同様に型、デザイン、価格をお見計らいの上、
各種取り混ぜて、3,000個追加をお願いいたします。取引条件も
前回12月10日付の注文と同一でよろしくお願いいたします。

お忙しいところ恐縮ですが、至急お手配くださいますよう、重ねてお願い申し上げます。
まずは取り急ぎ、追加注文まで。

書き換え文例

「このたびは大変お世話になります。」(初めての取引の場合)
「先日はさっそく注文の品をお手配いただき、ありがとうございました。」

日付を明記すると、相手も確認しやすい

書き換え文例

「○月○日必着でお送りくださいますよう、よろしくお願い申し上げます。」

催促する

相手の感情に考慮しながら、冷静に事実関係を明記する。

シチュエーション	相手が期日までに納品、代金等の支払い、融資の返済などを行わない場合に催促をするケース
目的	義務を果たさない相手に契約の履行を求め、ビジネスの正常な状態を回復すること。また、督促の事実を書類証拠にする意味もある
ポイント	■感情的にならず、冷静に事実関係を明確に書く ■具体的な解決策を入れる ■相手の感情を害さないように配慮する

NG文書を添削!

➡代金遅滞の催促

代金のお支払について

拝啓　盛夏の候、ますますご清栄のこととお慶び申し上げます。~~毎度お引き立てを賜り、誠にありがとうございます。~~

さて、早速ながら、先月（20日付をもって）ご請求した６月（6日）納品のロボット玩具の代金八拾万参千九百円也、お約束のお支払日になっております今月1日が過ぎても、いまだにお支払い~~されていません。~~（いただいておらず、どうしたものかと案じております。）

何かの手違いによるものかと存じ上げますが、下請け、仕入等の支払いにも差し支えますので、何とぞご照査の上、至急お支払いくださるようここにお願い申し上げます。

なお、本状と行き違いにお支払いの節は、悪しからずご容赦ください。

~~まずは督促まで。~~

敬具

- 必要以上に丁寧でなくてよい
- 請求書送付日、納品日などの日付は略さずに明記すること
- 相手の立場を考慮しつつ、こちらの困惑も伝える
- 督促はわざわざ記入する必要がない

➡納品の催促

ＡＦⅢ機納入について

前略　去る７月23日付営発注Ｎｏ．3445にてご注文いたしました「ＡＦⅢ」機は、８月１日までに必ず納入いただくようご依頼いたしましたが、今日になってもいまだに着荷せず、当社も大変困惑しております。

いかなるご事情によるものかご調査の上、未発送の場合は大至急お送りくださるようお願い申し上げます。

本品は、８月７日までにお得意様に納入いたすもので、すでに再三にわたって催促を受けております。協議の末、幸いにも８月15日まで延引させていただきましたが、万一この上さらに遅れるようでしたら、当社の信用にもかかわり、解約のほかに方法はないと存じます。

この書状が到着次第、ご都合のほど至急ご一報ください。

草々

「催促」などの直接的過ぎる表現は避ける

書き換え文例

「本日にいたっても着荷の確認がとれておらず、」

CHECK!

こちらの苦境を伝えて、理解を求める

書き換え文例

「契約を解除させていただくとともに、損害賠償についても考慮せざるを得ません。」

⇩メールに書き換え

宛先：000@000.00.jp
CC：
件名：ＡＦⅢ機納入について

お世話になっております。
国東販売　長岡です。

８月１日納品予定のＡＦⅢ機（７月23日付営発注Ｎｏ．3445発注）が今日になっても着荷せず、お客様から再三にわたり催促を受けており、大変困惑しています。

至急ご調査の上、未発送の場合は、早急にお送りくださいますようお願いいたします。

万一、８月15日までに着荷が確認されない場合には、不本意ながら解約をせざるを得ませんので、とりあえずご都合のほどご一報ください。
取り急ぎお願いまで。

簡潔な文章でも、日付、商品名、注文書番号などは省略せず、正確に記入

書き換え文例

「こちらの納品に関して至急ご調査の上、お手配くださいますようお願いいたします。」
「至急お調べいただき、ご対応ください。」

今後の対策のためにも強調したい

抗議する

事実をしっかり確認し、正確で分かりやすく表現する。

シチュエーション	相手の過失や不正により被った迷惑、損失に対しての抗議、特に代金等の支払いや納品の遅延、未納など相手の契約不履行に対して抗議を行うケース
目的	こちらの正当性、要求を認めさせて、事態を解決すること
ポイント	■事実を再確認して、抗議の内容を分かりやすく述べる ■感情的にならず、事態の収拾と損害の回収を第一に ■正確な表現で解決法を提示

NG文書を添削！ ➡代金未払いへの抗議

代金の支払いについて

~~拝啓　日頃より格別のお引き立てを賜り厚くお礼申し上げます。~~
前略　取り急ぎ用件のみ申し上げます。

~~さて、早速ながら、~~去る平成○年11月６日付でご請求申し上げました「北アルプス天然水」の代金につき、その後再三にわたって督促を申し上げましたが、三カ月を過ぎた本日にいたるもお支払いをいただいておりません。ご連絡のたびに善処するというお返事のみで、いまだにご送金いただけない以上、ご誠意のほどが疑わしく存じます。

当方では、決算期を控えて大変困惑しております。

~~こんな状態が続くと、当社としては法的手続きをとらざるをえないので、至急お支払いくださるようお願いします。~~
つきましては、２月20日までに必ずご送金くださいますようお願い申し上げます。

万一、ご誠意を示していただけない場合は、法的手続きをとらざるをえませんので、ご承知おきください。

至急、善処くださいますよう、切にお待ち申し上げております。

~~敬具~~ 草々

誠意を示さない相手に「格別のお引き立て」は不自然。緊急を要するので、挨拶は省略して本題に入る

支払期限を具体的に。ただ「至急」では、曖昧なだけ

「前略」の結語は「草々」

➡納入遅延への抗議

「食洗機ＣＬＮＶ」納入遅延の件

前略　取り急ぎ用件のみ申し上げます。

　去る９月５日付営発注第4566号にて貴社に注文いたしました業務用食洗機「ＣＬＮＶ」について、10月１日付貴信にて10月８日に発送するとの通知がございました。

　しかしながら、いまだに同品は届かず、その間再三再四にわたってお電話いたしましたが、一向に納得できる回答を得ておりません。

　発注の際にも付言いたしましたように、同品は当社に在庫がなく、多数の顧客にご迷惑をおかけし、再三督促をいただいている状況です。当社の信用にも影響しますので、本状到着と同時に、以下の点につき私宛てに電話にて責任あるご回答をいただきたく存じます。

1．納入遅延の原因
2．確実な納入期日
3．本件の担当責任者

草々

CHECK！

発注番号、日付、製品名などの事実を明記し、慎重を期す

書き換え文例

「お約束の納期を過ぎても、いまだに納品されておりません。再三の問い合わせにも、ご担当者不在のため十分なご回答はいただけませんでした。」

覚えておきたい ビジネス用語

付言→
付け加えて述べること

書き換え文例

「本状が到着次第、下記事項について、営業部　飯山まで、電話および書状にてご回答くださいますようお願いいたします。」

⇩メールに書き換え

宛先：000@000.00.jp
CC：
件名：「食洗機ＣＬＮＶ」納入遅延について

ＹＢＣ商会株式会社
代表取締役社長　山下晴信様

取り急ぎ用件のみ申し上げます。

９月５日付営発注第4566号で注文いたしました「食洗機ＣＬＮＶ」が、10月８日発送とのご通知（10月１日付）にもかかわらず、いまだに納品されておりません。

しかも、再三にわたりお電話いたしましたが、一向に納得できる回答が得られず、多数の顧客にご迷惑をおかけしている次第です。
このままでは、当社の信用にもかかわりますので、当メールをご覧になり次第、遅延の原因、確実な納入期日、担当責任者名について、私宛てに電話にて責任ある回答をお願いいたします。

株式会社堀池産業
営業部長　飯山幸平
電話○○－××××－△△△△

ひと目で内容が確認できるよう製品名も記入

書き換え文例

「『食洗機ＣＬＮＶ』について、10月１日付貴信にて、10月８日に発送するとの通知をいただきましたが、いまだに届いておりません。」

別記するか、下線などで強調する

すぐに連絡がとれる電話番号を明記する

数量不足への抗議

「クロスベアリングＳＷ１」の数量違いについて

前略　取り急ぎご連絡申し上げます。

平成○年１月６日付営発Ｎｏ．88796にて注文いたしました、貴社「クロスベアリングＳＷ１」の５ケース不足分につきましては、その後、２月25日納入の確約にもかかわらず、今もって納入されておりません。

本品は、当社本社工場の生産工程に必要不可欠なものであり、数量不足に伴い多大な影響を被っております。

いずれ不足分の納入遅延に伴う被害につきましては、貴社と取り交わしました契約通り賠償いただきたいと存じておりますが、不足分の早期納入につきまして、至急誠意ある処置をとられますよう強く要請いたします。

草々

CHECK!

事態は逼迫し、かなり強硬な抗議なので、挨拶は不要

書き換え文例

「弊社業務に、大幅な滞りが発生しております。」
「不足分の納入が遅れるほど、損害が大きくなっております。」

書き換え文例

「つきましては、３月１７日までに、納入遅延の理由および納入日をお知らせくださいますようお願いいたします。ご回答なき場合には、遺憾ながら相応の手段をとらせていただく由、お含みおきください。」

不良品への抗議

ヘッドスパドライヤーＳＰの不具合について

拝啓　時下ますますご清栄のこととお慶び申し上げます。

さて、９月より発売になりました新製品ヘッドスパドライヤーＳＰは、当地ユーザーの間でも好評を博し、好調な売れ行きをみせております。

しかしながら、今月に入り立て続けにユーザーよりクレームが寄せられ、当店にて調査の結果、９月30日着荷分（販発注Ｎｏ．15564）の製品に、一部欠陥のあることが判明いたしました。

欠陥個数などの詳細は、現在なお調査中ですが、とりあえずクレームを寄せられたユーザーについては、応急措置をとって対処しております。とは申しましても、このままでは貴社製品のイメージダウンはもとより、当店の信用にもかかわる大きな問題に発展しかねません。

つきましては、今後このようなことがないようご注意申し上げるとともに、欠陥品の技術的改善を強く求めるものであります。欠陥部分につきましては、別紙にて報告書を同封させていただきます。

取り急ぎご連絡まで。

敬具

CHECK!

対応法と現在の状況を明記する

書き換え文例

「早急に原因をご調査の上、善処くださいますようお願いいたします。」
「至急欠陥理由をご確認いただき、その結果と対応方法をご回答いただきたくお願い申し上げます。」

書き換え文例

「取り急ぎお知らせいたしますとともに、貴社の誠意あるご回答をお待ちいたしております。」

➡類似商標への抗議

総発第3556号
平成○年6月10日

株式会社オオノ産業御中

藤村産業株式会社
総務部長　九条芳樹

貴社新製品「風目鶏」の商標について

拝啓　時下ますますご清栄のこととお慶び申し上げます。

さて、このたび貴社より新発売されました「風目鶏」の商標およびデザインは、弊社製品「風見鶏」の登録商標、デザインに著しく酷似しており、間違えて貴社製品をお買い求めになった方からの苦情が届くなど、非常に迷惑を被っております。

貴社におかれましても、もとより故意にこのような類似商標およびデザインをご使用になったものでなく、偶然の結果と拝察いたしますが、弊社の受けます営業上の損害だけでなく、信用問題にも大きく影響いたしております。

弊社製品「風見鶏」は発売開始より3年半、終始一貫して同一登録商標およびデザインにて販売いたしております。このような事情をご賢察の上、速やかに善処されますよう強く申し入れます。

取り急ぎお知らせ申し上げますとともに、貴社のご回答をくださいますようお願い申し上げます。

敬具

CHECK!

最初の抗議なので、挨拶も入れて、表向きは穏やかに

書き換え文例

「同一商品と思われかねず、大変困惑しております。」
「貴社製品の発売以来、紛らわしいなどの抗議があり、営業上支障を来たしております。」

穏やかに、善処を求める

自社製品のほうが先行している具体的事実をアピール

ワンランクアップ! 文書テクニック

ただ強硬に抗議するのではなく、うまくほのめかして、穏やかに相手の善処を促すのも合理的な方法。善処されないときは、再抗議という形で、少し強い抗議を行う（次頁参照）。

類似商標への再抗議

再び「風目鶏」の商標について

前略　去る６月10日付総発3556号の書面により申し入れました弊社「風見鶏」の類似商標および類似デザイン使用の件につきまして、今日までご回答をお待ちしておりました。しかしながら、いまだに何らのご沙汰にも接しませんのは、甚だ遺憾に存じます。

ご多忙のためとも存じますが、弊社としましては、この件をいつまでも放置するわけにはまいりませんので、来たる７月１日までに責任あるご回答をいただきますようお願いいたします。

弊社としましては、できるだけ穏便な解決を図りたいと希望しております。ただ、万一、上記の期日までにご回答がいただけない場合には、不本意ではございますが、しかるべき処置をとらざるをえませんので、そのようにお含みくださいますようお願いいたします。

草々

書き換え文例

「今もって何のご連絡もいただけず、誠に遺憾に存じます。」
「いまだにご回答をいただけず、ここに抗議申し上げます。」

強めの抗議の中にも、相手の立場を考慮して良心に訴える

書き換え文例

「不本意ながら、しかるべき処置をとらざるを得ませんのでご承知おきください。」
「誠に遺憾に存じますが、法的措置をとる準備がございますので、お含みいただきますようお願いいたします。」

不渡手形への抗議

原田興産不渡手形について

前略　取り急ぎ一筆申し上げます。

去る10月20日貴社よりたってのお頼みで現金化して差し上げた原田興産振出の約束手形、金額参百萬円は、昨11日が支払期日でございましたが、本日、弊社取引銀行より不渡りとなった旨の通知を受けました。

銀行筋の話では、原田興産はすでに25日前の10月17日に不渡手形を出し、同社の取引銀行のぞみ銀行小田原支店から取引停止を受けていたとのことでございます。もし、貴社がその事実をご承知の上で弊社に現金依頼をなされたのだとしますと、甚だ無責任ではございませんか。この件につきまして、何らかのご説明を承りたく存じます。

いずれにしましても、不渡りになった手形の金額は、至急貴社からお支払いいただきたく請求書を同封いたしましたので、よろしくご高配のほどお願い申し上げます。

草々

強硬な抗議もやむをえないところだが、相手に非を認めさせるため、事実と経緯を冷静に述べる

書き換え文例

「この件に関しまして、今回の経緯と今後の対応策について伺いたく、書面にてご回答いただきますようお願い申し上げます。」
「このたびの不渡手形につきまして、当方が十分に納得できますようなご説明を賜りたく存じます。」

覚えておきたい ビジネス用語

高配→
他人を敬って、その心配りをいう言葉

➡契約不履行への抗議

契約破棄について

拝復　３月18日付貴信ただいま拝受いたしました。２月10日付にて貴社と契約いたしました「ＯＬ10シリーズ」の件は、製造中止につき解約したいとの由、誠に遺憾に感じております。

弊社では、貴社より同品の納入があり次第、小売各店に引き渡す取引契約をいたしており、すでに契約金も受け取っております。

万一、貴社より入荷がない場合には、違約金の支払いに留まらず、長年の小売店との信頼関係も失うことになります。

つきましては、貴社在庫品より契約通りの数量をご納品いただきたく、万一、それが不可能な場合には、契約書に基づき、先に手付金として弊社よりご送付いたしました金百万円の倍額を違約金としてお支払いくださるようお願いいたします。また、今後のためにも、今回の製造中止に関するご事情など書面にてご説明いただきたく要請申し上げます。

敬具

覚えておきたいビジネス用語
由→
～とのこと、旨

書き換え文例
「誠に遺憾であり、ここに抗議申し上げます。」

CHECK!
一方的な製造中止で、当方に生じる被害を説明。窮状を訴える

➡営業妨害への抗議

貴社ＰＲ誌の記事について

前略　取り急ぎ用件のみ申し上げます。

貴社ご発行のＰＲ誌「美style」平成○年３月25日号誌上の『こんな化粧品は肌が５歳老化する！』と題する記事で、弊社製品Beaシリーズが取り上げられておりましたが、これは一体何を根拠にしての記述なのでしょうか。

この記事には、科学的、客観的説明は少しもなく、ただいたずらに他社製品を中傷することで、貴社製品のＰＲを図っているにすぎないのは明らかです。

同誌が発行されて以来、弊社にはクレームが相次ぎ、日常の業務にも支障が出ております。何より弊社の名誉と弊社製品の信用は著しく傷つけられ、多大な損害を被っております。弊社といたしましては、この件を看過するわけにはまいりません。

つきましては、全国紙紙上に、弊社製品に関する上記記事の取消をご掲載願いたく存じます。万一、この申し入れを無視されるならば、弊社も名誉と信用を回復させるため、しかるべき措置をとらせていただきますので、さようご承知くださいますようお願いいたします。

草々

感情的にならず、冷静に記事の不当性を証明する

CHECK!
被害の状況を具体的に記し、営業妨害を強く抗議する

相手のとるべき処置を明示し、解決を促す

書き換え文例
「法的措置をとることも視野に入れておりますので、あらかじめご承知おきください。」
「しかるべき措置をとる準備がございますので、悪しからずご了解願いたく存じ上げます。」

反駁《はんばく》する

具体的な事実関係を記し、説得力をアップさせる。

シチュエーション 相手の不当な要求や抗議に対して、当方の正当性を主張するケース

目的 筋違いの要求や抗議の誤りを正すことで、トラブルを解決し、ビジネスを維持すること

ポイント
- 具体的に事実関係を明らかにし、相手を説得する
- 相手の立場を考え、冷静で失礼のない文章に
- 時期を逃さないようにして、早期解決を図る

NG文書を添削！
→製品破損の抗議への反駁

製品破損の件について

~~拝啓　時下ますますご清栄のこととお慶び申し上げます。平素は格別のお引き立て賜り厚くお礼申し上げます。~~

前略 ~~さて、~~本日８日付貴信拝見いたしました。

１月15日付ご注文の「クイックワン」の輸送の際の破損につき、金参拾万円の損害賠償をご請求とのことですが、残念ながらご希望には添~~えません。~~いかねますので、悪しからずご了承ください。

貴社のご迷惑、ご損害は誠にお気の毒に存じますが、配送は貴社のご事情により貴社ご指定の運送業者によったものです。その際、当社担当者は異常なきことを確認しておりま~~す。~~、また、これまで当社専属契約の運送業者による輸送では、破損事故は皆無でございました。

当社といたしましては、もはや責任はなきものと考えており、賠償ご請求は運送業者にご提示なされるべきかと存じます。

以上、ご回答申し上げます。

草々 ~~敬具~~

急を要しているので、挨拶は省略し、「前略」で本題に入る

当方に非がなくても、感情的なしこりを残さないよう、丁寧な表現を心がける

相手の立場に立って、同情を表す

当方に責任がないことを裏付ける旨を記入しておく

➡権利侵害の抗議への反駁

商標権の侵害について

前略　10月15日付貴信総発第1789号を拝見いたしましたが、当社新製品『凛々』の商標は、昭和54年9月1日に商標権（登録商標第123456号）を得ているもので、反対に貴社製品『凛凛』が、当社所有の商標権を侵害している事実を確認いたしました。

当社製品『凛々』は、これまで主に北海道、東北北部地区にて販売し、宣伝等は一切いたしておりませんでしたので、当地区では知名度がなかったものと存じます。

つきましては、貴社製品に当社登録商標の使用停止をお願いいたしますとともに、早急に製品の回収に努められますようご請求申し上げます。

まずは書中にてご回答申し上げます。

草々

CHECK!

前略でいきなり本題に入る。内容は、事実関係を冷静かつ詳細に述べることで反論

書き換え文例

「貴社製品に当社登録商標の使用停止、並びに早急な製品の回収をお願い申し上げます。」

⇩メールに書き換え

宛先：000@000.00.jp
CC：
件名：『凛々』の商標権侵害について

宮城商事株式会社
総務部長　島健太郎様

取り急ぎ、用件のみ申し上げます。

10月15日付貴信にてご指摘の当社新製品『凛々』の商標は、
昭和54年9月1日（登録商標第123456号）を得ており、
貴社の『凛凛』が当社の登録商標を侵害している事実を
確認いたしました。

つきましては、貴社製品に当社登録商標の使用停止をお願いしますとともに、早急に製品の回収に努められますよう
ご請求申し上げます。

検見川商会株式会社
総務課長　小山内庄司

事実関係確認のため、具体的な日付、製品名、商標番号等を明記

逆に、相手が権利を侵害している事実をもって反論

お詫びする

丁寧な文面、具体的な説明で誠意を示す。

シチュエーション	納期や送金の遅延、不良品の混入、注文品の誤送、事故、不祥事など当方の手落ちによる迷惑や損失を詫びるケース
目的	相手の怒りや不満を和らげ、問題解決に向けて誠意を示し、正常なビジネス関係を早期に回復させること
ポイント	■具体的な事実を整理し、丁寧な文面で説明する ■弁解じみた言い訳、曖昧な表現は避ける ■誠意をもって、素直な表現を心がける

NG文書を添削！

→送金遅延のお詫び

ご送金の遅延について

~~拝啓~~ 拝復　新緑の候、貴社におかれましてはますますご隆盛のこととお慶び申し上げます。毎度格別のご愛顧をいただき、誠にありがとうございます。

さて本日、５月17日付貴信を拝見させていただきました。３月分（３月31日締）の支払いに対するご催促をいただき、誠に恐縮しております。

調査いたしましたところ、事務手続きのミスから貴社請求書が未処理のままになっていることが判明いたしました。~~本当に申し訳ありません。~~ 迷惑をおかけいたしまして、誠に申し訳ございませんでした。

早速、本日５月20日付でご指定の口座に振り込みましたので、ご確認のほどよろしくお願い申し上げます。

今後は、二度とこのような手違いが起きませんよう、厳しく徹底いたしますので、今回の件は何とぞご容赦賜りますようお願い申し上げます。

取り急ぎ、お詫びかたがたご連絡申し上げます。

敬具

相手からの照会状、または督促状に答える形でのお詫びなので「拝復」とする

お詫びの言葉は誠意をもって丁寧に

今後の取引関係を良好に継続するためにも、二度と繰り返さないことを確約する

➡納期遅延のお詫び①

ご注文品の遅延について

拝復　時下ますますご清栄のことと拝察いたします。毎度格別のご愛顧を賜り、厚くお礼申し上げます。

さて、1月6日付営発注No．556897にてご注文いただきました空気清浄機「エアクリーンⅡ」がいまだに着荷されていないとのご連絡をいただき、大変恐縮しております。早速調査をいたしましたところ、運送会社の手落ちであることが判明いたしました。

お急ぎのところ、多大なご迷惑をおかけいたしましたこと、誠に申し訳なく存じております。ここに、深くお詫び申し上げる次第でございます。

ご注文の品は、本日8日付で発送いたしましたので、2月9日午前中には貴社に着荷の予定です。

今後は、このような事態のないよう十分に留意いたしますので、何とぞご寛容のほどお願い申し上げます。

敬具

第三者に責任がある場合でも、相手の気持ちを和らげるよう丁寧に謝意を表す

覚えておきたいビジネス用語
ご寛容のほど→
厳しくとがめだてしないでほしいときに、相手を敬っていう言葉

書き換え文例
「今後は二度とこのようなことのないよう厳重に注意いたしますので、ご容赦を賜りたくお願い申し上げます。」
「今後は十分に留意いたしますので、今回に限りお許しくださいますようお願い申し上げます。」

⇩メールに書き換え

宛先：000@000.00.jp
CC：
件名：ご注文品の遅延について

株式会社オーサキ商会
販売部長　根田恭介様

毎度格別のご愛顧を賜り、誠にありがとうございます。

さて、1月6日付でご注文いただきました「エアクリーンⅡ」
(営発注No．556897)が未着とのご連絡をいただき、
大変恐縮いたしております。

早速調査いたしました結果、運送会社の手落ちであることが
判明いたしました。お急ぎのところ多大なご迷惑をおかけし、
心よりお詫び申し上げます。

ご注文の品は、本日発送いたしましたので、明日2月8日午前中に
貴社に着荷すると存じますが、今後はこのような事態のないよう
十分に留意いたしますので、ご寛容のほどお願い申し上げます。

CHECK!
メールでも丁寧さを心がけて相手の気持ちに訴える

覚えておきたいビジネス用語
留意→
心に留めて気をつけること

着荷予定と今後の決意を簡潔に述べる

➡納期遅延のお詫び②

営発第9786号
平成○年10月５日

株式会社ＡＳＯ商会御中

Ｂ＆Ｋ食品株式会社
営業部長　唐木道隆

「麹のチカラ」納期の遅延について

拝啓　貴社ますますご隆盛のこととお慶び申し上げます。平素は格段のご支援、ご厚情を賜り、深謝申し上げます。

さて、このたびは、貴社に対する納入遅延の事態を招き、誠に申し訳ございません。９月10日付貴信にてご注文いただきました当社新製品「麹のチカラ」の納品につきまして、あと７日間のご猶予をいただきたく、ここにお詫びとともにご報告申し上げる次第です。

本品は、８月の発売開始以来、弊社の予想以上に注文が殺到し、現在増産を進めておりますが、生産が追いつかない状況が続いております。

つきましては、本日、ご注文50ケースのうちの20ケースを発送させていただきましたが、残り30ケースにつきましては、10月11日の発送になりますことをご了承いただきますよう、謹んでお願い申し上げます。当社の事情により勝手をいわせていただき、誠に申し訳ございません。

今後は生産体制の見直しに努め、二度とこのような事態を招かないよう体制を整備する所存でございます。今回は納期の見通しの甘さから、貴社に多大なご迷惑をおかけしましたことを、重ねて深くお詫び申し上げます。

敬具

最初に、まず謝意を表して、相手の怒りや不満などを和らげる

書き換え文例

「まずはお詫びに加え、お願い申し上げる次第でございます。」

CHECK!

納期遅延の経緯と確実な納品日を伝える

覚えておきたいビジネス用語

謹んで→
かしこまって

書き換え文例

「今後は二度とこのようなことのないよう十分に留意いたしますので、ご容赦のほどよろしくお願い申し上げます。」
「引き続き、休みを返上して、最大限の稼働をしておりますので、今しばらくご猶予賜りますようお願い申し上げます。」

ワンランクアップ！ 文書テクニック

誠意をもって謝意を表すとともに、最大限の努力を払っていることが伝わるように具体的な記述を心がけること。お詫びは、本来なら直接出向いて伝えるものなので、本当の意味で信頼を回復するには後日改めて伺うことが大切。

不良品納入のお詫び

弊社製品「ＰＲＯＪⅢ」についてのお詫び

拝復　貴社ますますご隆昌のこととお慶び申し上げます。平素は格別のご愛顧を賜り、厚くお礼申し上げます。

さて、６月18日付で納入いたしました弊社「ＰＲＯＪⅢ」の一部に不良品が混入していたとのご連絡をいただきました件、誠に申し訳なく、心よりお詫び申し上げます。

早速、本日23日付で代替品をお送りいたしましたが、原因につきまして、現在、調査を進めているところです。

従来、弊社では製品のチェックには万全を期しておりますが、特に、今回どの過程で遺漏があったのかを入念に調べ、その結果が出次第、貴社にご報告申し上げるとともに、今後このようなことのないよう生かしてまいる所存でございます。

このたびは、貴社に多大なご迷惑をおかけいたしましたこと、ここに改めてお詫び申し上げます。

敬具

相手の気持ちを和らげるために、迅速に対応する

覚えておきたいビジネス用語

遺漏→
漏れ、不手際

原因を「不明」とせず、厳重にチェックしていることをアピールする

書き換え文例

「二度とこのような事態を招かないよう、鋭意努力する所存でございます。」

注文取消のお詫び

注文取消のお詫び

拝啓　春暖の候、貴社ますますご隆盛のこととお慶び申し上げます。平素は格別のお引き立てを賜り、厚くお礼申し上げます。

さて、このたびは弊社の勝手なお願いから、貴社および貴社のお取引先様に多大なご迷惑をおかけいたし、大変申し訳なく、心よりお詫び申し上げます。

弊社の大得意先でもありますウィング社からの注文取消の申し出に、当社としても八方手を尽くしましたが、他の納入先がみつからず、今回につきましては無理を申し上げざるを得ませんでした。事情をご賢察の上、何とぞお聞き入れくださいますようお願い申し上げます。

貴社のご損害に関しましては、できる限りの補償ができるよう努力する所存でございます。つきましては、折り返し弊社の責任者がお伺いいたしますので、何とぞよろしくお願い申し上げます。

今後はこのようなことが再発しないよう努めてまいりますので、これに懲りず、変わらぬご高配を賜りますと幸いに存じます。

敬具

CHECK!

まずは素直に謝意を表す

補償について触れても確約は避ける

➡顧客に対するお詫び

エスプレッソマシンＡＩ-ｃａｐ１についてのお詫び

拝啓　平素は格別のお引き立てを賜り､誠にありがとうございます。

さて、去る10月10日、貴台が当デパートにてお買い上げくださいましたエスプレッソマシンＡＩ-ｃａｐ１につきまして、本日製造元より連絡があり、ノズル部分に欠陥のあることが判明いたしました。

早速お買い上げ伝票を調査の上､突然にて失礼とは存じましたが、まずは書状にてお詫び申し上げる次第でございます。

貴台におかれましては、当デパートをご信頼いただき、同製品をお買い上げいただきましたにもかかわらず、このような不祥事のため多大なご迷惑をおかけいたしましたことを、深くお詫び申し上げます。

つきましては、後日当デパート販売係長が製造元責任者ともどもお詫びに参上し、同品をお取り替えいたしたいと存じます。

今後はこのようなことのないよう十分に注意いたしますので、ご寛容のほどよろしくお願い申し上げます。今後とも、従来にもましてご愛顧賜りますよう重ねてお願い申し上げます。

敬具

信用を失わないように、理由を述べて不可抗力であることをアピール

CHECK!

解決策を明示して、早期解決を図る

書き換え文例

「二度とこのようなことのないよう厳重に注意いたす所存でございますので、今後とも変わらぬご愛顧のほどよろしくお願い申し上げます。」

「今後とも、取り扱い商品に対して厳格な姿勢で対応し、よりよい商品をご提供していく所存でございますので、何とぞご容赦くださいますようお願い申し上げます。」

➡店員の不行き届きのお詫び

弊社社員の不始末のお詫び

謹啓　師走の候、ますますご健勝のこととお慶び申し上げます。日頃は格別のご愛顧を賜りまして、誠にありがとうございます。

さて、このたびは弊社板橋店での社員の接客応対につきまして、ご親切なるご忠告をいただき、大変恐縮に存じます。

ご指摘の件は、まさに弁解の余地がなく、貴台のおっしゃる通りでございます。私も上司として責任を痛感しております。せっかくのお買い物時にご不快な思いをおかけし、誠に申し訳なく、重ねてお詫び申し上げます。

弊社におきましては、これを機会に社員の接客のあり方について再指導を行い、サービスの向上に努めてまいる所存でございます。今後ともよろしくご来店､ご愛顧賜りますようお願い申し上げます。

謹白

覚えておきたいビジネス用語

健勝→
健康で元気なこと

CHECK!

率直に非を認めて詫びることで、店の良心をアピール

書き換え文例

「今後も弊社のサービスにお気付きの点がございましたら、遠慮なくご指摘くださいますようお願い申し上げます。」

「研修を通して社員の接客指導を行っておりますが、今後はさらに研修の機会を増やし、現場での指導を徹底することで、より一層サービスの向上に努めてまいる所存です。」

→類似商標使用のお詫び

総発第567号
平成○年６月27日

藤村産業株式会社
総務部長　九条芳樹様

株式会社オオノ産業
総務部長　石川尚志

「風目鶏」類似商標使用のお詫び

拝復　貴社ますますご清祥の段、大慶に存じます。

さて、６月22日総発第3556号の貴信、まさに拝読いたしました。弊社製品「風目鶏」の商標およびデザインが、貴社製品「風見鶏」に酷似しているとのお申し越し、貴社のご指摘を元にご検討いたしました結果、誠にごもっともであり、弁解の余地もございません。深くお詫び申し上げる次第です。「風目鶏」は、発表に先がけて弊社専属のデザイナーに商標、デザイン等を依頼したものでございますが、このような事態を招いた責任はすべて弊社にございます。

つきましては、早急に弊社担当者を貴社に差し向け、今後の対策についてご相談願いたいと存じておりますが、とりあえず、すでに小売店に配送いたしました商品については、早速本日より回収に努めていることをご報告させていただきます。

今後このような不始末を起こしませんよう、全社員一丸となって努力いたす所存でございます。貴社におかけいたしましたご迷惑、ご損害は決して他意があってのことではないことをご理解賜りたく、何とぞご寛容くださいますよう重ねてお願い申し上げます。

まずは取り急ぎ書中をもってお詫び申し上げます。

敬具

書き換え文例

「貴社のお申し越しの件は、全く申し開きのできないことでございます。ここに、心よりお詫びを申し上げます。」

事態が生じた経緯と反省を明示

対応策を提示。相手側に出向いて陳謝することは必須

覚えておきたいビジネス用語

他意→
相手に対する悪意

書き換え文例

「二度とこのようなことを起こさないよう全社を挙げて努めてまいりますので、何とぞご理解の上、ご容赦賜りますようお願い申し上げます。」

ワンランクアップ！ 文書テクニック

相手の権利を侵害した場合には、事態が生じた段階で、できるだけ早急に詫びるのが、解決を促す最善策。

事故のお詫び

工場火災発生のお詫び

謹啓　余寒の候、ますますご清祥のこととお慶び申し上げます。平素は格別のお引き立てを賜りまして、厚くお礼申し上げます。

さて、このたび１月30日に発生した弊社第二工場の火災に伴い、お取引先の皆様には大変ご迷惑をおかけいたしましたこと、誠に申し訳なく、ここに深くお詫び申し上げる次第でございます。

不幸中の幸いと申しますか、被害は工場内の一部機械を消失するにとどまり、現在は平常操業に入っております。ほどなく当初の生産計画にまで回復する見通しでございます。再びこのような事故を起こすことのないよう安全管理を徹底してまいりますので、今後とも変わらぬお引き立てのほどよろしくお願い申し上げます。

まずは略儀ながら書中をもってお詫び申し上げます。

謹白

CHECK!

事故に伴う迷惑を詫びるのが本状の目的

今後に支障のないことを強調して、相手が安心するよう配慮する

書き換え文例

「二度とこのような事故を繰り返さないよう従業員教育と安全管理に努めてまいりますので、引き続きよろしくお願い申し上げます。」

「今後は従業員一同このような事故の再発防止に努めてまいりますので、何とぞご愛顧賜りますようお願いいたします。」

交渉日違約のお詫び

交渉日の変更について

拝啓　厳寒のみぎり、貴社ますますご清栄のこととお慶び申し上げます。平素は格別のお引き立てに預かり、誠にありがとうございます。

さて、去る１月20日付にて貴社とお約束いたしました新製品ＭＯＤⅣ等のお取引に関する交渉日の件、大変勝手ながら、２月10日に延期願えませんでしょうか。

実は、昨30日の深夜、本社第二工場にて火災が発生し、今後の操業開始、生産計画の変更等の対策を講じなければならなくなった次第です。ご承知のことと存じますが、これらは今般貴社と協議すべき事項にも深く関与することであり、弊社といたしましては、誠意をもって貴社との交渉に当たるためにも、事態の回復に努めたいと考えているものでございます。

無理なお願いで誠に恐縮ですが、事情をご賢察の上、何とぞお聞きくださいますようお願い申し上げます。

取り急ぎ、お詫びかたがたご連絡まで。

敬具

書き換え文例

「誠に勝手ながら、２月10日に延期していただきたく本状を差し上げる次第でございます。」

「ご変更をお願い申し上げます。新たな交渉日は、２月７日以降に設定させていただきたくご都合をお伺いできますと幸いです。」

覚えておきたいビジネス用語

かたがた→
～を兼ねて、～のついでに、～がてら

➡請求書誤記のお詫び

経発第3976号
平成○年12月１日

株式会社宙商事
経理部長　堤秀喜様

コウノ産業株式会社
経理部長　大浦正興

11月分請求書誤記のお詫び

拝啓　初冬の候、貴社ますますご清栄の由、大慶に存じます。日頃は格別のお引き立てを賜り、誠にありがとうございます。

さて、昨日お電話にてご指摘いただきました11月分請求書（Ｎｏ．12345）誤記の件ですが、早速調べましたところ、弊社のミスであることが判明いたしました。

弊社オペレーションの不注意で、他社への納品分を一部取り混ぜて入力したことが原因でございました。このようなミスをおかしましたこと、誠に申し訳なく、心よりお詫び申し上げます。

つきましては、訂正した11月分請求書を同封いたしましたので、よろしくご査収ください。なお、誤記の請求書は、大変お手数をおかけいたしますが、同封の封筒にて弊社までご返送くださいますようお願い申し上げます。

二度とこのような問題を起こさないよう、より一層の細心を期す所存でございますので、何とぞご理解の上、今後ともよろしくお願い申し上げます。

まずは書面にて、お詫び申し上げます。

敬具

迅速な対応、ミスを認める素直な態度で、相手の気持ちを和らげる

誤記の原因を正直に伝える

誤記請求書の処理について、相手が迷わないように指示

覚えておきたい ビジネス用語
細心→
細かいところまで心を配ること

書き換え文例
「今後はこのようなミスのないよう担当者にも厳重に注意を促しますので、今回は何とぞご容赦のほどお願い申し上げます。」

ワンランクアップ！ 文書テクニック
誤記した請求書は、廃棄してもらうこともあるが、後のトラブル防止のためにも返送してもらうのが基本。返送用封筒にこちらの住所・氏名を記入して、必要な切手を貼って送る。

断る

丁寧に説得し、曖昧な表現は避ける。

シチュエーション	新規取引や価格改定の申し込み、注文、見積もりや資金融通、保証人、協力の依頼などを断るケース
目的	相手の申し入れや依頼などに対し、相手の感情を害さないように受けられない意思を伝え、今後の関係の継続をお願いすること
ポイント	■相手の感情を考慮し、丁寧で説得力のある文章を ■タイミングを失わず、早めに出すこと ■感謝、申し訳ない気持ちを表すことも大事

NG文書を添削！

➡セミナー参加の断り

営発12278号

平成○年5月25日

研修セミナー参加について

拝啓　時下ますますご清栄のこととお慶び申し上げます。日頃は、ひとかたならぬご高配に預かり、心よりお礼申し上げます。

来たる6月6日に　第3回販売経営

さて、~~来月~~開催予定の「セミナー」について、5月10日付(営発第8785号)にて出席する旨のご連絡を差し上げておりましたが、~~欠席することになりました。~~

誠に残念ながら、今回は出席することが不可能となりました

実は、昨日タイ・バンコクの弊社工場でトラブルが発生したため、急きょ現地に出向くことになった次第です。弊社の事情をご理解いただき、何とぞご容赦くださいますようお願い申し上げます。

参加をとても楽しみにしておりましたが、

敬具

催事の開催日、名称は正確に記入する

申し訳ない気持ちをしっかり伝えて、相手の気持ちを和らげる

再度、残念な気持ちを表すと好印象

➡取引申し込みへの断り

取引お申し込みについて

拝復　爽涼のみぎり、貴社におかれましてはますますご隆盛の段、大慶に存じます。

このたびは、新規取引のお申し込みを賜り、誠にありがとうございました。また、同件につきまして、本日７日付貴信にてご照会いただきましたこと、改めてお礼申し上げます。

せっかくのご厚志に背くことになり恐縮でございますが、弊社新製品「ＡＯＪⅣ」は、別紙にて添付の取引条件にて行っており、この件に関しましては貴意に沿いがたく、今回はお取引を見合わせたいと存じます。何とぞ事情をお汲みとりいただき、あしからずご了承ください。

なお、「ＡＯＪⅣ」以外の弊社製品につきましては、ご便宜を図りたいとも考えておりますので、よろしくお申し出くださいますようお願い申し上げます。

まずは書中にて、お詫びかたがたご回答申し上げます。

敬具

断るにしても、まずは申し込みに対しての感謝を伝えること

CHECK!
相手が納得できるように、断りの理由を明記

書き換え文例
「貴意に沿いがたく、今回はやむを得ずご辞退させていただくほかはございません。」
「今回はご辞退させていただきます非礼をご容赦ください。」

⇩メールに書き換え

宛先：000@000.00.jp
CC：
件名：取引お申し込みについて

株式会社前田商会
仕入部長　北川直人様

このたびは、新規お取引のお申し込みを賜り、
誠にありがとうございます。

本日７日付貴信にてご照会いただきました件、
弊社「ＡＯＪⅣ」は、
お送りいたしました取引条件にて行っており、
大変恐縮でございますが、
この件については貴意に沿いがたく、
今回はご辞退申し上げたく存じます。

なお「ＡＯＪⅣ」以外の弊社製品につきましては、
ご便宜を図りたいとも
考えておりますので、よろしくお申し出くださいますよう
お願い申し上げます。

取り急ぎお返事申し上げます。

簡潔メールでも、必ず断りの理由は伝える

書き換え文例
「誠に残念ながら、今回はお取引を見合わせていただくことになりました。」

覚えておきたいビジネス用語
便宜→
特別な計らい

断る

➡注文の断り①

「ＡＩＲ７」品切れの件

拝復　貴社ますますご隆昌のこととお慶び申し上げます。毎毎お引き立てに預かり、厚くお礼申し上げます。

さて、２月８日付貴信にて、弊社「ＡＩＲ７」をご注文いただき、誠にありがとうございます。

しかしながら同品は現在在庫がなく、大変申し訳ございませんが、ご要望にお応えすることができない状況です。

今季「ＡＩＲ７」は弊社の予想を上回る売れ行きをみせ、生産が追いつかないのが現状で、他のお得意様にもご迷惑をおかけしている次第でございます。

つきましては、せっかくのご注文ではございますが、事情をご賢察の上、よろしくご了承くださいますようお願い申し上げます。

なお、同品はただ今、フル操業で製造中ですので、出荷の目途が立ちましたら、弊社よりご通知申し上げたいと存じますので、その際はよろしくお願いいたします。

まずは取り急ぎご回答申し上げます。

敬具

書き換え文例

「ＡＩＲ７は現在在庫を切らせておりまして、残念ながら、ご希望の期日までに納品することができない状況です。」
「現在品切れ中で、ご要望にお応えすることができませんので、あしからずご了承くださいますようお願い申し上げます。」

CHECK!

断りには、必ず理由を述べる

書き換え文例

「ご注文をいただきながら、このようなお返事を差し上げるのは心苦しい限りでございますが、よろしくご了承のほどお願い申し上げます。」

後日であれば注文を受けられる旨を伝えると、次の取引につながるだけでなく、相手も納得しやすい

➡注文の断り②

「ＡＩＲ７」ご注文について

拝復　炎暑の候、ますますご清祥のこととお慶び申し上げます。平素は格別のお引き立てを賜り、厚くお礼申し上げます。

さて、８月７日付貴信にて、弊社「ＡＩＲ７」をご注文いただき、誠にありがとうございます。

せっかくのお申し越しでございますが、納期に間に合わないため、今回はご注文をお受け入れできない次第です。大変恐縮に存じますが、何とぞご了承くださいますようお願い申し上げます。

ご承知のように、弊社ではただ今、最新の製造ラインを建設中でございますが、竣工まではまだ１カ月を要します。現在の設備では、フル操業を行っても貴意に沿いかねるため、大変申し訳なく深くお詫び申し上げます。

以上の事情をご賢察の上、よろしくご了承くださいますようお願い申し上げますとともに、今後とも変わらぬご愛顧を賜りたく存じます。

敬具

書き換え文例

「納期に間に合わせることができませんので、今回はご注文をお断りせざるをえない状況でございます。」

CHECK!

断らなければならない理由を具体的に記す

➔借金の断り

平成○年12月10日

株式会社永峰工業
取締役社長　永峰幸之助様

平野産業株式会社
取締役社長　平野義家

ご融資の件

拝復　平素はひとかたならぬご高配を賜り、誠にありがとうございます。

さて、12月５日付貴信のご融資の件、確かに拝読いたしました。

ご事情は拝察するに余りありますが、弊社もこの春以来の不況の影響を受け、内情は火の車でございます。２年前に竣工いたしました第二工場は転売し、現在では本社工場のみで、かろうじて経営を行っているのが現状でございます。

それでも、日頃よりお世話になっております貴社のご要望ですので、何とかお力添えできないものかと経理担当も交えて協議いたしましたが、どうしても今回はご辞退させていただかざるを得ない状況でございます。

このたびの貴殿のご内情を打ち明けてのお申し越しに応じられないことは、甚だ心苦しく存じますが、何とぞ弊社の事情をご賢察の上、ご了承くださいますようお願い申し上げます。

他からのご融通の道が開かれますよう、心よりお祈り申し上げます。

以上、お返事申し上げます。

敬具

CHECK!

相手が納得できるように、断る理由は具体的に

書き換え文例

「ほかならぬ貴社からのお申し越しですので、」
「日頃より多大なるご支援をいただいております貴社のご要望でございますので、」

書き換え文例

「今回のご融資についてはご容赦賜りますようお願い申し上げます。」
「別の件でお力になれることがあれば、喜んでお引き受けいたしますので、改めてご相談ください。」

断る

ワンランクアップ！　文書テクニック

断りの文章で終わると冷たい印象になるので、幸運を祈る気持ち、「うまくいくように」という気持ちを表して締めると好印象。

採用の断り①

採用試験の結果について

拝啓　時下ますますご健勝のこととお慶び申し上げます。

このたびは、当社の社員募集に際しまして、ご応募をいただき、誠にありがとうございました。

さて、先日ご来社いただいての試験の結果につきまして、慎重に協議いたしましたが、大変残念ながら、今回は採用を見送らせていただくことになりました。ご期待に沿うことができず、誠に申し訳ございません。

末筆ながら、高橋様のより一層のご活躍を心よりお祈り申し上げます。

敬具

CHECK!

不採用の具体的な理由には触れない

書き換え文例

「残念ながら、貴意に添いかねることになりました。」
「残念ながら、採用いたしかねることに相なりました。」

覚えておきたいビジネス用語

末筆→
手紙の最後に記す文句

書き換え文例

「今後のご健闘をお祈り申し上げます。」
「今後のご多幸とご健闘をお祈りいたします。」

採用の断り②

入社希望者ご紹介の件

拝復　初秋の候、菊池様におかれましてはますますご健勝のこととお慶び申し上げます。平素は格別のご高配を賜り、厚くお礼申し上げます。

さて、このたびは弊社に対し佐藤大樹様をご紹介くださり、誠にありがとうございました。入社をご希望とのことでございましたが、大変遺憾ながら、今回は採用を見送らせていただくこととなりましたことをお知らせ申し上げます。

ほかならぬ菊池様よりのご紹介でもあり、ぜひともご意向にお応えしたかったのですが、今年の採用人員はすでに決定しており、追加採用も検討いたしましたが、不況の折からこれ以上の採用は不可能という結論に達しました。

何とぞ事情をご賢察いただき、ご理解賜りますようお願い申し上げます。

なお、この結果は弊社より佐藤様にご連絡し、その際、お預かりしました履歴書などの書類はご返送させていただきます。

このたびは、貴意に応じかねる結果となり、誠に申し訳ございません。これに懲りず、今後とも変わらぬご厚情を賜りますようお願い申し上げます。

甚だ略儀ながら、書中にてご紹介の件のご返事まで。

敬具

書き換え文例

「日頃より格別のお引き立てを賜っております菊池様からのご紹介でもあり、」

断りの理由を必ず入れる。何とか努力したが無理だったというニュアンスを伝えること

相手が困らないように、本人へのフォローも伝える

保証人依頼の断り

保証人のご依頼について

拝復　寒冷のみぎり、貴社ますますご清栄の段、大慶に存じます。平素は格別のお引き立てに預かり、誠にありがとうございます。

さて、1月10日付貴信拝読いたしました。いつもながら、貴社の意欲的な事業展開には大変感服いたしております。

貴信にありましたご依頼の件でございますが、弊社は売上規模も小さく、月々の資金繰りにも汲々としているため、貴社の保証人としての重責を引き受けるには荷が重すぎると存じます。ほかならぬ貴社からのご依頼ではございますが、今回はご辞退させていただく以外にないと存じます。

貴社のご期待にお応えできず、誠に申し訳ございませんが、何とぞご容赦いただきたくお願い申し上げます。

今後、別の機会に何らかの形で貴社のお力になれるよう努力を重ねてまいりますので、引き続きご高配賜りますよう、重ねてお願い申し上げます。

まずは略儀ながら、書中をもってご返事まで。

敬具

書き換え文例

「弊社は創業○年にも満たなく、」
「弊社は運転資金として多額の借入をしており、」
「弊社は同様のご依頼には、例外なくお断りしておりますので、」

CHECK!

断りの理由を明記する際、当方にはその資格がないという表現にするのが無難

良好な関係をキープするため、将来の可能性を示唆

支払延期依頼の断り

お支払期日変更の件

拝復　入梅の候、ますますご清祥のこととお慶び申し上げます。日頃は格別のお引き立てを賜り、心よりお礼申し上げます。

早速ですが、6月5日付貴信拝読いたしました。弊社に対する8月分からのお支払期日につきまして、それぞれ20日間の猶予をとのことですが、誠に遺憾ながら、貴意に添いかねる次第でございます。

長年ご協力をいただいている貴社のお申し入れに善処すべく、弊社内で検討を重ねましたが、長引く不況下、弊社といたしましても月々の資金繰りには苦慮しておりますため、お支払期日の猶予については何とぞご容赦賜りたく存じます。

貴社のご苦衷は十分にお察し申し上げますが、弊社の諸事情もお汲み取りいただき、当初のご契約通りにお支払いくださいますよう、お願い申し上げます。

取り急ぎ書中にて、お願いかたがたご回答申し上げます。

敬具

CHECK!

確認のため、申し入れの内容を繰り返す

書き換え文例

「大変申し訳ありませんが、お申し入れをお受けするにはいたりませんでした。」

覚えておきたい ビジネス用語

苦衷→
苦しい心の内、苦しい立場

契約通りの支払いをはっきりと要求する

➡信用照会の断り

A＆G商会の信用照会の件

拝復　深秋のみぎり、貴社におかれましてはますますご隆昌の由、大慶に存じます。日頃は何かとお引き立てを賜り、深謝申し上げます。

さて、10月31日付貴信、拝受いたしました。ご照会のありました株式会社A＆G商会についての信用状況調査の件でございますが、誠に遺憾ながら、ご辞退せざるを得ない状況でございます。

そう申しますのも、同社とは、以前３年間ほどお取引がございましたが、現在はまったくお付き合いもないのが現状です。その上、同社に関しましては、同業者の間でも動向を耳にすることすらない状況にあります。

ほかならぬ貴社よりのお申し入れではございますが、そのような事情から、不本意ながら、同社についての情報をご提供できる立場にはございませんので、何とぞ悪しからずご了解くださいますようお願い申し上げます。

また、別の件でお力になれることがございましたら、喜んでご協力させていただきます。

取り急ぎ、お詫びかたがたご返事申し上げます。

敬具

書き換え文例

「誠に申し訳ございませんが、お引き受けできかねる次第です。」
「大変恐縮ですが、お断りさせていただく以外にないと存じます。」

CHECK!
断りの理由を具体的に記入

今後の良好な関係のためにも、協力を惜しまない意向を伝える

➡取引条件変更依頼への断り

取引条件変更について

拝復　貴社ますますご清栄のこととお慶び申し上げます。日頃はひとかたならぬご愛顧に預かり、心よりお礼申し上げます。

さて、２月28日付貴信拝受いたしました。取引条件を変更なさりたい由、長年にわたり多大なるご支援をいただいております貴社よりのお申し入れに何とかお応えしたいと、弊社内で何度も検討を重ねました。

しかしながら、誠に遺憾ではございますが、これまで通りの取引条件でお願いしたいという結論に達した次第です。

長引く不況の折柄、弊社といたしましても財務上の不安が尽きないこともあり、このたびのお申し入れをお受けいたしかねますこと、何とぞご理解、ご了承のほどお願い申し上げます。

ご希望にお応えできず申し訳ございませんが、今後とも変わらぬご厚誼を賜りますよう、重ねてお願い申し上げます。

敬具

CHECK!
努力した姿勢を伝えて誠意を示す

覚えておきたいビジネス用語
折柄→
～のときなので

書き換え文例

「貴意に添えかねますこと、何とぞご容赦くださいますよう」
「お断りせざるを得ませんこと、何とぞご理解いただきたく」

➡見積もり依頼の断り

営発Ｎｏ．3556
平成○年７月10日

株式会社尾上商事
営業部長　原島祐樹様

松山機器株式会社
営業部長　青木薫

見積もりご依頼の件

拝復　時下ますますご隆盛のこととお慶び申し上げます。平素は格別のお引き立てを賜り、厚くお礼申し上げます。

このたびは、７月５日付貴信にて、弊社ホームベーカリー「ｃｏｎｇａｒｉＶ」のお見積もりをご依頼いただき、誠にありがとうございました。

せっかくのお引き合いで大変恐縮でございますが、今回はご辞退させていただくほかにない状況でございます。

と申しますのも、おかげさまで当製品は予想をはるかに上回る売れ行きで、現在も工場の生産が追い付かない状態にあります。そのため、貴社ご希望の納期には、到底間に合わせることが不可能と判断いたした次第でございます。

このような回答を差し上げなければならないこと、大変心苦しい限りでございますが、どうか諸事情をご賢察いただき、何とぞご了解くださいますよう謹んでお願い申し上げます。

なお、納期に半年以上のご猶予がいただけるようでございましたら、改めてご連絡を頂戴できれば幸いに存じます。

まずは、お詫びかたがたお返事まで。

敬具

断るにしても、依頼に対してのお礼を伝えて丁寧な印象を

覚えておきたい ビジネス用語
引き合い→
売買に関する問い合わせ

書き換え文例
「今回はお引き受けいたしかねる状況です。」
「今回はお断りせざるを得ない状況です。」

書き換え文例
「貴意に添いかねますこと、誠に遺憾でございますが、」
「ご希望にお応えできず、本当に申し訳ございませんが、」

断る

ワンランクアップ！ 文書テクニック

断りの回答だけでなく、「半年以上の猶予があれば」と代案を示すことで、先の取引の可能性を示唆。今回の断りが本意でない印象が伝わる。

承諾する

曖昧な表現を避け、簡潔、明快、正確に伝える。

シチュエーション	新規取引の申し込み、支払日や納期延期、価格改定、取引条件変更などの申し入れ、注文などを承諾するケース
目的	相手からの申し込みや依頼、注文などに対して承諾した旨を伝えること。承諾の意思を文書に残すことで、後のトラブルを防ぐことも。
ポイント	■用件は簡潔、明快に書き、曖昧な表現は使わない ■受け入れるのはすべてか一部か、承諾の範囲を明示する ■細心の注意を払って正確な記述を心がける

NG文書を添削！

イベント出店の勧誘への承諾

アジアグルメ博出店の件

（手書き：8月20日付貴信拝受いたしました。10月10日より開催の「第5回アジア）

拝復　時下ますますご清栄のこととお慶び申し上げます。

グルメ博出店（手書き：」）のお誘い、ありがとうございます。~~弊社内でも検討しました結果、お店のよいＰＲになりますし、ぜひ参加させていただきたいとの結論に達しております。~~

（手書き：喜んで参加させていただきたく、ここにお返事申し上げます。）

おかげさまで、昨年初めてタイレストラン「コサムイ」を出店させていただいて以来、グルメ博で知ったからとご来店いただくお客様も大変増えております。メディアの注目度が高く、人気の高いイベントにお声をかけていただき、誠に光栄でございます。

いろいろお世話になりますが、（手書き：ご指導のほど）よろしくお願い申し上げます。

敬具

確認のため、日付、イベントの名称等を具体的に記入する

承諾の返事ははっきりと

全体にラフな印象なので、丁寧さをプラス

➡新規取引申し込みへの承諾

新規取引のご承諾について

拝復　時下ますますご清栄の段、大慶に存じます。
　さて、9月1日付貴信(営発第12287号)拝見いたしました。このたびは、新規取引のお申し込みをいただき、誠にありがとうございます。弊社には身に余るお話と存じ、喜んでご承諾申し上げます。
　なお、貴社よりお申し入れの取引条件については、他に異存はございませんが、支払期限についてのみご相談いたしたく存じます。念のため、相談事項を含めた弊社の取引条件は、別紙にて同封いたしましたのでご検討ください。詳細については、後日担当者を差し向けたいと存じますので、その折に願いたいと存じます。
　とりあえず承諾の旨をお知らせいたします。今後とも末永くお引き立てのほどを衷心よりお願い申し上げます。

敬具

相手からの新規取引の依頼に対する返信なので「拝復」

書き換え文例

「弊社といたしましては喜んでお受けしたく、ここにご報告申し上げます。」
「弊社には身に余るほどの光栄なお話、ありがたくお引き受けいたします。」

覚えておきたいビジネス用語
衷心→
心の中、心の奥底

⇩メールに書き換え

宛先：000@000.00.jp
CC：
件名：新規取引依頼の件

株式会社三田村商会
営業部長　佐野順三様

このたびは、9月1日付貴信にて
新規取引のお申し込みをいただき
誠にありがとうございます。
喜んでご承諾申し上げます。

貴社よりお申し入れの取引条件については、
支払期限についてのみご相談いたしたく存じます。
念のため、相談事項を含めた
弊社の取引条件を添付しましたので、
ご検討ください。
詳細については、後日担当者を差し向けたいと存じますので、
その折にお願いいたします。

今後とも、末永くよろしくお願い申し上げます。

まずは、挨拶代わりに申し込みに対するお礼を述べる

CHECK!
承諾の答えを明記する

条件の相談事項については曖昧にせず、対応法も伝える

値上げ申し入れへの承諾

お取引価格の変更について

拝復　時下ますますご繁栄のこととお慶び申し上げます。平素は当社製品に格別のお引き立てを賜り、厚くお礼申し上げます。

さて、4月3日付貴信にてお申し越しのありました「AOSⅢシリーズ」の御価格改定について、確かに承諾いたしました。

当業界の現状並びに将来を考えますと、当社の資金繰りにも前途多難な感を拭い切れませんが、有力な貴社との取引関係をより一層親密にし、その打開を図りたいとの決意から、貴意受諾に踏み切った次第でございます。

何とぞ弊社の意のあるところをお汲み取りいただき、今後ともよろしくご愛顧のほどお願い申し上げます。

敬具

CHECK!

まずは、承諾の回答を明記

苦渋の決断であることをアピールし、相手を牽制

書き換え文例

「平素は何かとご支援を賜っております貴社のご要請とあれば、お断りするわけにはまいりません。」

値下げ申し入れへの承諾

お取引価格の変更について

拝復　時下ますますご清栄の段、大慶に存じます。平素は格別のご高配を賜り、厚くお礼申し上げます。

さて、11月5日付貴信拝見いたしました。貴社ご要請によります値下げの理由については、一部不明な部分はありますが、ライバル会社のある御地の営業事情を考えますと、原則としてやむを得ないと存じます。

つきましては、下記の件につき、近日中に当社担当者を差し向け、具体的にご相談いたしたいと存じますので、よろしくお願い申し上げます。

まずはご回答まで。

敬具

記

1．価格改定の幅について
2．価格改定の時期について

以上

覚えておきたいビジネス用語

御地→
相手を敬い、その人のいる地を表す言い方

一部修正付きで承諾する形

書き換え文例

「原則として、値下げも受け入れざるを得ないとの結論に達しました。」

➡借金返済猶予の申し入れへの承諾

社発第875号

平成○年11月５日

那須野産業株式会社

取締役社長　角谷博巳様

株式会社甲賀商事

取締役社長　新波修

ご返済の猶予について

拝復　取り急ぎご返事申し上げます。

11月５日付貴信拝読いたしました。先般ご融資しました金五百万円、返済を今月末まで猶予願いたいとのこと、貴社の詳細な内情のご説明を伺ってはやむを得ないと存じます。

しかしながら、私は貴殿のお人柄を信用し、期日までには必ずご返済いただけるものと疑うことなくご融資したものでございます。いかなるご事情であれ、お約束を破られるのはいかがかと存じます。

貴信によりますと、大口の契約成立の目途があり、今後の資金繰りの見通しがあるとのことですので、今回に限り11月30日までご猶予したいと存じます。この約束は、必ずお守りくださいますようお願い申し上げます。

敬具

急を要するので、挨拶は省略してかまわない

書き換え文例

「貴社の内情を詳しくお伺いした以上、仕方のないことと拝察いたします。」

覚えておきたいビジネス用語

貴殿→
男性が目上や同輩の男性を敬っていう言い方

承諾は本意ではないことをアピールし、釘を刺す

ワンランクアップ！ 文書テクニック

借金の絡む書状では、承諾の場合でも苦言を呈したり、条件を付けたり、毅然とした姿勢をみせたりすることも必要。ただし、冷静さ、丁寧さは失わないように。

➡納期延期申し入れへの承諾

「ＥＦＧⅣ」納期延期について

拝復　時下ますますご隆盛のこととお慶び申し上げます。日頃は格別のお引き立てに預かり、厚くお礼申し上げます。

さて、８月25日付貴信にてお申し入れのありました「ＥＦＧⅣ」の納期延期の件ですが、先のインドネシアの地震による原材料納入の遅れということで、貴社にとりましてもやむを得ないご事情でもありますので、今回に限り了解いたします。

しかしながら、弊社といたしましても現在対応に追われ、残りの在庫で何とかまかなうことはできておりますが、お申し入れの納期９月10日よりも、再度遅れが生じるようなことになると、弊社では対応し切れず、信用問題にもなりかねません。何とぞこれ以上の遅延なきよう納品をお願い申し上げます。

まずは、取り急ぎお返事まで。

敬具

書き換え文例

「貴工場の○○機の故障とのこと、やむを得ないご事情と判断し、」
「台風による工場の休業ということであればやむを得ず、」

CHECK！

後のトラブル防止のためにも、納期を明記しておく

書き換え文例

「今後のお取引を見直さざるを得なくなります。」
「弊社および貴社の信用にもかかわってきます。」

➡支払期日変更申し入れの承諾

支払期日延期について

拝復　師走の候、貴社ますますご清栄の由、お慶び申し上げます。日頃はひとかたならぬご厚誼を賜り、厚くお礼申し上げます。

さて、12月５日付貴信を拝見いたしました。突然のお申し出に、少々戸惑いましたが、早速経理部とも協議しました結果、今回に限り、ご事情を考慮しまして了解申し上げることにいたしました。

貴社には常々格別のご厚誼に預かっておりますため、弊社といたしましても、できうるだけのご協力をさせていただきたく、貴意受託した次第でございます。

しかしながら、あくまでも例外的措置ということで、来月以降は当初のお約束通りの期日にてお支払いいただきたくお願い申し上げます。

まずは取り急ぎお返事まで。

敬具

「今回限り」と付けることで、今後の期日厳守の念を押す

書き換え文例

「ほかならぬ貴社からのお申し入れですので、」
「長年にわたりご協力を賜っています貴社ゆえ、」

覚えておきたいビジネス用語

受託→
頼まれて引き受けること

お願いの形だが、最後に毅然として念を押す

➡商品注文の承諾

営発第67789号
平成○年４月15日

株式会社ハロー
販売部　鴻上幸美様

北海商事株式会社
営業部　国田昌宏

「大雪山の美味しい水」のご注文について

拝復　陽春のみぎり、貴社ますますご清栄のこととお慶び申し上げます。平素は格別のお引き立てを賜りまして、厚くお礼申し上げます。

さて、４月10日付貴信第345号にて、弊社「大雪山の美味しい水」（商品番号ＤＯＭ54－12）のご注文を拝受いたしました。誠にありがとうございます。受注内容は下記の通りですので、ご確認のほどお願い申し上げます。

早速出荷の手配をいたしましたので、ご指定の納期までには到着できる予定でございます。ご不明な点などございましたら、何なりと弊社営業部までお問い合わせください。

今後ともお引き立てを賜りますようよろしくお願い申し上げます。

まずは書中にて、ご注文承りのご通知かたがたお礼まで。

敬具

記

1．	商品名	大雪山の美味しい水２Ｌ・12本ケース（商品番号ＤＯＭ54－12）
2．	納品期限	平成○年４月25日
3．	単価	1,000円
4．	数量	200ケース
5．	納品場所	貴社品川配送センター
6．	運搬方法	白クマ運輸にて配送
7．	運賃諸掛	弊社負担
8．	支払方法	城南銀行釧路支店○○口座振込

＊お問合わせ先　北海商事営業部　○○○○－××－△△△△

以上

CHECK！

確認しやすいように、受注した商品名、日付、文書番号などを明記

書き換え文例

「早速入念な検品の上、出荷し、ご指定の納期までにお届けするよう手配いたしました。」

書き換え文例

「今後とも量の多寡にかかわらずご用命を賜りますようお願い申し上げます。」

ひとつひとつ確認しながら正確に記入すること

ワンランクアップ！ 文書テクニック

受注、発送の確認に加えて、「今後ともお引き立てのほど～」「多少にかかわらずご用命を～」などと次の取引につなげるひと言を。

請求状

正確かつ丁寧な文面で支払いを促す。

シチュエーション	商品やサービスの代金などについて支払いを求めるケース
目的	期日までに代金を支払ってもらい、商取引を円滑に進めること
ポイント	■請求内容に間違いがないよう正確に書く ■相手の感情を害さないように丁寧な文章で ■丁重すぎてもあてつけがましくなるのでバランスには注意する

NG文書を添削!

➡現金払いの請求

現金払いご請求の件

前略

~~拝啓　初秋の候いよいよご多祥のこととお慶び申し上げます。~~

本年7月売掛代金の一部としていただきました貴社振り出しの約束手形第213号金額参百万円は、本日支払場所である銀河銀行宮澤支店に呈示しましたところ、預金不足の理由で、支払拒否を受けました。

ご事情によるものかは存じません

いかなる~~理由のためかは知りません~~が、当社としましては、資金繰りに非常に困惑しております。当社が現金払いの希望を60日払いの約束手形でお取り引きしたのは、貴社のたってのご意向によるものです。つきましては、同金額を至急現金でお支払いくださいますようお願い申し上げます。

~~敬具~~
草々

記

1. 手形番号　第○○○号
2. 額面　金参百万円
3. 振出日　平成○年9月6日
4. 支払期日　平成○年9月20日
5. 振出人　山田産業株式会社代表取締役大谷洋一

以上

事態が逼迫しているので、挨拶は省略。前略で始める。結語は草々

事情が事情でも、高圧的なイメージは避け、丁寧さを心がける

手形の仔細を別記して確認しやすく

➔請求書

請求番号　○○－○○○○

平成○年６月20日

ご請求書

村田商会株式会社

株式会社松本産業　社印
〒○○○－××××
東京都杉並区荻窪○－○－○
電話　○○－××××－△△△△
FAX　○○－△△△△－××××

下記の通りご請求申し上げます。

合計金額　￥142,800（消費税込）

振込先　○○銀行亀戸支店
普通口座　○○○○○○○
名義　株式会社松本産業

日付	項目	単価	数量	単位	金額
6/10	楽々シューズ　A-1	2,800	30	足	¥84,000
	〃　B-1	2,600	20	〃	¥52,000
		小　計			¥136,000
		消費税			¥6,800
		合　計			¥142,800

＊お振込手数料のご負担をお願いいたします。

データ管理をするために請求番号を記載する

税込額を記入

相手負担の場合は、その旨を明記する

請求状

ワンランクアップ！ 文書テクニック

請求書における誤字・脱字は、大きなトラブルに発展しかねない。帳簿で確認するのはもちろん、発送前にも再度確認するくらいの慎重さが求められる。

見積状

必要事項を分かりやすく、正確に記入する。

シチュエーション	照会をしてきた相手に、商品やサービスについて価格の条件を提示するケース
目的	条件を提示して取引につなげること。契約する際の記録にもなる
ポイント	■何の見積書なのかが明確に分かるようにする ■価格や数量、日付など間違いのないように ■送り状を付けるなら丁寧な文面を心がける

一般的な見積状

「ＮＫＴ123」のお見積もりの件

拝復　時下ますますご清栄のこととお慶び申し上げます。平素は格別のお引き立てを賜り、厚くお礼申し上げます。

さて、このたびは3月3日付貴信にて、弊社新製品「ＮＫＴ123」についてご照会をいただきまして、誠にありがとうございます。

下記の通り、お見積もりいたしましたので、よろしくご検討のほどお願い申し上げます。

敬具

お見積書（略）

確認のため、照会状の日付、製品名を記入

書き換え文例

「よろしくご検討のほど、ご用命を心よりお待ち申し上げております。」

一般的な見積書

見積番号　○○○－○○○○

平成○年5月10日

お見積書

浅見商事株式会社 御中

株式会社ハナワ　社印
〒○○○－××××
東京都千代田区九段南○－○－○
電話　○○－××××－△△△△
FAX　○○－△△△△－××××

合計金額　￥151,200（消費税込）

品名	数量	単位	単価	金額	備考
6/10	120	ケース	1,200	¥144,000	
小計				¥144,000	
消費税等				¥7,200	
合計				¥151,200	

＊見積書有効期限：本見積書提出後１カ月

数量や単価は大ざっぱな書き方はせず、明確に書き込む

書き換え文例

「本見積書の有効期限は、6月10日となります。」

契約書

正しい法律知識に基づいて正確に記す。

シチュエーション	売買、販売委託、商標使用権など２社の間で契約を結ぶケース
目的	当事者間の合意の内容を文書にして取り交わすことで、互いがそれを誠実に履行し、トラブルを防いで取引を円滑に進めるための法律文書
ポイント	■法律知識に基づいて、間違いのないように書く ■契約の目的、期間、契約解除、損害賠償など契約内容を箇条書きに ■当事者が１通ずつ保有するのが基本

➡売買契約

収入
印紙

売買契約書

株式会社オオサト(以下、甲という)と、ＡＬＫ商事株式会社(以下、乙という)の間に、次の通り売買契約を締結する。

第一条　甲は乙に対して下記物件を継続的に売り渡すことを約し、乙は甲からこれを買い受けることを約した。

記

婦人服(スーツ、ワンピース、シャツ、ブラウス、スカート、パンツ等)

第二条　甲と乙の契約期間は、本契約の日から満２カ年とする。

(中略)

本契約を証するため本書２通を作成し、各自署名捺印の上、各１通を保持する。

平成○年４月15日

甲(売主)　東京都豊島区東池袋○－○－○
株式会社オオサト
代表取締役社長　大里旬 ㊞

乙(買主)　東京都八王子市南大沢○－○－○
ＡＬＫ商事株式会社
代表取締役社長　青田哲治 ㊞

税法上定められた額の収入印紙を貼る

第一条以下、契約の内容を箇条書きにしてまとめる。漏れや金額、数量、期日など間違いのないように

契約を締結した日付、甲乙それぞれの住所、署名押印

→代理店契約

収入印紙

代理店契約書

　売主株式会社江本製作所(以下、甲という)と買主山井商事株式会社(以下、乙という)とは、甲が製造する製品の継続取引を締結する。

「相互の繁栄を目的とする」という一文を加えることもある

第１条　甲は本契約に従い、乙に対して甲の製品を売り渡し、乙はこれを買い受けて販売することを約する。

第２条　乙が甲の代理店として契約する方式は、乙の選択に委ねることとし、乙が契約に使用する契約書の様式は、事前に甲の閲覧に供した後、乙が定めるものとする。

第３条　乙は甲の請求書を受領した月の翌月末日を支払日とし、その日を振出日として満期日４カ月以内の約束手形を振り出すものとする。

期日、金額や数量などを入れる場合は、間違いのないように

第４条　乙は、甲の請求を受けたときは、営業状況の資料を提出しなければならない。また、毎決算期には、乙の貸借対照表、損益計算書を甲に提出する。

第５条　乙が第３条に定める代金決済を怠ったときは、本契約を解除する意思があるとみなし、甲は乙に対する通告をもって本契約を解除できる。

　上記本契約の成立を証するため、本書２通を作成し、各自署名捺印の上、各１通を所有する。

平成○年７月10日

甲　東京都世田谷区牧田○－○－○
株式会社江本製作所
代表取締役社長　江川真澄 ㊞

乙　埼玉県川口市川口○－○－○
山井商事株式会社
代表取締役社長　古田祐樹 ㊞

必ず実印または登録された印鑑を使用する

ワンランクアップ! 文書テクニック

契約書では、簡潔・平易さは必要とされない。法律が土台となるので、正確さこそが重要となる。

念書

誠意をもって、表現や言葉の使い方にも気を付ける。

シチュエーション	債務返済、秘密厳守、トラブルの再発などを相手に約束して差し出すケース
目的	両者の約束事の証拠として文書に残し、その内容を誠意をもって履行すること
ポイント	■曖昧な表現は用いず、約束内容を明確に ■後々の証拠となるので正確に記入する ■具体的にどうするのか、実行性のある内容にする

➡債務承認書

債務承認書

当社が貴社に対し、平成○年11月10日現在負担する債務は下記の通りであり、平成○年12月25日までにお支払いいたします。

記

1．平成○年７月５日から９月10日までの
　　買掛金債務　金75万円
2．平成○年８月７日に借り受けた
　　借入分　金100万円
以上、合計債務　金175万円

以上

平成○年11月10日

東京都中野区本町○ー○ー○
株式会社　ハナノ産業
社長　木村昭二㊞

日付、金額は間違いのないように

住所や氏名の記載、捺印があると契約書と同じ効力をもつ

ワンランクアップ! 文書テクニック

捺印は認印、実印のどちらでもよいが、重要な文書なら実印を押して署名をするほうが信頼度が高い。

請負代金債務の念書

念書

当社は、貴社に対し、本日現在金350万円の請負代金債務のあることを認め、これを下記の通り分割してお支払いすることをお約束いたします。

記

第１回	平成○年８月31日	金120万円
第２回	平成○年９月30日	金120万円
第３回	平成○年10月31日	金110万円

以上

分割金の支払いを１回でも怠った場合には、期限の利益を失った日の翌日から全額完済するまでの間、延滞金として年７％の金利を負担し一括してお支払いいたします。

後日のため、本念書を差し入れます。

平成○年６月20日

書き換え文例

「お支払いすることを誓約いたします。」

金額、支払日時等は正確に記載する

履行されなかった場合についても言及しておく

秘密厳守の念書

念書

弊社および弊社作業員は、貴社にて作業を行うにあたり、以下の事項を厳守することをお約束いたします。

記

1．貴社の許可なく、業務上で知り得た機密情報を他へ漏らさないこと
2．貴社の許可なく、書類等を持ち出さないこと
3．貴社の機密情報を意図的に入手しないこと
4．貴社の指示に従って作業を遂行し、万一、貴社に故意または重大な過失により損害を与えた場合は、その賠償責任を負うこと

以上

約束する内容を、箇条書きにして簡潔に、漏れなく記載する

内容証明書

郵便局が内容を証明することでトラブルを防ぐ。

シチュエーション	支払代金の請求や売買契約の解除、商標差し止め請求などを送付するケース
目的	誰が、いつ、誰宛てに、どんな内容の手紙を通知したかを証明し、後で「いった」「いわない」のトラブルを防ぐこと
ポイント	■用紙や形式に決まりがあるので注意する ■証拠として残るので、自分の不利になることは書かない ■同じものを３通作成する（相手、差出人、郵便局が保管）

➡商号使用差止請求

商号使用差止請求

貴殿は、新宿区高田馬場〇丁目において、今般「諏訪商店」なる商号を使用し、コンンピュータ機器の販売を始められましたが、当方は、新宿区高田馬場〇丁目において、「諏訪商会」の商号を用いて、すでにコンピュータ機器の販売を行っており、しかも「諏訪商会」の商号はすでに登記済みであります。したがって、ただちに「諏訪商店」の商号を変更されるか、使用を停止されるよう求めます。

内容証明は、横書きの場合、１枚26字×20行以内か、13字×40行以内にする

平成〇年10月５日

東京都新宿区高田馬場〇－〇－〇

「諏訪商会」こと　大崎恭平 ㊞

差出人住所、代表者氏名、印を記載

東京都新宿区高田馬場〇－〇－〇

舘野浩太朗様

受取人住所、代表者氏名を記載。押印はなくてもよい

売買契約解除

売買契約解除の通知書

平成○年６月５日付で、貴社と「ウェイトランＡＭ」の売買契約を行い、代金２百万円を貴社に支払いました。その後、納品日の６月28日を過ぎても納品がなかったので、平成○年７月31日付内容証明郵便にて、平成○年８月20日までに納品するように催告し、同日までに納品がない場合は、契約を解除する旨、通知いたしました。

しかし、平成○年９月20日を過ぎた本日にいたっても、はっきりとしたご回答がありませんので、売買契約は解除されました。

なお、契約解除に伴う損害につきましては、改めて賠償請求いたしますことを申し添えます。

平成○年９月25日

東京都新宿区新宿○－○－○
株式会社原沢商会
代表取締役　原沢浩一 ㊞

東京都豊島区駒込○－○－○
株式会社熊倉興業
代表取締役　熊倉一平様

覚えておきたいビジネス用語
催告→
相手に対して、契約履行など一定の行為を請求すること

これまでの経過を簡潔に記載。日付などの間違いがないように注意

用紙内に差出人と受取人の住所、氏名を記入

ワンランクアップ！ **文書テクニック**
内容証明を挑戦状のように受け取る人もいるが、出す側も感情的にならないように。下書きをしたほうが冷静な文面になるだけでなく、字数など形式が決まっているので、間違い防止にもなる。

委任状

法律文書の形式に則って、委任内容を簡潔に記す。

シチュエーション	売買契約、登記書類作成などを専門家に委任するケース、株主総会に参加しないケース、訴訟を弁護士に委任するケースなど
目的	本人に代えて第三者に代理権をもたせ、契約や登記などを円滑に進めること
ポイント	■委任事項を箇条書きにして簡潔にまとめる ■法律文書なので形式に則って作成する ■悪用されやすい白紙や不明瞭なものはＮＧ

➡株主総会の委任状

株主総会委任状

（単に「委任状」でもかまわない）

代理人
東京都千代田区外神田〇－〇－〇
鈴木三朗 ㊞

（代理人の署名、捺印を忘れないこと）

私は、上記の者を代理人と定め、下記の株主総会において議決権を行使する権限を委任します。

記

1．株主総会	第38回定時株主総会
2．日時	平成〇年６月27日 14時～17時半
3．場所	本社３階大会議室
4．議題	新規事業計画について

（権限を委任する株主総会の概要を明記）

平成〇年６月５日

委任者
東京都中央区八重洲〇－〇－〇
羽田商会株式会社
代表取締役　澤村栄一 ㊞

（委任者の署名、捺印も忘れずに）

➡売買契約（売主）

委任状

当社は、札幌市東区南北35条東北〇丁目〇番地〇号原田友則氏を代理人と定め、下記の事項を委任します。

1．当社所有の中央区十八条西南１丁目の土地を下記の条件で売却する件
　（１）代金4,000万円以上
　（２）引渡期日　平成〇年10月20日以降
　（３）買主はビルを建築する予定の個人に限る
2．上記土地の代金を受領する件
3．副代理人選任の件

上記委任状に捺印します。

平成〇年９月20日

住所　札幌市旭区西北四条西〇丁目〇番地〇号
社名　株式会社知床商事
代表者名　斜里喜三郎 ㊞

同じ文書を２通作成して割印を押し、当事者双方が１通ずつ保持

委任内容を漏れなく記す

通常は実印のほか、印鑑証明が必要

➡売買契約（買主）

委任状

当社は、神奈川県横浜市港北区新田町〇丁目〇番地〇号林田伸吾氏を代理人と定め、下記の事項を委任します。

1．当社を買主として、当社のために下記条件に合致する土地、建物の売買契約を締結する件
　（１）代金は3,000万円以下であること
　（２）土地面積は300平方メートル以上、建物は３階建て以上であること
　（３）堀米駅から30分以内であること
2．登記書類一切を受領する件
3．副代理人選任の件

上記代理委任状に押印します。

平成〇年11月10日

住所　東京都大田区蒲田〇丁目〇番〇号
社名　松井田産業株式会社
代表者名　松井田宗 ㊞

所在地に間違いがないか要チェック

金額や条件の数字など間違えないように

COLUMN

収入印紙の金額

収入印紙は税金!?

契約書などに貼る切手大の証票を収入印紙といいます。これは、国庫の収入となる税金や手数料などを徴収するために財務省が発行するものです。ビジネス文書では、収入印紙を貼り割印をすることで、「印紙税」を納付しているというわけです。

印紙税額は?

印紙税は、経済的取引などに関連して作成される文書に課税される税金のことで、文書を作成した人が負担します。税額は、契約書や受取書などの文書の内容や契約金額、受領金額などによって定められています。

印紙税額の一覧

記載された受取金額	印紙税額
3万円未満	非課税
100万円以下	200円
100万円を超え200万円以下	400円
200万円を超え300万円以下	600円
300万円を超え500万円以下	1000円
500万円を超え1000万円以下	2000円
1000万円を超え2000万円以下	4000円
2000万円を超え3000万円以下	6000円
3000万円を超え5000万円以下	1万円
5000万円を超え1億円以下	2万円
1億円を超え2億円以下	4万円
2億円を超え3億円以下	6万円
3億円を超え5億円以下	10万円
5億円を超え10億円以下	15万円
10億円を超えるもの	20万円
受取金額の記載のないもの	200円
営業に関しないもの	非課税

※売上代金にかかる金銭または有価証券の受取書の印紙税額の場合

第3章

企業イメージを良くする

社外文書：社交・儀礼文書

社交・儀礼文書のポイントと基本項目

顧客や取引先との信頼関係の礎となる文書。形式を重んじた内容で絆を深めよう。

社交・儀礼文書は、広い意味での挨拶を交わすための文書のことです。顧客や取引先とのコミュニケーションの潤滑油となるので、しっかりと形式を押さえておきましょう。

ポイント1

伝統的な形式を守る

社交・儀礼文書は、顧客や取引先との信頼関係を保つために不可欠なものです。だからこそ、相手を敬う思いが伝わるよう、礼儀正しく形式に則った体裁をとる必要があります。特に敬語の使い方には気を付けて、会社の品位を落とさないようにしましょう。

ポイント2

タイミングを外さない

慶弔やお見舞いに関する文書は、タイミングが肝心です。季節の挨拶状は定められた時期に、招待状は催し物の1カ月前に、慶弔に関する文書は事実確認後速やかに、お礼状は行為を受けた1週間以内に、それぞれ出すよう心がけましょう。

ポイント3

慣用句の羅列に終始しない

「形式に則った文書」にする必要がありますが、単なる慣用句の羅列では相手の心には響きません。前文や末文は一定の型に従いながらも、主文では具体的なエピソードを盛り込むなどの工夫をして、自分なりの表現を目指しましょう。

ポイント4

忌み言葉には注意

お祝い状での「切れる」、お見舞い状での「重ねる」など、縁起が悪いとされる「忌み言葉」はご法度です。儀礼的な文書では使用しないことが当たり前かつ基本なので、間違えて文中に入ることがないよう気を付けましょう。

社交・儀礼文書（社外文書）の基本項目

拝啓　陽春の候、貴社いよいよご清栄のこととお慶び申し上げます。平素は格別のお引き立てをいただき厚くお礼申し上げます。

さて、このたび弊社は事業拡大とそれに伴う従業員の増加により、左記の通り本社を移転する運びとなりました。

新オフィスは交通の便もよく、都会ながら緑に囲まれた美しい環境ですので、ぜひ一度お立ち寄りいただけますようお待ちしております。

今回の移転を機に社員一同、気持ちを新たに業務に精励する所存ですので、何とぞ変わらぬご愛顧を賜りますよう、心よりお願い申し上げます。

まずは略儀ながら、書中をもってご挨拶申し上げます。

敬具

平成○年八月八日

株式会社大序製紙
代表取締役社長　大田宏

株式会社エヌエヌ印刷
代表取締役社長　江山央様

記

新所在地　〒○○○-××××　東京都大田区大森○-○-○
電話番号　○○（××××）△△△△
業務開始日　平成○年九月三日（月曜日）

なお、誠に恐縮ではございますが、営業部のみ九月五日をもって新社屋移転となりますので、ご注意いただけますようお願い申し上げます。

以上

❶安否の挨拶
時候の挨拶の後は、先方の安否を気遣う挨拶（うまくいっていることを前提とした繁栄・発展を喜ぶ挨拶）を記入する。

❷感謝の挨拶
さらに続けて、日頃の感謝を伝える言葉を入れる。

❸主文
改行して、「さて」「ところで」などの言葉を置いてから本題に入る。

❹末文
慣用句を用いて結びの挨拶を書く。

❺日付
文書の発信日を記入する。

❻発信者名
差出人の会社名・部署名・役職を書く。

❼宛名
相手の会社名・部署名・役職を記入する。「様」などの敬称も忘れないこと。

❽別記
詳細情報についてはできるだけ別記にして箇条書きでまとめる。「記」の位置は中央の少し上に置く。

❾追記
「なお」などの言葉を置いた後、補足用件を加える。

CHECK！

社交・儀礼文書の場合、縦書き・タイトルなしが基本。日付や発信者名、宛名は文書冒頭ではなく、別記手前にもってくる場合が多い。

お見舞いをする（四季）

お互いの無事を喜ぶのが基本。抱負やPRはさり気なく。

シチュエーション	年賀状、暑中・残暑見舞い、お歳暮、喪中欠礼など季節の挨拶をするケース
目的	自社の最近の動向などを伝えることで、ビジネスでの人間関係や音信不通の相手などとの関係を良好に保つ
ポイント	■頭語はなくてもよい ■出すタイミングに気を付ける ■日頃のお世話に対する感謝の言葉を書き、できるだけ署名は自筆で

NG文書を添削！

→年賀状

慶春

去年は格別のご愛顧を賜り、誠にありがとうございました。

皆様のおかげをもちまして、社員一同よい新年を迎え得ましたこと深く感謝申し上げます。

相変わらず市場規模が縮小する一方の業界ではありますが、何とか巻き返しを図れるよう努力してまいります。

本年も倍旧のお引き立てを賜りますよう、よろしくお願い申し上げます。

平成○年元旦

謹んで新年のお慶びを申し上げます

旧年

これからも皆様のご期待にお応えできるよう、

「慶春」は目上の人から目下の人へ新年を祝う意味で使われる賀詞なので、取引先や顧客への使用は避ける

「去る」は忌み言葉なので、年賀状などおめでたい挨拶の場合には使用しない。「旧年」「昨年」などの言葉に変える

忌み言葉と同様に、年始からマイナスな話題は避ける。なるべく前向きな話題や抱負などを伝える

自社PRを盛り込んだ年賀状

謹んで新年のご祝詞を申し上げます
旧年中は格別のお引き立てを賜り　厚くお礼申し上げます
小社では本年より新製品会計ソフト「ラムダ2」を生産いたします
従来の「ラムダシリーズ」同様　よろしくお引き立てを賜りたくお願い申し上げます
なお　新年は一月五日から平常営業とさせていただきます

平成○年元旦

株式会社サンニチソフト
営業部　只見栄子

冒頭は改まった挨拶で。他の文字よりも大きめに書く

CHECK!

格式高い文書にしたい場合には句読点は使わない。その際、句点（。）部分で改行し、読点（、）部分で1字分空ける

自社PRは簡略にする

取引先・顧客への年賀状では、業務開始日を添えるとより丁寧になる

メールに書き換え

宛先：000@000.00.jp
CC：
件名：新年のご挨拶

株式会社ケンチク木材
資材部　河野健一郎様

謹んで新年のご祝詞を申し上げます

旧年中は格別のお引き立てを賜り　厚くお礼申し上げます
小社では本年より
新製品会計ソフト「ラムダ２」を生産いたします

従来の「ラムダシリーズ」同様
よろしくお引き立てを賜りたくお願い申し上げます

なお　新年は一月五日から平常営業とさせていただきます

平成○年元旦

……………………………………………………
株式会社サンニチソフト
営業部　只見栄子
〒○○○－××××
東京都文京区湯島○－○－○
電話：○○－××××－△△△△　FAX：○○－△△△△－××××
Mail：000@000.00.jp
サンニチソフトホームページ：http://www.000.00.jp
……………………………………………………

件名をみれば、新年の挨拶であることが伝わるタイトルにする

書き換え文例

「新春のお慶びを申し上げます」
「謹賀新年」
「明けましておめでとうございます」

文末には差出人名を記入する。署名機能を使ってもよい

ワンランクアップ！ 文書テクニック

印刷した文書でも、署名だけは手書きにしよう。

➔転勤の挨拶を兼ねた年賀状

謹賀新年

皆々様には、新年を迎えられ、
ますますご清祥のこととお祝い申し上げます。

私儀、一月十五日付をもって新宿支社に転勤
いたすことになりました。
本社勤務中は公私にわたり、並々ならぬご厚情を賜り、
誠にありがとうございました。
今後は、微力ながら新職務に専心してまいりたいと存じます。
よろしくご指導のほど心からお願い申し上げます。

二〇〇〇年元旦

旧所属中は大変お世話になりました。
今後も変わらぬご指導をお願いいたします。

新任地　東京都新宿区西新宿〇-〇-〇　トミービル八階
システムライフ株式会社新宿支社
鈴木　瞬

書き換え文例

「昨年中はひとかたならぬご厚情に預かり、誠にありがたくお礼申し上げます。」
「旧年中は格別のご愛顧を賜り、厚くお礼申し上げます。」

覚えておきたいビジネス用語

私儀→
自称。文書などで自分のことを言い出すときに用いる。「わたくしぎ」と読む

転勤の挨拶は本来、挨拶状の形で出すものである。本文例の場合でも、着任後に改めて挨拶状を出すこと

年号は西暦にしても可

印刷されたものでも必ず添え書きをし、旧所属中のお礼と今後の援助を願う言葉を述べる

取引先への暑中見舞状

暑中お見舞い申し上げます

毎日猛暑が続いておりますが、ますますご清栄のこととお慶び申し上げます。

さて、弊社では来たる八月四日より七日まで夏季休業とさせていただきます。

ご迷惑をおかけすることと存じますが、何とぞご了承のほどお願い申し上げます。

平成○年盛夏

池新工業株式会社
東京都新宿区北新宿○-○-○
電話　○○-××××-△△△△
丸山順子

書き換え文例

「暑さ厳しき折、皆様におかれましてはますますご清祥のこととお慶び申し上げます。」

季節の挨拶句は大きめに書く

休暇のお知らせや案内などは短く簡潔に

自社PRを入れた暑中見舞状

暑中お見舞い申し上げます

日頃より格別のご高配心よりお礼申し上げます。

今春は、《元気クッキー》全国販売拡張キャンペーンにご協力を賜りまして、誠にありがとうございました。おかげさまで、当社の予想をはるかに上回る好成績を上げることができました。これも偏に販売店各位皆様のご尽力、ご協力のおかげと感謝いたしております。

今後とも変わらぬご支援、ご協力のほどよろしくお願い申し上げます。

平成○年盛夏

今後とも皆様に喜ばれるお菓子づくりに邁進いたします。

駈日食品株式会社
営業部　駈日信一郎

自社PRを入れる場合は、日頃のお礼とともに、営業努力を十分している姿勢を示す。ただし、おしつけがましい表現は逆効果なので注意

暑中見舞いは小暑（7月初旬）から立秋（8月初旬）までに出すこと

差出人名には担当者名も記入する

残暑見舞状

残暑お見舞い申し上げます

平素は格別のご愛顧を賜りまして、ありがとうございます。この秋も左記の通り、恒例の「オータム・パック」を実施させていただきます。

残暑を避け、秋風溢れるお部屋で、谷あいの緑と川の水音を心ゆくまでご堪能していただけることと存じます。

右ご挨拶かたがたご案内申し上げます。

平成○年　晩夏

奥湯元　富士見荘

記

オータム・パック（九月五日から九月三十日まで）

〈A〉マロンコース　二万円

〈B〉まつたけコース　三万円

以上

書き換え文例

「立秋」
「葉月」

立秋から8月末までに出す場合は、暑中見舞いではなく残暑見舞いとなる

PRを入れ込む場合は、別記形式にすると分かりやすい

お歳暮の挨拶状

拝啓　心せわしき師走の折柄、ますますご興隆のこととお慶び申し上げます。平素は格別のご愛顧に預かり、心よりお礼申し上げます。

本年もつつがなく業務を進展させることができましたのは、皆様のご指導とご支援の賜物でございます。

つきましては感謝の気持ちを込め、心ばかりの品を送らせていただきました。ご笑納いただければ幸いです。

皆様のますますのご発展をお祈りし、年末のご挨拶を申し上げます。

敬具

書き換え文例

「別便をもって粗品をお届けいたしました。」（品物と手紙を別便で送る場合）

時候や安否を気遣う挨拶、日頃の感謝を伝える挨拶の後に、1年間のお礼を述べる挨拶を続ける

覚えておきたい ビジネス用語

笑納→

「つまらないものですが笑ってお納めください」という意味を表す言葉

喪中欠礼

喪中につき年末年始のご挨拶を
失礼させていただきます
本年八月二日 母三枝子が九十歳にて永眠いたしました
本年中に賜りましたご厚情を
感謝いたしますとともに
明年も変わらぬご厚誼のほどお願い申し上げます

平成○年十二月

〒○○○-××××
東京都練馬区石神井○-○-○
満間作蔵

句読点は使わない。句点（。）部分では改行し、読点（、）部分では1字分空ける

書き換え文例

「喪中につき年頭のご挨拶をご遠慮申し上げます」
「弊社前社長○○の喪中につき　年頭のご挨拶をご遠慮させていただきます」（会社として出す場合）

CHECK!

一般的に、自分を中心として一親等（父母・配偶者・子）と、同居している二親等（祖父母・兄弟・孫）が喪中の対象となるが、同居していない二親等の場合でも喪中対象とするケースが多い

いつ・誰が・何歳で亡くなったかを書く

1年間お世話になった挨拶、来年からのお付き合いのお願いなど、年賀状に代わる挨拶をする

寒中見舞い

寒中お見舞い申し上げます
大寒を迎え、寒さも一層厳しくなってまいりましたが、いかがお過ごしでしょうか。
まだこの寒さは当分続くとのことですが、皆様におかれましては風邪などお召しにならぬよう、くれぐれもご自愛ください。
まずは一筆、ご挨拶まで。

平成○年一月十八日

〒○○○-××××
東京都杉並区南荻窪○-○-○
作間美智子

書き換え文例

「酷寒お見舞い申し上げます」

書き換え文例

「寒中お見舞い申し上げます。新年早々お年賀状をありがとうございました。本来ならば当方からご挨拶申し上げるべきところ、喪中につきご遠慮させていただきました。本年も変わらずご厚誼をお願い申し上げます」（喪中の挨拶を送らなかった人から年賀状が届いた場合や、喪中欠礼が間に合わなかった場合など）

お見舞いをする（災害等）

状況を確認後、時期・タイミングを外さずに出す。

シチュエーション	災害、事故、病気などに対するお見舞いを述べるケース
目的	突然の不幸を心配し、慰めて力付けることで、相手の沈んだ気持ちを立て直させる
ポイント	■相手に関する正確な状況を把握する ■タイミングを外すと逆効果となる ■慣用句に終始せず、誠意をもって相手を慰める

NG文書を添削！

→災害見舞状

拝啓（→前略）　さて本日の報道にて御地に竜巻が発生し、建物の倒壊など広域にわたって被害が甚大との旨を知り、大変に驚いております。

貴社におかれましては、被害のほどはいかがでしょうか。（→貴社ならびに社員の皆さまはご無事でしょうか。私どもにできることがありましたら、何なりとお申し付けください。）

一日も早い復興をお祈りするとともに、心よりお見舞い申し上げます。

敬具（→草々）

- 頭語は「前略」か「急啓」、もしくは省略すること。用件を急いで伝える必要があるため、「拝啓」を使ってはいけない。時候の挨拶や日頃のお礼なども不要
- 「さて」などの起こし言葉も使わない。「承れば」「今朝のニュースで」などから主文を始める
- 興味本位で聞いているように受け取られかねない。相手を気遣う文章にして、できる限りの援助を申し出る
- 「前略」の結語は「草々」

ワンランクアップ！ 文書テクニック

「再び」「また」「重ねて」「たびたび」「追って」「しばしば」などの忌み言葉は使わない

➡火災見舞状

急啓　本日の新聞報道によりますと、貴社南地区営業所が全焼したとのこと、謹んでお見舞い申し上げます。
　早速貴社服部様にお伺いしたところでは、隣接ビルより類焼との由、誠にご災難と申すほかなく、ご同情に堪えません。
お力落としのこととは存じますが、皆々様にはご自愛の上、一日も早く再建にご尽力のほど、心からお祈り申し上げます。
　なお、及ばずながら私どももできる限りのご援助をいたす所存でございますので、何なりとお申し付けください。
まずはお見舞いまで。
草々

書き換え文例
「どうかお力落としなく、」

災害のことを知った経緯の後は、取り急ぎ見舞いの言葉を述べる

CHECK!
くどくどと慰めの言葉を述べるよりも、短くても真情のこもった文面を心がける

⇩メールに書き換え

宛先：000@000.00.jp
CC：
件名：火災のお見舞い

株式会社川崎物産
営業部　河道真治様

本日の新聞報道で貴社南地区営業所が全焼した旨を知り、
社員一同、大変驚いております。
貴社の皆々様はご無事でしょうか。

服部様にお伺いしたところでは、隣接ビルより類焼との
ことで、誠にご災難と申すほかありません。
弊社でできることがございましたら、
何なりとお申し付けください。

一日も早い再建を、心からお祈り申し上げます。

メールにて恐縮ですが、取り急ぎお見舞い申し上げます。

冒頭の挨拶は省くとはいえ、宛先はきちんと書く

覚えておきたいビジネス用語
旨→
物事の意味・主旨

書き換え文例
「貴社の皆々様のご安否いかがかと案じております。」

文書に比べてメールは簡略化した伝達手段なので、メールでのお見舞いを詫びる一文を入れる

土砂崩れの見舞状

急啓　このたびの土砂崩れによって、貴社南館が大破損したとのこと、心からお見舞い申し上げます。
新聞報道によりますと、南館の大部分が土砂に埋まり、使うことができない状態であるとの由、天災による被災とはいえ、さぞかしお力落としのこととご拝察しております。一日も早く復旧されますことをお祈り申し上げております。
なお、当社も微力ではございますが、できる限りのご支援をさせていただきたいと存じますので、何なりとお気軽にお申し付けください。
まずは取り急ぎお見舞い申し上げます。

草々

CHECK!

災害の事実を知ったら、すぐに書き送る。タイミングを外すと、見舞いの心が伝わらないばかりか、「今さら……」と相手の反感を買いかねない。出張などで投函が遅れた場合、その理由を率直に書いておこう

覚えておきたいビジネス用語

由→
聞いた話や知っていることの内容

心配や励ましの気持ちを、心を込めて書く

地震の見舞状

急啓　先ほどのテレビのニュースによりますと、南地区は地震に見舞われ、家屋の全壊や死傷事故など、被害が甚だしいとのこと、貴社のご安否いかがでございましょうか。ご被災のないことを心からお祈りいたしております。
報道以外、全く詳細が分からないため、社員一同大変心配をしております。さぞかしお取り込み中のこととご推察申し上げますが、できましたら状況をお知らせください。
なお、何かお役に立てることがございましたら、遠慮なくお申し付けください。社員一同心よりご無事をお祈りしております。
まずは取り急ぎ書中をもってお見舞い申し上げます。

草々

書き換え文例

「貴社の皆様の安否が大変気がかりです。」

通常は、相手の負担になるようなことは避けたい。ただし、被害が甚大な場合、詳細な被害状況が分からない場合などは、相手の心中を慮った上で安否を確認すること

書き換え文例

「まずは取り急ぎ書中にてお見舞いまで。」

ワンランクアップ！ 文書テクニック

被災見舞状は、被災状況を正確に把握することが重要。真偽の定かでない情報が書かれていると信用をなくしてしまうことも。

交通事故の見舞状

急啓　承りますれば貴専務取締役の大田様が交通事故に遭われてご入院の由、営業部の阿部様より伺い驚き入った次第でございます。その後のご経過はいかがでございましょうか。

お聞きしたところでは、大腿骨を骨折されたとのこと、一日も早いご回復を心からお祈り申し上げます。

後日、直接お見舞いに参上いたしますが、まずは略儀ながら書面をもってお見舞い申し上げます。

草々

突然の予期せぬ知らせへの見舞状では、頭語を省いたり「急啓」を用いる

事故に遭った本人が重傷の場合には、相手の家族か、先方の会社のしかるべき人宛てに見舞状を出すこと

事故を知った驚きと心配を書き、経過などを尋ねる

事故を後から知った場合の見舞状

前略　今朝一週間ぶりに出張から戻り出社しましたところ、貴兄が交通事故のため入院されたと知り、驚き入りました。存じ上げないこととは申し上げながら、お見舞いが遅くなり大変失礼いたしました。その後のご経過はいかがでございましょうか。

お仕事のこともいろいろ気がかりでしょうが、この際養生専一にお励みになり、一日も早く全快なさるようお祈りいたします。

なお、本日、別便にてささやかながらお見舞いの品をお送り申し上げました。ご受納くだされば幸いです。

まずは取り急ぎ、書面をもってお見舞いまで。

草々

覚えておきたいビジネス用語

専一→
他を顧みないで、あるひとつのことだけに専念する

事故後すぐに見舞状を出せなかった場合には、簡単な理由とともに、見舞いが遅れた非礼を詫びる

書き換え文例

「存じ上げなかったとはいえ、お見舞いが遅れましたことを深くお詫び申し上げます。」

書き換え文例

「早速お見舞いに参上したいところですが、お取り込み中かと存じますので、」

病気の近親者がいる取引先社長への見舞状

前略　承りますれば、母上様ご入院との由、突然のことで驚き入り案じております。その後のご病状はいかがでございましょうか。

教育財団の理事として何かとご多忙で、お疲れが重なり、また何十年ぶりとか申す今年の猛暑のため病を誘発されたのではないかと拝察いたしております。

どうか一日も早くご全快の日を迎えられますよう、心からお祈り申し上げます。

後日お見舞いに伺わせていただく所存ですが、まずは書中をもってお見舞いまで。

草々

CHECK!

先方のプライベートについては深く知らないのが普通だが、こうした見舞状では、先方の母上が何歳ぐらいでどんな生活をしているかを把握しておくことが必要

覚えておきたいビジネス用語

拝察→

「推察」の謙譲語

お見舞いに行った相手への病気見舞状

拝啓　木田社長が二週間前に手術をなされたとのこと、その後のご経過はいかがでしょうか。山田病院といえば、我が国で一、二を争う名外科医の田口医師が病院長を務めておられる病院、おそらく順調なご経過をたどられていらっしゃると存じます。

時節柄十分ご養生なさいまして、一日も早くご全快されることを心からお祈り申し上げます。

近日中にお見舞いに伺う所存でございますが、とりあえず書中をもって、お見舞いのみ申し上げます。

敬具

一度見舞いに行っていたり、すでに見舞状を送った上で改めて容態を尋ねたりする場合には、「拝啓」から書き始めてもよい。また、くどくどと慰めの言葉をつづるのではなく、励ましのニュアンスを強めに

災害や病気の見舞状ではビジネス上の用件には触れないこと

書き換え文例

「一日も早いご快癒を、心より祈念いたしております。」

ワンランクアップ! 文書テクニック

病気の見舞状では、「弱る」「散る」「終わる」「消える」「潰れる」などの言葉は忌み言葉なのでタブー。

盗難の見舞状

急啓　本日の夕刊によれば、昼間貴店が強盗の被害に遭われ、多額の金品を奪取されたとのこと、当社一同驚き、心からご同情申し上げております。

全くの災難と申すほかございませんが、社長はじめ社員の皆様には、くれぐれもお力落としなきようお祈り申し上げます。

なお、私どもでお役に立てることがございましたら、何なりとお申し付けくださ い。

まずは取り急ぎ書面をもってお見舞い申し上げます。

草々

書き換え文例
「予期せぬ災難に遭われ、社長はじめ社員の皆様のご無念は察するに余りあります。」

会社そのものが事故や災難にあった場合の見舞状では、同情の言葉とともに、先方の社長をはじめとする社員全員を気遣う言葉を添える

書き換え文例
「甚だ略儀ながら」

工場事故の見舞状

急啓　このたび貴社工事現場において予期せぬ災禍に遭遇されたとのこと、心からお見舞い申し上げます。

貴社では常々安全第一を心がけておられていただけに、皆様のご心痛はいかばかりかと拝察いたします。

皆様お取り込みでお疲れとは存じますが、くれぐれもご無理をなさいませんよう、ご自愛ください。

まずは取り急ぎ、書面にてお見舞い申し上げます。

草々

書き換え文例
「平素より安全管理には十分留意されていたことを存じ上げていただけに、」

覚えておきたいビジネス用語
災禍→
事故や天災によって受ける災い。思いがけない災難

励ますだけでなく、先方の社員たちの健康を気遣う一文を

挨拶をする

公的な意味合いが強いので、格式を重んじ儀礼的な表現を。

シチュエーション	開業・開店・創業、社屋・店舗の新築落成や移転、就任・転任・組織変更、役員交代など
目的	上記の案内をする際、日頃の愛顧に感謝し、一層の厚誼と協力を願うこと
ポイント	■頭語は常に「拝啓」か「謹啓」 ■主文の前半では通知や案内を、後半では変わらぬ支援などのお願いの言葉を ■末文に入る「今後とも一層の」などの挨拶は省略不可

NG文書を添削！

→転職の案内状

拝啓　新緑の候、皆様におかれましては益々ご健勝のこととお慶び申し上げます。

さて、私儀、このたび四月三十日をもちまして十五年間勤めました観月文具株式会社を円満退職しまして五月一日付でアル株式会社に入社いたしました。

観月文具株式会社在勤中は、公私共に格別のご厚情を賜り厚くお礼申し上げます。新たに勤務しますアル株式会社では、これまでの経験を生かして営業部の関東エリア統括部長を任せていただくことになっております。責任の大きい仕事に、これまで以上に努力する所存でございます。

何とぞ、今後も変わらぬご指導、ご鞭撻を賜りますようお願い申し上げます。

略儀ながら、書中をもちましてご挨拶申し上げます。

敬具

平成○年五月九日

新勤務先　アル株式会社
電話番号　○○-××××-△△△△
FAX番号　○○-△△△△-××××
東京都三鷹市中央○-○-○

これまでに受けた厚誼などに対するお礼を述べた上で、今後も変わりない付き合いを改めてお願いする文章を加える

前の職場をいつ退職し、いつから新しい会社で勤務するのかを正確に記す

最後に新しく勤務する会社の連絡先を明記しておくこと

➡開店の挨拶状

謹啓　初秋の候、皆々様にはますますご清祥のことと拝察申し上げます。
　さて、私事ではございますが、かねてより念願いたしておりましたシニア世代の女性に向けたブティック「ヨウコ」を左記に開店させていただくことになりました。これも偏に皆々様の温かいご指導のおかげであると、深く感謝しております。
　未熟者ではありますが、精一杯努力いたす所存でございます。何とぞ皆々様のご指導と、今後のお引き立てをお願いする次第でございます。

謹白

平成○年九月吉日

横場洋子

記

一　店名　ブティック「ヨウコ」
二　場所　東京都杉並区西荻窪○-○-○
三　電話　○○-××××-△△△△
四　開店日　平成○年十月十日午前十一時より

以上

挨拶関連文書では、頭語は「拝啓」か「謹啓」のどちらかにする（結語はそれぞれ「敬具」「謹白」）

書き換え文例

「今後はこれまでの経験を生かし、日々奮励してまいる所存でございます。」

CHECK!

改まった手紙では発信日を記入するのが常識だが、慶事などの場合は「吉日」とすることも多い

⇩メールに書き換え

宛先：000@000.00.jp
CC：
件名：開店のご挨拶
添付：boutique-yoko_map.jpg

白川繊維株式会社
商品部　三峰さと子様

いつもお世話になっております。

私事ではございますが、このたびかねてより念願いたしておりました
シニア世代の女性に向けたブティック「ヨウコ」を
下記に開店させていただくことになりました。

これも偏に皆々様の温かいご指導のおかげと、深く感謝しております。
未熟者ではありますが、精一杯努力してまいりますので
何とぞ皆々様のご指導と、今後のお引き立てをお願いいたします。

メールにて恐縮ではありますが、取り急ぎご挨拶申し上げます。

横場洋子

ブティック「ヨウコ」
東京都杉並区西荻窪○−○−○
電話　○○−××××−△△△△
平成○年10月10日午前11時より開店いたします
※別途地図を添付させていただきます。

件名は「開店のお知らせ」「開店について」などではなく、「挨拶」とする

普段付き合いのある相手については、略式の挨拶でもよい

覚えておきたいビジネス用語
偏に→
理由・条件・原因などがそのことに尽きることを示す

添付資料がある場合は、その旨を明記する。なお、英数字のタイトルにすると文字化けしにくい

ワンランクアップ！ 文書テクニック

開店の挨拶状には、開店（開業）日時・場所・業種・屋号（会社名）・代表者を記載するのが最低限の条件。

部下の独立を支援する挨拶状

拝啓　初秋の候、ますますご清栄のこととお慶び申し上げます。
　さて、今日まで当社で取締役営業本部長として活躍しておりました田中一郎君が、九月一日付で円満退社いたしまして新たに田中商事を設立し、独立いたすことに相成りました。業務の内容や皆様へのお願いにつきましては、後日本人がお伺いしご案内申し上げます。本人に対し、皆様方の温かいご協力を賜りますよう心からお願い申し上げます。
　また、事業について不審な点がございましたら、ご指摘、ご指導賜りますよう重ねてお願い申し上げまして、田中一郎君の独立に伴う挨拶とさせていただきます。

敬具

平成〇年九月二十日

東明産業株式会社
取締役会長　榎田順次

CHECK!

従来の勤務先の上司に挨拶状を書いてもらう場合、一般には独立した本人が上司に願い出て発送してもらい、費用は本人が負担する

書き換え文例

「このたび〇〇を目的とする会社を設立する運びとなりました。〇〇株式会社において培いました経験を糧に、皆々様方にご満足いただける事業ができますよう、全力を傾注する覚悟でございます。今後ともより一層、」
（本人が挨拶状を送る場合）

支社開設の挨拶状

拝啓　陽春の候、ますますご清栄のこととお慶び申し上げます。平素は格別のお引き立てをいただき、厚くお礼申し上げます。
　さて、このたび弊社では、来たる五月一日より島根県松江市に山陰支社を開設する運びとなりましたので、ご案内申し上げます。支社開設より、今までご不便をかけていた同地域の皆様に、迅速かつ行き届いたサービスができるようになると考えております。これも偏に皆々様の温かいご支援のおかげと、社員一同心から感謝申し上げます。
　つきましては、従前以上のご用命、ご愛顧を賜りますようお願い申し上げます。
　まずは書中をもってご挨拶かたがたご案内申し上げます。

敬具

記

株式会社南川商事　山陰支社
所在地　島根県松江市中央〇-〇-〇（別紙地図をご参照ください）
電話番号　〇〇〇〇-××-△△△
業務開始日　平成〇年五月一日午前九時
支社長　小堀治夫

以上

書き換え文例

「何とぞ旧に倍しますご指導とご厚誼を」

支社・営業所開設による相手側のメリットについても、簡潔に述べる

CHECK!

支社・営業所の開設挨拶は事前の通知が必須。礼を失することのないよう、丁寧な文章に

所在地などは別記にする。代表者氏名も忘れずに

事務所移転の挨拶状

CHECK!

より儀礼的な印象を与えるため、挨拶文では「交誼」「厚誼」など常用漢字以外の文字を使用する場合も少なくない。この文章でも「ひとえに」を「偏に」、「おかげ」を「御蔭」と書き換えているが、礼儀に適った印象になっているのであれば、平仮名のやさしい表現にしても問題はない

書き換え文例

「新事務所は新宿駅西口より徒歩三分の立地ですので、以前よりも何かとご便宜を図ることができる上、広さも増して、」

拝啓　陽春の候、ますますご清祥のこととお慶び申し上げます。平素は格段のお引き立てを賜り、誠にありがたく厚くお礼申し上げます。

さて、このたび弊社は従来の浜町事務所から新宿に移転し、五月一日より営業を始めることとなりました。

今までの事務所では手狭のため、皆様に多大のご迷惑をおかけいたしましたが、新事務所は広く、皆様のご来訪にも十分応対できるようになりました。これも偏に皆様のご協力の御蔭と深く感謝いたしております。

今後も社員一同、心を合わせて皆様にご満足いただけますようサービス第一で頑張ってまいります。何とぞ倍旧のごひいきを賜りますようお願い申し上げます。

右、取り急ぎ事務所移転のご案内をさせていただきます。

敬具

クラウドデザイン事務所
代表取締役　三谷哲児

ディール出版株式会社
編集部御一同様

記

所在地　新宿区西新宿○-○-○
電話　○○-××××-△△△△
※ファクス番号は従来通りです。

以上

最後に電話やFAX番号の変更の有無を添える

ワンランクアップ! 文書テクニック

事務所移転の挨拶状は、改装や改築の挨拶状にも応用できる。その際には、改装（築）している旨の文、そのために顧客に迷惑をかけることへのお詫びの一文を記載する。

社屋移転の挨拶状

謹啓　新涼の候、ますますご隆盛のことと拝察申し上げます。

平素は格段のご高配を賜わり厚くお礼申し上げます。

さて、このたび弊社は業務拡大に伴う人員増加により、大久保駅北口に新築されましたトミービル七階に移転し、来たる十月一日より営業を開始いたす運びとなりました。

新社屋は職安通りに面したビジネス街にあり、交通の便も従前にも増してよくなりました。これも偏に今日までの皆様の温かいご教導のおかげであり、社員一同心から感謝申し上げます。

新社屋への移転を機に、皆様のご要望にお応えできるよう社員一同今後も奮励努力してまいりますので、倍旧のご愛顧を賜りますよう伏してお願い申し上げます。

まずは移転のご挨拶まで。

謹白

記

営業開始日　平成○年十月一日

住所　東京都新宿区北新宿○-○-○ トミービル七階

電話　○○-××××-△△△△

※ご来社の際は、別紙の案内図をご参照ください。

以上

覚えておきたいビジネス用語
奮励→
気力を奮い起こして努め励む

移転の理由と移転先の紹介を、それぞれ簡潔に記すとよい

社屋移転とはそのこと自体が事業の発展・拡大を表す。絶好のPRの機会だが、あからさまな自賛の表現は避けたい

覚えておきたいビジネス用語
伏して→
くれぐれも。慎んで

改装完了後の業務再開の挨拶状

謹啓　晩秋の候、皆々様にはますますご清栄のこととお慶び申し上げます。

平素はひとかたならぬご厚情を賜り厚くお礼申し上げます。

さて、弊社ではショールーム内を改装しておりましたが、このほど改装が完了いたし、来たる十一月十五日より営業を再開させていただきます。改装中は何かとご不便をおかけいたしましたこと、深くお詫び申し上げます。

ショールーム改装を機に社員一同、さらなるサービス向上に専心してまいります。

今後も変わらぬご支援を賜りますよう、心よりお願い申し上げます。

まずはご挨拶まで。

謹白

CHECK!
業務再開の挨拶状では、改装などで業務を休止していたことへのお詫びを必ず入れる

営業開始日を忘れずに入れる

書き換え文例
「気持ちを新たに業務に邁進していく所存でございます。」

創立記念の挨拶状

書き換え文例

「今回の記念を機にさらなる努力を傾注し、なお一層皆様のご芳情にお応えしていく所存でございます。」

創立記念を迎えたという報告の後、改めて関係者へこれまでの感謝を述べる

拝啓　春陽のみぎり、貴社におかれましてはますますご清祥のこととお慶び申し上げます。平素は格別のお引き立てに預かり、誠にありがとうございます。

さて、弊社は平成○年四月二十日をもちまして、創立三十周年を迎えることとなりました。これも偏に皆様方のご支援とご指導の賜物と、心より感謝しております。

これを機に、今一度創業精神に立ち返り、社業に邁進すべく、社員一同気持ちを新たにしております。つきましては、心ばかりの記念の粗品を別便にてお送りさせていただきました。何とぞご受納くださいますようお願いいたします。

今後とも倍旧のお引き立てを賜りますよう、お願い申し上げます。

まずは略儀ながら書中をもちましてお礼かたがたご挨拶申し上げます。

敬具

平成○年四月二十二日

株式会社ロットージャパン
代表取締役　北栄治

ワールド印刷株式会社
代表取締役　福田幸之助様

「いつ」をもって「創立何周年を迎えるのか」を必ず書く

覚えておきたいビジネス用語

賜物→
恩恵や祝福として与えられたもの

ワンランクアップ! 文書テクニック

宣伝文は控えたいが、どうしても入れたい場合には顧客や取引先のメリットを記すようにする。

業務提携の挨拶状

拝啓　時下ますますご盛隆のこととお慶び申し上げます。

平素は格別のご愛顧に預かり、謹んでお礼申し上げます。

さて、このたび弊社は、独自の栽培方法とシステムで新鮮な有機野菜を多く生産するフレッシュファーマー組合と、業務提携を結ぶことになりました。これにより、さらに安全でおいしい食品を、消費者の皆様にお届けすることができると確信いたしております。

どうぞ今後の商品にご期待いただきますとともに、今後ともさらなるご愛顧を賜りますようお願い申し上げます。

まずは書中にて、業務提携のご挨拶を申し上げます。

敬具

頭語の後には季節の挨拶を入れるのが基本だが、季節を問わない「時下（もしくは当節）」という言葉で済ませることも多い

CHECK！

業務提携によってどんなメリットが得られるのか、取引先や顧客の目線から伝える

書き換え文例

「このたびの業務提携は食品業界に一石を投じるとともに、より消費者の皆様の目線に立った商品開発が進むものと自負しております。」

提携する会社名を簡単な実績などとともに記す

営業所閉鎖の挨拶状

謹啓　新緑の候、ますますご清栄のこととお慶び申し上げます。平素は格別のお引き立てをいただき、誠にありがとうございます。

さて、このたびは弊社での組織改変に伴い、北日本営業所を平成○年三月三十一日をもって閉鎖することに相成りました。長年にわたり皆様より賜りましたご厚情に対し、心よりのお礼を申し上げます。

なお、同営業所の業務は北関東営業所が引き継ぎ、皆様のご便宜を図らせていただきます。皆様にはご迷惑をおかけすることを心からお詫び申し上げますとともに、今後も一層のご教示を賜りますよう、お願い申し上げます。

まずは略儀ながら、書面をもってご報告かたがたご挨拶申し上げます。

謹白

閉鎖理由については深く述べる必要はなく、「組織改変」「経営合理化」などといった表現にとどめておく

CHECK！

「いつ閉鎖するのか」→「長年にわたるお付き合いへの感謝」→「業務の引き継ぎ先」→「閉鎖によって不便をかけることへのお詫び」→「今後の支援のお願い」という流れで文章を組み立てる

覚えておきたい ビジネス用語

相成る→

「なる」の改まった表現

➡定年退職の挨拶状

拝啓　残暑の候、いよいよご清栄のこととお慶び申し上げます。

さて、私こと七月三十一日をもちまして株式会社ユウリョウ興行を定年退職いたしました。入社以来四十二年の長きにわたり勤めさせていただくことができましたのも、偏に皆様方のご指導とご厚誼の賜物と感謝の気持ちで一杯でございます。心からお礼申し上げます。

しばらくの間はゆっくりと身体を休めながら、妻とともに各地への旅行を楽しんでみようと考えております。どうか今後も、変わらぬご厚誼を賜りますようお願い申し上げます。

末筆ではございますが、皆様のご健勝とご多幸のほどお祈り申し上げ、お礼と退職のご挨拶を申し上げます。

敬具

平成○年八月十日

中村一樹

退職したとはいえ、今後の厚誼を願う一文を添える

退職した会社名はもちろん、退職した日付と在職期間も記す

CHECK！

形式を重んじる場合には、「さて、私こと」「さて、私儀」を行の下に置くことも多い

書き換え文例

「今後は幸いなことに再就職先も決まっており、気持ちも新たに仕事に取り組んでゆく予定でございます。」

➡廃業の挨拶状

拝啓　浅春のみぎり、貴社におかれましてはますますご盛業のこととお慶び申し上げます。日頃よりひとかたならぬお引き立てに預かり、厚くお礼申し上げます。

さて、弊社は一九七二年の創業以来、皆様にご愛顧いただき営業を続けてまいりましたが、各般の事情により、二〇一二年三月三十一日をもちまして廃業いたすことになりました。長年にわたり皆様に賜りましたご厚情に対し、衷心より感謝申し上げます。

本来ならば参上して申し上げるべきところではございますが、略儀ながら書中をもちましてご挨拶申し上げます。

敬具

二〇一二年三月一五日

株式会社エイソー
代表取締役　永井順次

いつをもって廃業となるのかを必ず明記。廃業報告の後は、改めてこれまでの厚情への感謝を述べる

覚えておきたいビジネス用語

盛業→
事業や商売が盛んなさま

廃業するとはいえ、日頃の感謝の挨拶は略してはならない

書き換え文例

「諸般の事情を鑑みた結果、」

覚えておきたいビジネス用語

衷心→
心の中、心の底

ワンランクアップ！　文書テクニック

廃業となると積年の思いがあるだろうが、なるべく感情的にならないように。具体的な原因などにも触れず、事務的かつ冷静な文章にするとよい。

組織変更の挨拶状

拝啓　晩秋の候、ますますご清栄のこととお慶び申し上げます。平素は格別のお引き立てを賜り、ありがたくお礼申し上げます。

さて、このたび弊社では、経営活動のより一層の効率化と組織の合理化による迅速な業務のシステム化を図るため、別紙の通り経営管理システムを改正するとともに、これに伴う担当責任者を決定させていただきました。

つきましては、社業の発展を期すべく、社員一丸となって一層の努力をいたす所存でございます。今後も何とぞ格段のご指導を賜りますよう、心からお願い申し上げます。

まずは略儀ながら、書面をもって挨拶に代えさせていただきます。

敬具

平成○年十一月六日

システムコパン株式会社
代表取締役社長　山内宗徳

変更事項は本文中に記載してもかまわないが、通常は併記するケースが多い。組織変更の実効日も、忘れずに記載すること

CHECK!

組織形態の変更を通知する場合、従来の組織形態と新組織形態の違いなどが明確に分かるよう、整理して記載する。分かりにくい場合は、図表化するとよい

書き換え文例

「ご登録のご変更などご面倒をおかけする面もあるかと存じますが、ご理解いただき、」

組織変更の挨拶状は、企業や組織の最高責任者名で送付する

担当者交替の挨拶状

拝啓　春まだ浅き折、ますますご隆昌のこととお慶び申し上げます。日頃より格別のお引き立てをいただき、誠にありがとうございます。

さて、私こと今般の人事異動により、三月十日より経営企画室での勤務となりました。旧職在任中はひとかたならぬご厚誼に預かり、心よりお礼申し上げます。

今後は青山一郎という者が御社を担当させていただきます。同人はこれまでマーケティング部に所属しており、業界内外の動向や消費者の志向に精通しております。必ずや御社のお役に立てると存じますので、引き続きよろしくお願い申し上げます。

近日中に青山本人がご挨拶に伺うとは思いますが、まずは書面にて担当者交替のご挨拶を申し上げます。

敬具

新担当者名と、その人が好印象になるような情報を一緒に紹介する

覚えておきたい ビジネス用語

今般→
このたび。今回。今度

「担当者交替の理由（簡単で可）」「いつ交替か」「今後の職責」などを忘れずに記す

書面だけでなく、必ず対面して挨拶すること

ワンランクアップ！ 文書テクニック

組織変更の挨拶状とは、顧客や関係先など特定の相手へ出すもの。送付先が多い場合には、封書ではなくはがきでもかまわない。いずれの場合も必要な用件を中心に書き、くどい言い回しにならないよう心がけたい。

社名変更の挨拶状

拝啓　時下ますますご清栄のこととお慶び申し上げます。開業以来今日まで、大過なく順調に歩んで来られましたのも、偏に皆様のご愛顧とご指導のおかげであり、厚くお礼申し上げます。

さて、当社開発の経営管理ソフト通称「SK」は皆様に広くご活用いただいておりますが、会社名はシステムライフ、通称「SL」であるため、これまで何かとご迷惑をおかけしてまいりました。

このたび社内で協議の結果、十月一日より会社名を「SL」から「SK開発」に改称いたす運びとなりました。

今後は、ご記憶も新たにしていただきまして、倍旧のご支援を賜りますようお願い申し上げます。

取り急ぎ社名変更のご挨拶とさせていただきます。

敬具

平成〇年九月吉日

旧社名　株式会社SL
新社名　株式会社SK開発
代表取締役　柳田良一

覚えておきたいビジネス用語
大過→
大きな過ちや失敗

CHECK!
社名変更の場合はその理由を説明するのが通例だが、公表すると会社にとって不利益となる場合は記載しなくてもよい

書き換え文例
「皆様におかれましてはご不便をおかけすることになり、誠に恐縮ではございますが、何とぞご理解いただくとともに、今後も」
「これを機に社員一同初心に返り、より便利で使いやすいシステム開発に邁進する所存でございます。今後とも、」

新旧の会社名は、しっかり分かるように表示する

役員異動の挨拶状

拝啓　新涼の候、ますますご清適の由、何よりと存じます。平素は格別のご愛顧を賜り、深く感謝申し上げます。

さて、このたび九月十二日に当社取締役会を開催し、経営管理体制を一層強化するため、併記の通り組織機構の変更並びに役職員の一部異動を決定させていただきました。

今後とも役職員一同社業の発展に粉骨砕身の努力をしてまいりますので、一層のご高配を賜りますよう、ご挨拶かたがたお願い申し上げます。

敬具

平成〇年九月十五日

山野工業株式会社
取締役社長　川辺紀夫

記

一、組織機構の変更
（新組織）　（旧組織）
製品管理部　営業部
販売管理部

二、役職員の異動
製品管理部長　大川吾朗（営業部長）
販売管理部長　下田道夫（営業部次長）

以上

「全力を挙げて社業に努める所存でございますので」

覚えておきたいビジネス用語
清適→
心身が清々しく、安らかなこと

覚えておきたいビジネス用語
粉骨砕身→
力の限り懸命に働くこと

CHECK!
変更事項を説明する場合は、必ず変更前と変更後の記載を入れる。役員異動については、前役職も記すなど、ひと目で分かる書き方にする

➡支社長就任の挨拶状

謹啓　時下ますますご清祥のことと拝察申し上げます。
さて、このたび私こと八月二十五日付をもって、名古屋支社長に就任いたすことに相成りました。私にとっては身に余る重責ではございますが、東京支社での経験を生かし、精一杯の努力をしてまいる所存でございます。前任者の三上同様にご指導、ご鞭撻を賜りますよう、何とぞよろしくお願いいたします。
まずは書面にて、新任ご挨拶とさせていただきます。

謹白

平成〇年八月二十六日

東京産業株式会社名古屋支社
支社長　相良亮平

覚えておきたいビジネス用語
重責→
重大な責任

書き換え文例
「右略儀ながら、」

就任の挨拶状のポイントは、「謙虚な姿勢を示す」「就任後の仕事に対する抱負を入れる」「取引先や関係者に新任務に対する支援や協力を願う」の3つ

CHECK!
就任の挨拶状は、前任者の退任挨拶状とともに送付するのが原則

➡退任の挨拶状

謹啓　残暑厳しき折、皆々様にはますますご清祥のこととお慶び申し上げます。
さてこのたび、私儀八月二十五日付をもって名古屋支社長を退任し、東京支社長へ転任することとなりました。在任中はひとかたならぬご厚情をいただき、心よりお礼申し上げます。
なお、後任支社長には相良亮平が就任いたしますので、私同様よろしくご指導、ご鞭撻を賜りますよう伏してお願い申し上げます。
まずは略儀ながら、書面にてご挨拶申し上げます。

謹白

平成〇年八月二十六日

東京産業株式会社東京支社
支社長　三上直人

後任者の紹介と、変わらぬ付き合いをお願いする

覚えておきたいビジネス用語
ひとかたならぬ→
普通ではないさま

書き換え文例
「近日中に相良がご挨拶に伺うこととは存じますが、まずは」

前任者の退任挨拶状は、上記の就任挨拶状と一緒に送付する。退任後の任務や役職について記すとともに、在任中の感謝の意を伝える

転任の挨拶状

CHECK!

時候や相手の安否を尋ねる挨拶は丁寧にする一方、自分の安否には触れないのが通例

覚えておきたいビジネス用語

拝眉→
「人に会うこと」の謙譲語

書き換え文例

「拝顔の上ご挨拶」

拝啓　陽春の候、皆々様にはますますご清栄のこととお慶び申し上げます。

さて、私こと四月一日付で弊社福井本社営業部へ転任する運びとなりました。東京支社在勤中は公私にわたり、いろいろとお世話になりましたことを心からお礼申し上げます。

本来ならば拝眉の上、お礼申し上げるべきところでございますが、急きょこちらにまいり、心ならずも失礼いたしましたことをお詫び申し上げます。

今後も微力ではありますが、本社にて新たなる職務に精一杯の努力を傾注してまいる所存ですので、今後ますますのご愛顧を賜りますよう伏してお願い申し上げます。

まずは略儀ながら、書中にてご挨拶申し上げます。

敬具

平成○年四月吉日

エース薬品株式会社
営業部　合田健三

淡々物流株式会社
総務部　野鹿望様

謙虚な姿勢で新任地での抱負や取り組みについて述べた上で、今後の支援などをお願いする

書き換え文例

「在勤中は並々ならぬご厚情を賜り、深く感謝しております。」

「いつから」「どこへ行き」「どのような職務につくのか」を忘れずに記す

ワンランクアップ! 文書テクニック

転勤・転任の場合、突然の辞令で異動になるケースが多いので、相手に出向いて挨拶できないことも。そうした場合の挨拶状では、直接挨拶ができなかったことに対するお詫びの言葉を添えた上で、できるだけ早く送付する。

お礼をする

お祝いや心遣いの行為を受けたらすぐに送付する。

シチュエーション	出張先でお世話になったこと、お歳暮やお中元、催し物などへの出席、見舞状など、相手から受けた心遣いや親切に対して感謝を伝えるケース
目的	相手の尽力への喜びや感謝の気持ちを素直に伝え、今後のさらなる厚誼をお願いすること
ポイント	■相手からの心遣いを受けたらすぐに出す ■礼儀や形式に則りつつも儀礼文に終始しない ■自分の印象などを加えて心を込めた文章に

NG文書を添削!

お歳暮への礼状

拝啓　年末ご多忙の折柄、ますますご隆昌のこととお慶び申し上げます。平素は格別のご高配を賜り、厚くお礼申し上げます。

さて、~~昨日~~本日は結構なお歳暮の品を賜り、誠にありがとうございます。~~粋な計らいをさらっとこなす坪倉社長のお姿には、毎度恐れ入るばかりです。~~毎年のご芳志に恐縮するとともに、心よりお礼申し上げます。

弊社は皆様のご厚志にお応えすべく、社業に全力を注いでまいりますので、今後とも変わらぬご厚誼のほどよろしくお願い申し上げます。~~一月からの納期スケジュールについては、改めてご相談させてください。~~

今年もあとわずかとなりましたが、来年も貴社がご繁栄されることをご祈念申し上げます。

まずは略儀ながら、書中をもちましてお礼申し上げます。

敬具

平成○年十二月~~吉日~~二十日

謝意や挨拶以外のことは、たとえ仕事の話であっても触れないこと

礼状は厚情を受けたらすぐに出すのが基本。「本日は」「このたびは」などに書き換える

あまり親しくない関係者や、目上の相手に対しては、なれなれしい表現は避けたい

発信日はお歳暮が届いた日を記す

出張先への礼状

謹啓　時下ますますご清祥のこととお慶び申し上げます。

さて、先般貴社に出張させていただいた節には、ご多用中にもかかわらずご丁寧なご教導を賜りましたこと、心からお礼申し上げます。

また、各部署のご担当の皆様とのご懇談の機会をいただき、短期間の出張にもかかわらず、大きな成果を上げさせていただきました。これは偏に西郷課長のひとかたならぬご厚情のおかげであり、重ねてお礼申し上げます。

帰社後、当社営業部長の橋本に出張報告をいたしましたところ、一刻も早くお礼申し上げてほしいとのことでした。

どうぞ今後とも、よろしくご指導を賜りますようお願い申し上げます。まずは取り急ぎお礼まで申し上げます。

謹白

平成○年9月10日

株式会社セブンスヘブン
商品部　竹中幸喜

相手の示してくれた心遣いなどについて、具体的に触れる

覚えておきたいビジネス用語
先般→
先頃、この間、過日

覚えておきたいビジネス用語
教導→
教え導くこと

帰社後、出張報告書を上司に提出するタイミングで礼状を出すこと

⇩メールに書き換え

宛先：000@000.00.jp
CC：
件名：出張時のお礼

英和システム株式会社
営業部課長　西郷光弘様

平素は大変お世話になっております。

貴社に出張させていただいた際は、
お忙しい中ご丁寧に対応していただき、
誠にありがとうございました。

また、各部署のご担当の皆様とのご懇談の機会をいただき、
短期間の出張にもかかわらず、
大きな成果を上げさせていただきました。

これも偏に西郷課長のご厚情のおかげと、
深く感謝いたしております。

帰社後、営業部長の橋本に出張報告をしましたところ、
一刻も早くお礼申し上げてほしいとのことでした。

どうぞ今後とも、変わらぬご厚誼をお願い申し上げます。
メールにて恐縮ですが、取り急ぎお礼までお伝えいたします。

書き換え文例
「先ほどはご多忙中にもかかわらずご面談を賜りまして、」
（面談への礼状の場合）

話題が変わるときは、1行空けると読みやすい。特に強く伝えたい内容のときにも有効なテクニック

ワンランクアップ！ 文書テクニック

ビジネス社会では、この種の礼状をきちんと出せるかどうかが、信用や取引、本人の印象などに大きな影響を与える。出張に限らず面談や面接時など、相手が時間を割いてくれたときには、短文でもよいのでこまめに出すようにしたい。

接待に対する礼状

拝啓　日増しに暑さが厳しくなってまいりましたが、ますますご清祥のこととお慶び申し上げます。

さて過日は、ご多用中にもかかわらず私どもをお招きいただき、過分のおもてなしを賜わりましたこと、厚くお礼申し上げます。

素晴らしい景観をみながら活魚料理の味を十分に賞味することができ、大変感激しております。

また、それにもまして木戸社長を始め、関係者の方々とじっくりと懇談させていただきましたことを、心から感謝しております。引き続き下半期に向けて、ご指導ご鞭撻を賜りますようお願い申し上げます。

暑さもますます厳しくなってまいりますので、くれぐれも健康に留意され、ご活躍されますようお祈り申し上げます。

まずは取り急ぎお礼までお伝えいたします。

敬具

覚えておきたいビジネス用語

過分→
分を過ぎた扱いを受けること。謙遜しながら感謝を伝える言葉

CHECK!
接待内容や接待中の心遣いへの礼を、くどくなりすぎないように注意しながら、丁寧に伝える

接待はあくまでビジネスの一環。接待内容もさることながら、ビジネスとしての成果に留意した書き方を心がけたい

入金受領の礼状

拝啓　時下ますますご繁栄のこととお慶び申し上げます。

さて、過日ご納品させていただきました会社案内の編集印刷費用を早速お送りいただき、心からお礼申し上げます。

ただちに記帳の上、領収書を同封いたしましたので、ご査収賜れば幸いに存じます。

今後も当社でお手伝いできることがございましたら、一報賜りたくお願い申し上げます。

取り急ぎ、入金受領のお知らせとお礼まで。

敬具

文章の構成は、「安否の確認や日頃の厚情への感謝」＋「入金・送金の内容」＋「今後の厚情へのお願い」

書き換え文例
「つきましては、ここに領収書同封の上ご送付いたしますので、ご査収くださいますようお願い申し上げます。」

取引先紹介への礼状

拝啓　時下いよいよご隆盛の趣、大慶至極に存じ上げます。

　さて、このたびは株式会社恵比寿製造様をご紹介いただきましたこと、心から感謝申し上げます。

　貴社には平素格別のご厚誼を賜っております上にこのようなご高配を賜りましたこと、厚くお礼申し上げます。

　ご高配により、株式会社恵比寿製造様より大量のお仕事をいただくようになりました。今後は社を上げて全力を傾注し、貴社にご迷惑のかからぬよう努力してまいる所存でございます。

　いずれ改めてご挨拶にお伺いしますが、取り急ぎ書面にてご報告とお礼に代えさせていただきます。

敬具

相手の便宜によって、どのように事が進展したかを記す。逆に、うまくいかなかったとしても礼状は出すこと

覚えておきたいビジネス用語

趣→
聞き及んだ事情。様子。「おもむき」と読む

覚えておきたいビジネス用語

大慶至極→
この上ない大きな喜び

書き換え文例

「大変残念ながら、今回は私の力が及ばず貴意を得ることはできませんでしたが、先方からは今後の交誼のお約束を賜り感謝しております。」
(うまくいかなかった場合)

書き換え文例

「かかるうえは、○○様のお名前を汚さぬご対応をさせていただく」

就職先紹介への礼状

謹啓　錦秋の候、貴殿におかれましてはますますご活躍のこととご拝察申し上げます。

　さてこのたびは、私の就職に際しまして格別のお力添えをいただき、誠にありがとうございました。

　おかげをもちまして、本日、株式会社レノン様より採用内定の通知をいただくことができました。先のみえぬ経済不況の中、第一希望の企業から内定をいただけるとは、偏に佐々木様のお力添えによるものと心より感謝いたしております。

　今後は佐々木様の名に恥じぬよう、仕事に邁進してまいる所存でございます。

　引き続き、ご指導、ご鞭撻のほどお願い申し上げます。

　略儀ながら、まずは書中にてお礼申し上げます。

謹白

「紹介してくれた企業だから名前は分かっているはず」などとは考えず、会社名はきちんと記す

書き換え文例

「お骨折りいただき、」

書き換え文例

「結果は不採用とのことでした。佐々木様のご推薦をいただきながらこのような結果となり、誠に心苦しく存じております。今後は佐々木様のご恩に報いることができますよう、精進してまいります。」
(うまくいかなかった場合)

ワンランクアップ! 文書テクニック

紹介された相手と「いつ、どこで、何を話し、どのような結果になったのか」という事の顛末を報告することは、相手の骨折りに対する最低限のマナーである。

前任地の上司への礼状

謹啓　初冬の候、ますますご隆昌のこととご推察申し上げます。

さて、福岡本社に勤務中は橋本部長には公私にわたり格段のご高配を賜り、また懇切丁寧なご教導を賜りましたこと、心から感謝申し上げます。

おかげさまで、今まで得ることができなかった貴重な経験を積むことができました。これも偏に橋本部長を始め、営業部の皆様の温かいご指導の賜物と、深く感謝しております。

今後は、本社の会議などで再びお会いすることもあろうかと存じます。その節は、従来通りのご高配を賜りますれば幸いです。

今年は例年に増して寒さも厳しいようですが、くれぐれも健康に留意されご活躍のほど祈念しております。

謹白

前文に、「福岡本社で得た経験を生かし、東京支社でも精一杯励んでまいる覚悟でございます」という一文を添えるとより丁寧

CHECK!

転任・転勤後は何かと慌ただしいが、落ち着いたら前職場の上司へ感謝を伝えよう。

個人的な意味合いの強い礼状なので、相手の活躍だけでなく、健康について祈る気持ちも入れるとよい

海外出張帰社後の礼状

拝啓　時下いよいよご清栄のこととお慶び申し上げます。

その後皆様はいかがお過ごしでしょうか。

さて、このたびのアメリカ出張に際しましては、多大なるご厚誼を賜りましたこと、心から感謝申し上げます。また、お世話になった上に大きなお仕事をいただき、厚くお礼申し上げます。

おかげさまで予想以上の高成果を手土産に、昨日無事に帰国することができました。

早速、いただきましたお仕事について鈴木部長に申し伝えたところ、山田様にくれぐれもよろしくと大変喜んでおりました。

今後ともご指導、ご支援を賜りますようよろしくお願い申し上げます。

末筆ですが、貴社の今後ますますのご繁栄と皆様のご多幸を心よりお祈り申し上げます。

敬具

覚えておきたいビジネス用語

末筆→
特に手紙の末尾に記す文章

海外出張など長期でお世話になった場合は、通り一辺倒の礼だけでなく、世話になった人の安否やその後の様子を尋ねる文面に

書き換え文例

「ご多用中にもかかわらず、ひとかたならぬおもてなしに預かり、」

台風見舞いへの礼状

拝啓　時下ますますご清栄のこととお慶び申し上げます。

このたびの台風災害に際しましては、貴社挙げての温かいお見舞いを賜りましたことを心からお礼申し上げます。

幸いにも、弊社倉庫の冠水はその後の順調な復旧にも助けられ、被害もごく少ないものにとどめることができました。

おかげさまで一両日中には業務再開の予定でございますので、他事ながらご放念のほどお願い申し上げます。

まずは、略儀ながらご報告とお礼申し上げます。

敬具

状況説明をする際は、できるだけ相手を心配させないように努める

覚えておきたいビジネス用語
他事→
その人に関係のないこと

覚えておきたいビジネス用語
放念→
気にかけないこと。心配しないこと

CHECK!
かつては見舞いの礼状をはがきで出すことは失礼とされていたが、今日では祝賀状などの返礼以外ははがきでもよいとされる。それよりも早く出すことが先決

火事見舞いへの礼状

拝復　このたびはご丁重なお見舞いを賜り、心からお礼申し上げます。社員一同どれだけ励みになったことか、言葉に尽くせません。

不審火による火災でございましたが、幸い発見が早く、本社の全焼は免れました。また、工場や倉庫への延焼が防げたことがせめてもの慰めです。

復旧作業に手間取り、お返事が遅くなってしまったことをお詫び申し上げます。

まずは、お礼かたがたご一報まで。

敬具

書き換え文例
「大変ご心配をおかけした上に、ご厚情溢れるお見舞いまでいただきまして、恐縮の限りでございます。」

相手の厚意へのお礼は、気持ちを込めて伝える

返事が遅くなってしまった場合は、簡単な理由とともにお詫びの言葉を添える

ワンランクアップ！ 文書テクニック

見舞状に対する礼状では、「見舞状をもらって本当にありがたかった」という気持ちが伝わるように書き方を工夫する。見舞状を出してくれた本人だけでなく、その家族や会社に対しても感謝の気持ちを表す。

地震見舞いへの礼状

拝復　このたびの地震災害におきましては、早速にお見舞状を賜り、また温かいご援助をいただきましたこと心から感謝申し上げます。

震度6強という激震は誠に凄まじいものではございましたが、弊社は東海地震に備えて多少訓練も実施しておりましたので、ほとんど被害や怪我人を出さずに済みました。

また、弊社社員家族につきましてもひとりの怪我人もなく、社宅周辺の後片付けに奮闘中でございます。

以上のような現況でございますので、ご休心いただきますようお願い申し上げます。

敬具

CHECK!

返信文書の場合、頭語に「拝復」「復啓」を用いることも多い。結語は「敬具」

援助金や援助物資などをもらった場合には、そのお礼と物資の使用状況などについても具体的に記す

安否や被害状況については必ず書くべきだが、災害時の苦労や心境を長々と書くと、かえって相手に心配をかけてしまうので注意

覚えておきたいビジネス用語

休心→
心を休めること。安心。

病気見舞いへの礼状

復啓　ご丁重なるお見舞いのお手紙を大変うれしく拝見させていただきました。ご心配をおかけいたしましたこと、心からお詫び申し上げます。それとともに、お見舞いのお品を賜りましたことを心より感謝申し上げます。

運転を始めて30年におよびます小生にとってもおそろしい初体験で、一時期は動転いたしましたが、おかげさまで軽いむち打ち症だけで1週間ほどの入院で済みました。昨日から職務に復帰いたしております。

いずれ改めて貴社へお礼のご挨拶に参上させていただきますが、とりあえず書面にてお礼のご挨拶を申し上げます。

敬具

CHECK!

病気などの見舞いに対する礼状は、退院間近もしくは床上げのときなどに、快気祝いを兼ねて送るのが一般的

一般の手紙形式でもよいが、頭語や結語を省いて主文から始めてもよいとされている

書き換え文例

「あと３日ほどで退院し、来月より復職できる見通しとなりました。」（復職予定を伝える場合）

➡祝賀会出席への礼状

覚えておきたいビジネス用語
仰ぐ→
（教えや援助などを）求める。請う

書き換え文例
「ご繁忙中にもかかわらず、当社の開業記念祝賀会にご来臨賜りまして、」

頭語や時候の挨拶などは、必ず入れる。祝い状をもらった相手への頭語は「拝復」「復啓」でもよい

拝啓　風薫る候、いよいよご清祥の趣お喜び申し上げます。
さて、このたびはお忙しい中、小社創立十周年記念祝賀会にご出席いただきまして、誠にありがとうございました。祝賀状までいただきまして、社員一同今後の励みになると大変喜んでおります。
昨今のような経済状況の中で、弊社が着実に社歴を築くことができましたのも、偏に皆様方のご愛顧とご教示のおかげと、社員一同心より感謝している次第です。
何分にも経験も浅く微力でありますゆえ、今後も皆様にご指導を仰ぐことも多いと存じますが、一層の精励をもってご期待に添うよう努力する所存でおります。
今後とも旧に倍するお引き立てを何とぞお願い申し上げます。
略儀ながら、書中をもってお礼申し上げます。
敬具

平成〇年五月十日

株式会社渡瀬エレクトロニック
代表取締役　上原塔

ナナミ情報産業センター株式会社
代表取締役　九重徹様

覚えておきたいビジネス用語
旧に倍する→
旧来よりも程度を一層強くすること

今後の仕事に対する抱負を記す

祝賀状や贈り物をもらった相手に対しては、わざわざ別の礼状を用意する必要はないが、お礼の言葉を添えるとよい

ワンランクアップ！文書テクニック
見舞いへの礼状などに比べ、祝賀の礼状はビジネス上の儀礼的要素が強い。それでも、個人的な感情を盛り込んだほうが、感謝の気持ちが伝わりやすい。

➡落成披露出席への礼状

謹啓　清秋のみぎり、ますますご清祥のこととお慶び申し上げます。

さて、先般弊社新社屋落成披露に際しましては、ご来臨の栄を賜り、さらにご鄭重なるご祝辞並びにお祝品を頂戴いたしまして、厚くお礼申し上げます。おかげさまで盛会のうちに終えることができ、心より感謝いたしております。

当日は不行き届きの点もございまして、失礼をお詫びしますとともに、何とぞご容赦のほどお願い申し上げます。

今後は全社一丸となって、さらによりよいサービスに努力を払う所存でございます。何とぞ今後ともよろしくご指導ご鞭撻のほどお願い申し上げます。

謹白

覚えておきたいビジネス用語
鄭重→
礼儀正しく手厚いこと

祝賀会を催した場合、このような一文を入れると、文章が締まった印象になる

覚えておきたいビジネス用語
来臨→
その人がある場所へ来てくれることを指す尊敬語

書き換え文例
「どうかご寛容のほどお願いいたします。」

➡社長就任祝いへの礼状

拝復　新緑の候、ますますご清栄の段慶賀申し上げます。

平素は格別のお引き立てを賜り、厚くお礼申し上げます。

さて、このたび図らずも私が小社社長に就任するにつきましては、早速ご鄭重なる激励のお言葉を賜りまして、ご芳志のほど誠にありがたく感謝申し上げます。

今後は誠心誠意努力いたし、皆様のご厚情に報いるべく最善を尽くす覚悟でございます。

何とぞ従来同様、よろしくご支援のほどお願い申し上げます。

まずは略儀ながら、書中をもってお礼申し上げます。

敬具

覚えておきたいビジネス用語
芳志→
温かい心遣いの敬語表現。芳心、芳情でもよい

CHECK!
祝賀状に対する礼状の頭語は「拝復」を使用する。「拝啓」も可

覚えておきたいビジネス用語
段→
ある事柄をそれと指す語

書き換え文例
「尊台のご芳情にわずかでもお応えすべく」

会社設立祝いへの礼状

謹啓　春寒の候、皆様におかれましてはますますご隆昌のこととお慶び申し上げます。

さて、このたびは弊社美容サロン「美健ボディ」新宿2号店開店に当たりまして、温かいご祝辞とお心のこもったお祝いの品を賜り、心よりお礼申し上げます。

この地で新店舗を出店できましたのも、偏に日頃の皆様のご支援によるものと感謝している次第でございます。

私どももまだまだ若輩者ではございますが、皆様のご期待と励ましに応えるべく、全社一丸となってさらなる施術技術の向上と業界一番のサービスに取り組んでいく覚悟でございます。

お近くにお寄りの際は、ぜひ一度お立ち寄りくださいませ。

何とぞ今後も、末永いご教示を賜りますようお願い申し上げます。

本来ならば拝顔してご挨拶を申し上げるところですが、まずは取り急ぎ、書面をもちましてお礼申し上げます。

謹白

平成○年3月6日

美健ボディ株式会社
代表取締役社長　水谷真吾

書き換え文例
「過日は弊社設立に際し、力強い励ましのご祝詞に加え、結構なお祝いの品をいただき恐縮至極に存じます。」

「後日改めてご挨拶にお伺いしますが」など、直接会ってお礼できないことへのお詫びを入れると、より効果的に

感謝や今後の引き立てを願う言葉は、たとえ会社設立時の案内状で書いた内容と重複していても、繰り返し伝えること

書き換え文例
「お暇がございましたら、ぜひとも一度ご来店いただければと思います。」

ワンランクアップ! **文書テクニック**

「自分たちにはまだいたらないところもございますが」という謙虚な姿勢を示した上で、今後の支援をお願いする文章につなげる。

訪問先への礼状

拝啓　惜春のみぎり、貴社におかれましてはますますご隆盛のこととお慶び申し上げます。

さて先般はお忙しい中、貴重なお時間を賜り、誠にありがとうございました。

結局貴意を得ず、残念ではございましたが、当業界について大変貴重なご意見を賜りましたことは、大きな収穫となり感謝いたしております。

今後ともご教示、ご指導を賜りますよう、よろしくお願い申し上げます。

まずは略儀ながら、書面にてお礼申し上げます。

敬具

覚えておきたいビジネス用語
貴意→
相手の意見や考えを指す尊敬語

CHECK!
訪問が結果に結び付かなかったとしても、大事なのは先方が時間を設けてくれたことに対して感謝の意を示すこと。前向きな気持ちで礼状を書きたい

書き換え文例
「何かございましたらまたお伺いいたしますので、その節は」

資料送付への礼状

拝啓　陽春の候、貴社ますますご発展のことと大慶に存じます。平素は格別のご配慮を賜りまして、深くお礼申し上げます。

さて、先般お願いいたしました「めまい症の新たな治療薬」に関する資料を早々にご送付いただきまして、誠にありがとうございます。

おかげさまで学生たちの新たな知見を広げることができ、大変参考にさせていただいております。

どうか今後もより一層のご支援、ご協力を賜りますようお願い申し上げます。

まずは略儀ながら、書面にてお礼申し上げます。

敬具

CHECK!
資料送付の返信と考えることもできるので、頭語は「拝復」でも可

送ってもらった資料名（内容）とともに、その資料がどのように役に立ったかを、具体的に伝える

書き換え文例
「今後もまたお手を煩わせることがあるかと存じますが、その際は何とぞよろしく」

商品受注への礼状

拝啓　時下ますますご清祥のこととお喜び申し上げます。平素は格別のお引き立てをいただき、厚くお礼申し上げます。

さて、このたびは弊社商品「ペットシーツEX」をご注文いただき誠にありがとうございます。本日発送手配が完了し、8月20日(水)に到着予定でございます。到着まで今しばらくお待ちくださいますよう、お願い申し上げます。

なお、商品についてお気付きの点がございましたら、何なりとお申し付けくださいませ。

今後とも引き続きのご愛顧をお願い申し上げます。

敬具

書き換え文例
「ご注文の手配をさせていただきましたので、納期が分かり次第、改めてご連絡させていただきます。大変恐れ入りますが、」

曜日を入れておくとより分かりやすい

アフターケアも万全の体制であることを示して、相手に安心感を与える

融資への礼状

拝啓　時下ますますご清祥のこととお喜び申し上げます。

さて、このたびは身勝手なお願いを申し上げたにもかかわらず、心よくお聞き届けくださり誠にありがとうございました。おかげさまで長年培ってきた信用を失わずに済みました。ご迷惑をおかけしたことを深くお詫びしますとともに、今後は決してこのようなことを繰り返さぬようお約束いたします。

なお、返済期日である○年十二月三十一日には必ずご返済申し上げますので、今後とも変わらぬご厚誼のほどよろしくお願い申し上げます。

略儀ながら、まずは書中にてお礼申し上げます。

敬具

融資を断られた場合でも、感謝の気持ちを込めた礼状を出すこと

書き換え文例
「いつもご厚情賜り、その上今回は無理なお願いを快諾していただきまして」

CHECK!
期日には必ず返済する旨を明記し、改めて厚誼を願う一文を

ワンランクアップ! 文書テクニック

商品発送の際は、商品名・個数・到着予定日・問い合わせ番号・連絡先などを別記にするとより親切な文書となる。

お祝いする

情報が届いたらすぐに送り、功績や能力を称える。

シチュエーション	創業・開店・開業、栄転・役職就任、受賞・表彰のほか、長寿や病気の全快などのケース
目的	相手の喜びを分かち合って、より交誼を深めること
ポイント	■相手からの正式な発表や案内状などをもらってから発信する ■「四（死）」「枯れる」などの忌み言葉は使わない ■相手の功績や努力、能力を称える言葉を盛り込む

NG文書を添削！

→株式上場の祝い状

拝啓　盛夏の候、ますますご隆昌のこととお慶び申し上げます。平素は格別のご高配を賜り、厚くお礼申し上げます。

　このたびは東京証券取引所市場第一部に上場されたそうで（由）、誠におめでとうございます。弊社社員一同、貴社のような実績をもつ企業がこれまで上場を果たしていなかったことを大変不思議に存じておりましたので、今回の知らせを我が事のような喜びをもって受け止めております。

　創業からわずか二十年での上場とは、偏に社長を始め社員の皆々様のご精励の賜物と先見の明があってのことと改めて感服いたすばかりです。今後も地域社会並びに業界全体の活性化のため、ますますのご発展とご躍進を心よりご期待申し上げます。

　貴社との共同プロジェクトは一月末をもっていったん終了となりますが、引き続きのご用命を何とぞよろしくお願い申し上げます。

弊社としても貴社を目標に、日々業務に邁進する所存でございます。

まずは取り急ぎ、書中をもってお祝い申し上げます。

敬具

余計なお世話と捉えられかねない。否定的なニュアンスの文章には注意し、相手の会社の戦略・人事・経営方針には触れない

伝聞情報はNG。必ず正確な情報を得てから送る

「終了」「終わる」などの忌み言葉は使わない。またこの文書には、お祝い以外の内容は入れないこと

ワンランクアップ！　文書テクニック

一般的に、祝い状は縦書きが望ましい。ただし、親しい相手や改まる必要のないときは、横書きでも可

➡開業の祝い状

拝復　時下ますますご健勝のこととお慶び申し上げます。

ご書面を承りますれば、このたび新会社を創業されまして、誠に慶賀に存じます。

来たる一月十日の祝賀会にご丁重なるご招待を賜り、厚くお礼申し上げます。

かねてからの用意周到なご準備と綿密なご企画のもとにご創業の歩みを進めてこられたことと存じますが、現在最も需要の多い業種でもあり、加えて多年にわたるご経験とご信用を備えられ、この上はご隆昌間違いなしと存じております。

謹んで貴社のご発展をお祈り申し上げますとともに、今後も倍旧のご厚情をお願い申し上げます。

当日は、おめでたい祝宴の末席に参列させていただきます。

まずは右、略儀ながら書中をもって謹んでご祝辞申し上げます。

敬具

覚えておきたいビジネス用語
慶賀→
喜び祝うこと

相手から招待状を送られて祝い状を出す場合、頭語は「拝復」に

主文には相手の祝い事への祝福を述べ、招待を受けた場合はお礼の言葉を続ける

CHECK!
招待への出席の返事は、「これまでの功績や苦労をねぎらう言葉」「今後の繁栄を願う言葉」を書いた後、文末に記す

⇩メールに書き換え

宛先：000@000.00.jp
ＣＣ：
件名：創業のお祝い

ソーラー＆アース株式会社
代表取締役　細川道重様

時下ますますご健勝のこととお慶び申し上げます。

さてこのたびは、新会社創業のこと、誠におめでとうございます。
また、１月10日の祝賀会にご招待をいただき、
厚くお礼申し上げます。

かねてからの用意周到なご準備と綿密なご企画に加え
多年にわたるご経験とご信用を備えられている細川様のこと
貴社の繁栄は、間違いないと存じております。

当日は、おめでたい祝宴の末席に参列させていただきます。

メールにて恐縮ですが、取り急ぎお祝い申し上げます。

書き換え文例
「貴社は今後必ずや発展するものと確信しております。」

覚えておきたいビジネス用語
末席→
最下位の座席。下座

相手によっては、メールで送るのは失礼な場合もあるので注意。また、書面での案内状に対しては、書面で祝い状を送るのが常識

➡新店舗開店の祝い状

拝復　初夏の候、ますますご清祥のこととお慶び申し上げます。

このたびは新店舗「フィフレ高砂店」開店のこと誠におめでとうございます。

御開店祝賀パーティにお招きいただきましたこと、心からお礼申し上げます。

多年にわたるご経験とご信用に加え、新たに地の利を得られ、ますますのご繁栄間違いなしとご推察申し上げます。当社も及ばずながら、ご支援申し上げたいと存じます。

当日は必ず参上いたしますので、ご祝宴の末席に加えていただければ幸いに存じます。

まずは略儀ながら、書中をもってご祝辞を申し上げます。

敬具

覚えておきたいビジネス用語

地の利→
物事を進めるに当たり、土地の位置や形状が都合よくできていること

書き換え文例

「開店準備でお忙しいとは存じますが、くれぐれもご自愛ください。」

書き換え文例

「謹んで列席させていただき、親しく御祝詞を申し上げたいと存じます。」

➡支社開設の祝い状

拝啓　風薫るさわやかな季節となりましたが、ますますご隆昌のこととお慶び申し上げます。平素は格段のご厚誼を賜り、厚くお礼申し上げます。

さて、このたびは金沢支社を開設されたこと、誠におめでとうございます。昨年の富山支社に引き続くご繁栄ぶりは、誠に同慶のいたりと存じます。

貴社のますますのご隆盛とご活躍を、心からお祈り申し上げます。

なお、お祝いの印として心ばかりの品を別便でお送り申し上げましたので、何とぞご笑納くださいますようお願い申し上げます。

まずは右、略儀ながらお祝い申し上げます。

敬具

覚えておきたいビジネス用語

同慶→
相手にも自分にも喜ばしいこと

CHECK!

祝い状の発送はタイミングが大切。早過ぎては祝賀会招待を催促しているようになり、遅過ぎれば礼を逸することになる

お祝いの品を一緒に送るときは、末文で簡単に触れる

ワンランクアップ!　文書テクニック

創業・開業・開店・栄転での忌み言葉は、「終わる」「落ちる」「崩れる」「閉める」「潰れる」「倒れる」「傾く」「焼ける」など。

独立開業の祝い状①

拝復　初夏の候、貴兄ますますご活躍のこととお慶び申し上げます。日頃は格別のご厚情を賜り、深く感謝申し上げます。

承りますれば、このたび株式会社フリープロダクションを設立されましたとのこと、誠におめでとうございます。

昨今の厳しい経済状況の中ご開業の夢が実現されましたのも、三枝様のご努力の賜物であると、心より敬服しております。

今後はこれまで培われた知識や経験を生かされ、存分にご活躍されますようお祈り申し上げます。なお、心ばかりのお祝いの品を別便にてお送りしましたので、ご受納いただければ幸いです。

まずは略儀ながら、書面にてお祝い申し上げます。

敬具

開業を前にした不安の気持ちに寄り添い、苦労や道程をねぎらう言葉を

書き換え文例

「誠実で信頼厚い三枝様ですから、会社経営も早々に軌道に乗ることとご拝察いたします。」

お祝いの品を送る場合は、お祝い状より後に届くように発送する

独立開業の祝い状②

拝啓　新秋の候、貴殿ますますご活躍のこととお慶び申し上げます。

さて、このたびは株式会社泉州出版社を円満にご退社の上、株式会社新進堂出版を設立されましたとのこと、誠におめでとうございます。開業は君島様の長年の夢と伺っておりましただけに、お喜びはいかばかりかと拝察いたします。

これまで蓄積された豊富な知識とご経験、そして人脈を活かされ、必ずや事業を成功させることと確信しております。

心ばかりのお祝いの品を別便にてお送りしましたので、ご笑納いただければ幸いでございます。

まずは右、略儀ながら、書中にてお祝い申し上げます。

敬具

具体的なエピソードやねぎらいの言葉を盛り込むことで、より気持ちのこもった祝い状となる

退社した会社に触れる場合は、「円満に」のひと言を添える

書き換え文例

「なお、心ばかりですが、お祝いのお花を送らせていただきました。オフィスに飾っていただければ幸甚に存じます。」

「弊社といたしましても、微力ながらご支援したいと考えております。今後とも厚誼のほどお願い申し上げます。」

➡設立記念の祝い状

CHECK!

お祝いの対象が、その会社にとってどのような意味をもつのかをよく確認して祝い状を出すこと

覚えておきたいビジネス用語

折から→
～のときなので。～の時節だけに

拝復　仲秋の候、ますます御隆盛のこととお慶び申し上げます。平素は格段のご厚誼を賜り、厚くお礼申し上げます。

さて、このたびは設立一〇周年記念式典にご招待いただき、誠にありがとうございます。

コンピューター業界を取り巻く諸状況が次第に厳しさを増している折から、そのような状況でも躍進を続けられていることは、誠に素晴らしい限りでございます。今後もますます精励され、一層の躍進のほど心からお祈り申し上げております。

当日は、ご祝宴の末席に参列させていただきます。

まずは書中をもってお礼かたがたご祝辞申し上げます。

敬具

平成〇年十月一日

株式会社カープス
代表取締役社長　松田喜蔵

システム日本工業株式会社
代表取締役　本田禎様

書き換え文例

「貴社のご繁盛とご活躍を祈念しまして、略儀ながら書中をもってご祝詞申し上げます。」
「まずは書面をもちまして、お祝いかたがたお詫び申し上げます。」（欠席する場合）

書き換え文例

「当日は、ぜひ拝顔してご祝辞申し上げたいと存じておりましたが、海外出張中のため、残念ながら欠席させていただかなければなりません。せっかくのご厚志にお応えできず大変申し訳ございませんが、何とぞご容赦いただきますようお願い申し上げます。」（欠席する場合）

支社長就任の祝い状

拝啓　春暖の候、ますますご清栄のこととお慶び申し上げます。

このたびの人事異動において東京支社長にご就任とお伺いし、心よりお祝い申し上げます。

東京支社では、貴下のように豊富なご経験と卓越したご手腕をおもちの方を待望されていると存じます。コンピュータ業界も年々厳しさを増している折から、貴下のご活躍に期待いたしております。なお一層のご自愛の上、ご健闘のほどお祈り申し上げます。

ご就任後、ご挨拶に参上させていただく所存でございますが、まずは書中をもってご祝辞申し上げます。

敬具

正確な情報をキャッチしたら、ただちに送付すること。タイミングを逃すと、祝い状の価値が半減する

親しい間柄であれば、「ご家族の皆様も、さぞお喜びのことと拝察いたします」という一文を添えてもよい

CHECK!

開業や開店に比べると私的な側面が強い文書とはいえ、馴れ馴れしくなり過ぎないよう注意

社長就任の祝い状

謹啓　陽春の候、ますますご清祥のこととお慶び申し上げます。

さてこのたび、取締役会満場一致のご推挙により、めでたく代表取締役社長にご就任されたとのこと、心からお祝い申し上げます。

かねてから専務取締役としての豊富なご経験をおもちの上、本業界での卓抜のご活躍ぶりは、すでに定評のあるところでございます。

貴社のますますのご隆盛に向けて、一層のご敏腕を期待いたしております。

来たる四月二十日のご祝宴には必ず参上の上、改めてご祝辞を述べさせていただきます。

まずは書中にてお祝い申し上げます。

謹白

書き換え文例

「ご活躍ぶりに、必ずや次期社長になられる方とご拝察申し上げておりました。」

覚えておきたいビジネス用語

推挙→
ある人物を、ある地位や仕事に適した人材として推薦すること

万が一出席できない場合には、その理由とお詫びの言葉を述べる。その上で、「お祝いの品を送る」「改めてお祝いに伺う」との旨を添え書きするとよい

ワンランクアップ! 文書テクニック

どんな役職に、どのような状況で就任したのかを正確に把握した上で書くと、より具体的で意味のある文書となる。

昇進の祝い状①

謹啓　本日、貴兄が東京支店長として赴任されることを伺いました。心からお祝い申し上げます。

抜擢人事ということですが、貴社橋本社長の人物を見抜く目は確かで、多くの競争相手がひしめく東京支店の統括責任者として、卓越したリーダーシップを身に付けた敏腕の貴兄に白羽の矢が立ったのは当然だと思います。

熾烈な競争でしのぎを削る業界の中、何かとご苦労も多いでしょうが、一層のご自愛の上、十分な指導力を発揮されることをお祈り申し上げます。

謹白

かなり親しい相手か、私的な文書のとき以外は、前文は省略しない

たとえ書き手の立場が上であっても、今回の人事は運がよかった、もしくは裏があるのでは、といった印象を与えかねない表現は避ける

CHECK!

アドバイスのような表現は避ける。あくまで相手をねぎらい、励ます言葉を

昇進の祝い状②

拝啓　秋長のみぎり、ますますご活躍のこととお慶び申し上げます。長らくご無沙汰して申し訳ございません。

さて、このたびは大阪支社長へのご栄転の由、誠におめでとうございます。

大阪はビジネスの激戦区ではございますが、支社長にとっての故郷であり、ご手腕を振るわれるのに絶好の場と存じます。

この上は何とぞご健康に十分ご留意され、ご奮闘くださるよう期待しております。

また今後とも、よろしくお付き合いのほどお願い申し上げます。

略儀ではございますが、寸書にてお祝いまで申し上げます。

敬具

目上の人の喜びを強調したいがために、自分の不甲斐なさを引き合いに出すような表現はNG。相手とともに喜ぶ気持ちを、率直に表現する

新天地での活躍とともに、健康を祈る言葉を添える

覚えておきたいビジネス用語

寸書→
短い手紙。また、「自分の手紙」の謙譲語

➡新社屋落成の祝い状

拝復　ようやく梅雨も明け、御社におかれましてはますますご繁栄のこととお慶び申し上げます。平素は格別のお引き立てをいただき、誠にありがとうございます。

さて、このたびは品川駅前に念願の御社新社屋が完成されましたとの由、誠におめでたく心よりお祝い申し上げます。これも偏に、山中社長を始め従業員ご一同様の日頃のご努力の成果と敬服いたしております。

また、来たる七月二十日には落成披露宴にもお招きいただき、厚くお礼申し上げます。

これを契機とされまして、御社がますますのご発展を遂げられますよう衷心よりお祈り申し上げます。

当日は必ず出席させていただく所存でございます。まずは書中をもちまして、お祝いの挨拶を申し上げます。

敬具

平成○年七月三日

株式会社ハッセ物産
代表取締役　小俣康彦

株式会社伊藤信託
代表取締役　毛呂正彦様

交通の便のよさ、広さ、新しい設備など、新社屋について知っている情報を入れ込むと、よりお祝いする気持ちが相手に伝わる

書き換え文例
「これほどまでにご立派な新社屋をお建てになられたのも、」

書き換え文例
「ご努力が実を結ばれたものと拝察いたします。」

覚えておきたいビジネス用語
落成→
工事が完了して建築物などができあがること。竣工

書き換え文例
「本来ならば直接お会いしてご祝詞を申し上げるべきところですが、何かとご多忙の折、まずは書中をもちましてお祝い申し上げる次第でございます。」（披露宴に招待されていない場合や欠席する場合）

ワンランクアップ!　文書テクニック
新社屋落成は社業発展の大きな証。そこにいたるまでの苦労や業績を称え、今後のさらなる発展を祈る言葉を述べる。

受賞の祝い状

謹啓　新秋の候、ますますご清祥のこととお慶び申し上げます。

さてこのたび、貴殿がめでたくも紫綬褒章を受章されました由、心からお祝い申し上げます。長年にわたり出版業界一筋にご尽力されましたご功績は、褒章のあるなしにかかわらず変わることはありませんが、広く認められたということはやはりご同慶に堪えず、誠に誇らしく存じます。

今後もご健勝で業界のご指導にご尽力いただけますよう、心からお祝い申し上げます。

近日中にはご祝辞を申し述べに参上させていただきますが、まずは書中にてお祝い申し上げます。

謹白

CHECK!

頭語や挨拶は必須だが、日頃お世話になっていることのお礼は省略してもかまわない。「お礼」を盛り込むことで、「受賞のお祝い」の意が弱まることは避けたい

たとえ些細な賞であっても本人にとっては喜ばしいこと。受賞や叙勲の情報を受けたらすぐに送付すべき

相手の長年の功績や労苦をねぎらい、今日の繁栄を称える

製品表彰の祝い状

拝啓　陽春の候、ますますご繁栄のこととお慶び申し上げます。平素は並々ならぬご愛顧を賜りまして、心からお礼申し上げます。

承りますところによれば、貴社開発のソフトがその優秀性を高く評価され、経済産業大臣賞を受賞されたとのこと、心よりお祝い申し上げます。

貴社の長年にわたるひたむきな研究成果が結実されたものと、まさに我が事のようにうれしく感じております。この受賞を機に、貴社のソフトがさらに幅広い分野で性能を発揮し、普及することを期待しております。

まずは略儀ながら、書中をもってお祝い申し上げます。

敬具

書き換え文例

「開発までの間にはひとかたならぬご苦労もあったことと拝察いたしますが、それゆえに皆様のお喜びもひとしおのことと存じます。」

受賞した製品を開発した努力・能力に対し、相手を称える言葉を

ワンランクアップ! 文書テクニック

褒め言葉を連発したくなるものだが、歯の浮くような表現は避けること。素直に喜びを表す姿勢を前面に出したい。

古希の祝い状①

謹啓　爽やかな新緑の季節となりました。貴殿ますますご壮健でご活躍のこととお慶び申し上げます。

承りますれば、古希を迎えられたとのこと、謹んでお祝い申し上げます。長年にわたり豪快に燦然と輝く素晴らしいご功績をお築きになられた清水様のことですから、今後の人生設計もすでにできあがっていることと存じます。

今後もご壮健でご活躍のほど、心からお祈り申し上げます。

近々家内ともどもご挨拶に伺わせていただきますが、まずは書面にてお祝い申し上げます。

謹白

CHECK！
数え年61歳のお祝いを還暦、70歳を古希、77歳を喜寿、88歳を米寿、99歳を白寿という。祝い状があまり早く届きすぎると、不吉と受け取られるので注意

長寿のお祝いは通常は身内だけで行うものだが、会社の創業者や業界の功労者などの場合、社内・業界内の主催で祝賀会が開催される。そのため、祝い状も欠かすことができない

古希の祝い状②

拝復　若葉の候、尊台には来たる五月二十日に古希の賀寿をお迎えになられるとのこと、誠におめでとうございます。謹んでお慶び申し上げます。

日頃から壮者をしのぐお元気さで、貴社の盛運をさらに伸張させるべくご活躍、平素のご摂生の故と敬服のほかございません。今後もさらに喜寿、米寿とお祝いを重ねられますよう心からお祈り申し上げます。

祝賀の宴には必ず参上させていただき、改めてお祝いを申し述べたいと存じます。

まずは略儀ながら、書面をもってご祝辞申し上げます。

敬具

こうしたひと言があると、ビジネス文書として締まりが出る

覚えておきたいビジネス用語
尊台→
男性が手紙などで目上の男性を敬って用いる言葉

覚えておきたいビジネス用語
賀寿→
長寿を祝うこと

覚えておきたいビジネス用語
盛運→
物事が発展する運命にあること

還暦の祝い状

拝復　秋冷の候、貴台には近々還暦の賀寿を迎えられますこと心からお祝い申し上げます。

常々林様には「まだ若い人たちには負けない」と口癖のようにお話しされておりましたゆえ、今後も我々の先頭に立ってご指導賜れるものと信じております。

どうかご健康に留意されまして、業界の発展のためにご尽力賜りますよう伏してお願い申し上げる次第です。

祝賀のご宴席にはぜひ出席させていただき、改めてご祝辞を述べさせていただきます。

まずは略儀ながら書中にてご祝辞申し上げます。

敬具

人生の先輩を立てる気持ちと、今後も一線での活躍を願う気持ちを表現する

覚えておきたいビジネス用語

貴台→
相手を敬うときに用いる言葉。貴下、高台、尊台ともいう

CHECK!

平均寿命が延びてきた昨今、還暦では公的な祝賀会を開催しないことも多い

書き換え文例

「これを機に、ますますご壮健で業界の発展のためにご活躍されますよう心よりお祈り申し上げます。」

結婚の祝い状

拝復　早春の候、皆様におかれましてはますますご健勝のこととお慶び申し上げます。

このたび、ご令嬢にはめでたく華燭の典を挙げられましたとのこと、心からお喜び申し上げます。ご本人様はもとより、ご家族の皆様方のお喜びはいかばかりかと拝察いたします。

今後の末永いお幸せと、一層のご発展をお祈り申し上げます。

なお、心ばかりではございますが、お祝いの品を別便にてお送りさせていただきました。ご笑納いただければ幸いでございます。

まずは書中にてお祝い申し上げます。

敬具

相手の娘については「ご令嬢」、息子については「ご子息」を使う

覚えておきたいビジネス用語

華燭の典→
結婚式を祝す言葉。「華燭の式」ともいう

書き換え文例

「披露宴ではお二人の晴れ姿を拝見できますことを、心より楽しみにしております。」
（披露宴に出席する場合）

ワンランクアップ! 文書テクニック

結婚の忌み言葉は、「帰る」「戻る」「去る」「切れる」「離れる」「破れる」「逃げる」など。

退院の祝い状

拝啓　秋風が爽やかに感じられる頃となりました。

さて先日、奥様からのお手紙によりますと笹本部長にはご快方に向かわれて、現在のところご自宅でご療養中とのこと、何よりも喜ばしく存じます。

その後、気がかりながらも十分お見舞いに参上できず申し訳ございません。

今後は一日も早くご全快されまして、お元気なお姿をおみせくださいますようお待ちいたしておりますが、病後ですのでくれぐれもお体を大切にしてご全快されますよう、心からお祈り申し上げます。

敬具

病気や負傷が癒えたという知らせをもらったら、ただちに出すこと。タイミングを逃すと、せっかくの好意も半減する

書き換え文例

お元気なお姿を拝見したく、近日中に参上したいと存じます。」(お見舞いに行く場合)

病後のことにも気を遣い、養生を勧める配慮を

全快の祝い状

拝啓　このたびは全快床上げの朗報に接し、心よりお喜び申し上げます。

残暑のさなかのご入院生活は、さぞや大変だったこととご推察申し上げます。また、奥様を始めとしてご家族の皆々様のご心労も一方ならぬものでしたでしょうが、ようやくご安心されていることと存じます。

九月二十五日よりお仕事に復帰されるとのこと、弊社社員一同心よりお待ちしておりますが、何とぞご無理をなさらずご自愛専一にてお過ごしくださいませ。

略儀ながら書中にて、全快のお祝いを申し上げます。

敬具

書き換え文例

「めでたくお床上げの日を迎えられ、謹んでお喜び申し上げます。」

覚えておきたいビジネス用語

床上げ→
体力や病気が回復し、通常の生活に戻ること

本人とともに相手の家族の心労をねぎらい、喜びを分かち合う言葉を

書き換え文例

「ご静養に一層ご留意くださいませ。」

贈呈する

贈呈状は贈り物に添えるが、脇役にすぎない。主役は文書である。

シチュエーション	お中元やお歳暮、取引先の移転や相手先社長の長寿祝いなど、祝賀の贈り物と一緒に添えるケース
目的	ビジネスで特に世話になった相手に対して、贈る側の真心や誠意を伝えること
ポイント	■贈る側の誠意が伝わる文章に ■謙遜表現を用いて、おしつけがましくならないように ■贈り物に注意書きが必要なときは、本文に書き込む

NG文書を添削!

→新社屋落成お祝い品の贈呈状

拝復　新涼の候、ますますご清栄のこととお慶び申し上げます。

さて、兼ねてご建設中の貴社社屋がこのほどめでたくご竣成の由、心よりお喜び申し上げます。

~~社長様をはじめ、社員の皆様が燃えるような情熱を傾けて社業に取り組んでこられた~~（業界の老舗として高いご信用をもって発展を遂げてこられた）ご成果がここに結集された感が強く、ただただ感銘いたしております。

ご祝宴当日には必ず参上、出席させていただく所存でございます。

なお、お祝いの品として、~~我が社自慢の新製品を~~（心ばかりの品を）別便にてお送りいたしました。~~きっと新社屋でも大活躍する逸品であると自負しております。~~（お納めいただければ幸いに存じます。）

まずは略儀ながら、書中をもってご祝辞を申し上げます。

敬具

「燃える」「傾ける」は、新築・落成の忌み言葉

自社の宣伝となるような表現は、絶対に避けること

謙遜した表現に変える

支社開設記念品の贈呈状

拝啓　仲秋の候、ますますご隆盛のこととお慶び申し上げます。平素は格段のご厚誼を賜り、心からお礼申し上げます。

さて、おかげさまで当社東京支社が、来月十日より業務を開始いたす運びとなりました。

これも偏に皆様のご指導、ご厚情の賜物と、心より感謝いたしております。つきましては、いささかでも感謝の気持ちを表明したく、記念品をお送りいたしましたのでご受納ください。生ものですので、お早めにお召し上がりいただければ幸いでございます。

支社開設を機に、社員一同一層の努力をして参ります。何とぞ倍旧のご愛顧を賜りますよう、お願い申し上げます。

略儀ながら書中にてご挨拶申し上げます。

敬具

覚えておきたいビジネス用語

運び→
物事が進んでいる状況。段取り

書き手の真心や誠意が伝わり、おしつけがましくならない書き方を工夫する

基本的には、支社開設の挨拶状と同じ。日頃の感謝なども忘れずに述べる

取り扱いに注意が必要な贈答品の場合、その内容を本文に書き込むこと。追伸を付けるのは失礼とされる

メールに書き換え

宛先：000@000.00.jp
CC：
件名：東京支社開設のご挨拶

エナジック株式会社
代表取締役　守屋正孝様

時下ますますご隆盛のこととお慶び申し上げます。
平素は格段のご厚誼をいただき、心からお礼申し上げます。

さて、おかげさまで当社東京支社が、
来月十日より業務を開始いたす運びとなりました。

これも皆様のご指導、ご厚情の賜物と、心より感謝いたしております。
つまらないものではございますが、
記念品をお送りいたしましたのでご受納ください。
生ものですので、お早めにお召し上がりください。

これを機に社員一同一層の努力をしてまいりますので、
今後とも何とぞよろしくお願い申し上げます。

メールにて恐縮ですが、取り急ぎご挨拶まで。

件名に「記念品贈答の件」などと書くと、おしつけがましくなる

多くの取引先に出す場合でも、「お得意様各位」などとはしない。一件ずつきちんと名前を書くと、より誠意が伝わる

書き換え文例

「記念の品を別便にてお送りさせていただきました。包みが2つに分かれて届くと存じます。お手数おかけしますが、ご確認いただけますようお願いいたします。」

招待する

挨拶状の側面をもつ文書。礼儀に配慮しつつ、文面でひと工夫を。

シチュエーション	式典や披露、行事、小宴、旅行など、会合や催し物に取引先や顧客を招くケース
目的	催し物に参加してもらうことで相手へ日頃の感謝を伝え、良好な関係を保つこと
ポイント	■５Ｗ１Ｈに加え、費用が必要な場合は金額についても明記する ■出欠の連絡方法と連絡の期限を分かりやすく記す ■相手の予定を考えて余裕をもって案内する

NG文書を添削！

→開店披露の招待状

拝啓　若葉薫る好季節、ますますご清祥のこととお慶び申し上げます。

さて、かねてよりの念願が叶いまして、下記の通り割烹「北の誉」を開店することになりました。小さな店ではありますが、皆様に可愛がってもらえる店に育てるために努力するつもりでおります。（→所存でございます）

何とぞ、よろしくご（→ご愛顧いただける）ひいき、お引き立てを賜りますよう心からお願い申し上げます。

つきましては、ささやかながら開店披露の宴を催しますので、ぜひお出かけくださいますようご案内申し上げます。

敬具

平成○年5月10日

（割烹「北の誉」店主）尾澤義人

リストランテ・アミーチ
オーナーシェフ　杉田悟様

記

1. 日時　平成○年5月25日午後4時（〜7時）
2. 場所　割烹「北の誉」　電話　○○-××××-△△△△
3. 案内図　別紙を参照

なお、ご来席いただける場合は、前日までにお電話にてお知らせいただけますと幸いです。

以上

- 相手が出欠を伝える手段を忘れずに書く
- 開始時間だけでなく、終了時間の目安も入れたほうが親切
- 改めて差出人の社名（店名）・役職などを記す
- くだけた表現は極力避けたい

➔会社設立祝賀会への招待状

謹啓　初秋の候、ますますご隆昌のこととお慶び申し上げます。

さて、かねてより皆様のご援助のもとに新会社設立を準備いたしておりましたが、おかげをもちましてこのたび設立の運びとなりました。

これも偏に皆様方のご支援、ご指導の賜物と、深く感謝申し上げます。

今後も誠心誠意努力してまいる所存でございます。

つきましては下記において、心ばかりの設立祝賀披露の宴を催したいと存じますので、ご多忙中のところ誠に恐縮ではございますが、ご来臨の栄を賜りますようお願い申し上げます。

謹白

（中略）

なお、お手数ながら同封はがきにてご出欠のほどを9月10日までにご通知賜りますようお願い申し上げます。ご来臨の折は本状封筒を受付へお示しください。

会社設立に際しての相手への感謝も忘れずに

丁寧な表現や語句を用い、文面の体裁も礼に適ったものに。頭語や事項・安否の挨拶も必須

覚えておきたいビジネス用語
栄→
名誉。ほまれ

CHECK!
出欠の意思を確認するための返信用はがきを同封する

⇩メールに書き換え

宛先：000@000.00.jp
CC：
件名：会社設立祝賀会のご招待
添付：会場地図.jpg

エピーキューブ株式会社
代表取締役　橘正人様

時下ますますご隆昌のこととお慶び申し上げます。

さて、おかげをもちましてこのたび会社設立の運びとなりました。
これも偏に皆様方のご支援、ご指導の賜物と、深く感謝申し上げます。
今後も誠心誠意努力してまいる所存です。

つきましては、心ばかりの設立祝賀披露の宴を催したいと存じます。
ご多忙中のところ、またメールでのご案内で誠に恐縮ではございますが、
何とぞご来臨賜りますようお願い申し上げます。

（中略）

なお、出欠のお返事を９月10日までに
ご返信いただけますようお願い申し上げます。

会場の地図を添付するか、会場のホームページアドレスを記載すると親切

CHECK!
メールでの招待は略儀なので、ひと言詫びるのが基本。なお、メール＋招待状郵送の形にすると丁寧な印象を与えることができる

書き換え文例
「なお、後日ご案内状をお送りいたしますので、返信用はがきにてご出欠をお知らせいただきますよう、お願いいたします。」（招待状を郵送する場合）

支店開業祝賀会への招待状

謹啓　向暑の候、いよいよご隆盛の段お喜び申し上げます。
さて、かねてより開設準備を進めてまいりました当店三鷹支店が、来たる6月20日より業務開始の運びとなりました。これも偏に皆々様のご指導、ご鞭撻の賜物と、厚くお礼申し上げます。
つきましては、今後一層のご愛顧、ご支援をお願い申し上げたく、下記にて支店開設祝賀披露の小宴を催したく存じます。
ご多用のところ誠に恐縮に存じますが、何とぞご来臨賜りますようお願い申し上げます。
謹白

（中略）

なお、ご来席の際は本状をご持参ください。粗品とお取り換えいたします。

書き換え文例
「万障お繰り合わせくださいましてご光来賜りますようお願いいたします。」

CHECK!
段落の行頭を1字空けずに揃えるのも、招待状や案内状ではよく使われる体裁

出欠の返信を必要としない場合も、招待状に通し番号を付けて発送し、受付で出欠のチェックができるようにすること。欠席した人には、後日記念品を送るなどのフォローを心がけたい

新社屋完成祝賀会への招待状

拝啓　余寒の候、貴社ますますご清栄のこととお慶び申し上げます。平素は格別のお引き立てをいただき、厚くお礼申し上げます。
さて、弊社ではかねてから若葉町に新社屋を建設中でありましたが、このほど落成の運びとなりました。これも偏に、皆様のご支援の賜物と心から感謝しております。
つきましては、新社屋完成の披露かたがた日頃のご厚情に感謝の意を表し、心ばかりの小宴を催したく存じます。
ご多忙中誠に恐縮ですが、ご来臨の栄を賜りますようご案内申し上げます。
敬具

この祝賀会には、祝宴だけでなく、今後の仕事場を招待客にみてもらうという目的もある。その旨を文章に記しておこう

書き換え文例
「まげてご光来」

➡創業20周年記念祝賀会への招待状

内容がひと目でわかるよう、見出しをつける場合もある。なお、最近は横書き形式が増えているが、特に改まった場合は縦書きにすると、礼に適った印象を与えられる

創業記念の場合、より強調すべきは、自社の実績よりも取引先や顧客に対する謝意。感謝の気持ちを誠実に表現する

書き換え文例

「多年にわたるご懇情への感謝を込めて」

創業二十周年記念祝賀会ご招待

謹啓　新緑の候、貴社ますますご清祥のことと、心からお慶び申し上げます。日頃は格別のお引き立てを賜り、誠にありがたく厚くお礼申し上げます。

さて、弊社はおかげをもちまして本年六月で創業二十周年を迎えることになりました。

顧みますに弊社が今日にいたったのは、偏に皆々様の多大なご支援の賜物と深く感謝申し上げます。

つきましては、皆様のご厚情に報いる一端として下記のごとく創業二十周年の式典を行い、心ばかりの粗餐を差し上げたく存じます。

ご多用中のところ恐縮ではございますが、ご来駕の栄を賜りますようお願い申し上げます。

謹白

平成○年五月十五日

三角商事株式会社
代表取締役　三浦惣一

記

一、日時　六月五日(土)午後三時より六時まで

二、場所　渋谷区代々木○-○-○　電話　○○-××××-△△△△
　　ワンダホテル東京　深紅の間(別添地図参照)

なお、ご都合のほど同封はがきにて五月二十九日までにご通知くださいますようお願いいたします。ご来臨の節は本状封筒を受付にお示しくださるようお願いいたします。また、会場は駐車場完備でございます。駐車券を発行いたしますので、受付までご用命ください。

出欠の有無等を記した最後尾の文章は、本文よりも小さい文字にし、副次的な内容であることを明確にする

覚えておきたい ビジネス用語
来駕→
「来訪」を意味する尊敬語

覚えておきたい ビジネス用語
粗餐→
催す側が出す食事をへりくだっていうときに用いる

➡代表就任披露宴への招待状

謹啓　春暖の候　ますますご清祥のこととお慶び申し上げます

さて　私儀このたび六道物産代表取締役社長に就任いたしました　もとより非才の身ではありますが　微力ながら社業に専心し発展に尽力する所存でございます　何とぞ変わらぬご支援のほどお願い申し上げます

つきましては　就任のご挨拶かたがたご支援のお言葉を賜りたく　下記に小宴を催したいと存じます　ご多忙中誠に恐縮ながら　万障お繰り合わせの上ぜひともご来席賜りますようお願い申し上げます

謹白

覚えておきたいビジネス用語
非才→
自分の才能をへりくだっていうときに用いる

句読点を使わず、その部分を1字空きにした書き方にしてもよい

関係各位への今後の協力要請の意味もあるため、へりくだった表現にする

➡受賞記念式典への招待状

拝啓　初秋のみぎり、いよいよご清祥のこととお慶び申し上げます。

さて、このたびは弊社製空調システム「松」が、平成○年度の国際空調コンクールにおきまして金賞を受賞いたしました。

これは当社技術陣と工場長以下全従業員の努力の結晶でありますと同時に、関係各位皆様のご支援とご指導によるもので、心より感謝してやまないところでございます。

つきましては、「松」の披露かたがたいささかの謝意を表して、下記により小宴を催したく存じます。ご多用中とは存じますが、ご臨席賜りますようご案内申し上げます。

敬具

書き換え文例
「ここに深く感謝申し上げる次第です。」

受賞記念として、この程度のアピールは許容範囲内。関係者への謝意も必ず述べる

CHECK!
役所関係などの公職にある人を招待する際は、「公務ご多忙とは」とするとよい

➡旅行への招待状

謹啓　初秋の候、ますますご隆昌の段お喜び申し上げます。

さて、弊社製品『破竹丸』をはじめ各製品の販売方法につきましては、毎々ひとかたならぬご尽力をいただき、誠にありがたく厚くお礼申し上げます。

つきましては、この機会に感謝の印を表すべく、下記の旅行へご招待申し上げたく存じます。

ご多用のこととは存じますが、ぜひともご参加くださいますようお願い申し上げます。

謹白

平成○年９月13日

ＱＰ薬品株式会社

代表取締役　木村公夫

記

行先　長野温泉山上ホテル
　　　長野県松本市山上○－○－○
　　　電話　○○○○－××－△△△△

出発　10月９日(土)午前10時
　　　弊社正面玄関前よりバスで出発

帰着　10月10日(日)午後７時
　　　弊社正面玄関前

お手数ながら、ご都合のほどを同封はがきにて９月20日までにご通知くださいますようお願い申し上げます。

以上

覚えておきたいビジネス用語
毎々→
いつも。毎回。「まいまい」と読む

堅苦しくない文面にすると同時に、「接待」という露骨な印象を与えかねない表現は避ける

宿泊先の住所と電話番号は必須。旅行の場合、日程やコースなどスケジュールを詳しく書いた別紙も同封するとより親切

ワンランクアップ! 文書テクニック

旅行会という性質上、あまり堅苦しい文面は避ける。積極的に参加したくなるような前向きな文章を心がけよう。

紹介する

人と人、会社と会社をつなげることで第三者としての信頼を得る。

シチュエーション	取引先・提携先・担当者などを相手に紹介する。依頼されたときだけでなく、自ら率先して紹介するケースも
目的	人・会社同士をつなげ、両者の橋渡しをスムーズに行い、自らを含めた三者間の信頼関係を深めること
ポイント	■相手のことを具体的に・客観的に・詳しく伝える ■紹介する相手と自分との関係を明らかにする ■紹介した相手にどんなメリットがあるかを分かりやすく書く

NG文書を添削！

→取引先の紹介状①

山際フードサービス株式会社

商品開発部長　所政和様

拝啓　時下ますますご清祥のこととお慶び申し上げます。

さて、早速ではございますが、過日承りました新規お取引先をお探しの件につきまして~~ぴったりのお相手をご紹介します~~（ご連絡申し上げます）。

10年ほど前より私どもと取引~~のあります~~（研修制度をご利用いただいております）、ファミリーヘルス株式会社の総務部長・柿崎良太氏をご紹介したいと存じます。同社は高齢者向けのメニュー開発に30年前から取り組んで~~いるそうで~~（おり）、外食チェーンや高齢者施設などとの取引も活発な、業界内外からの信頼も厚い企業~~とうかがっております~~（でございます）。

仙台を拠点とした会社であり貴社の業務拡大計画にも合致しますこと、また柿崎氏も来週より出張で上京されるご予定とのこと、この機会に一度お会いいただければ幸いでございます。

ご多忙中とは存じますが、よろしくご高配くださいますようお願い申し上げます。

敬具

紹介したい相手と自分との関係を具体的に記す

伝聞の情報では、紹介先に不安感を与えてしまう。業績や能力については、信頼できる情報を記す

取引先の紹介状②

拝啓　新緑の候、貴社におかれましてはますますご清祥のこととお慶び申し上げます。平素は格別のお引き立てをいただき、誠にありがとうございます。

さて、突然で失礼とは存じますが、弊社の長年の取引先であるアーティスティック・コード株式会社の代表取締役・反井昌一郎社長をご紹介したく、お手紙差し上げました。

同社は、日本製にこだわったカメラアクセサリーの生産をしております。丈夫さとデザイン性の高さからプロからの信頼も厚く、近年は日常使いのバッグ分野においても、着実に売上を伸ばしております。

今後はスーツケースの生産に力を入れるとのことで、貴社への紹介を希望されたため、ご連絡差し上げた次第でございます。ご多用のところ、また不躾なお願いで恐縮ですが、ぜひご面会の機会をいただけましたら幸いです。念のため、同社の会社案内を同封いたします。

まずは書面にてご紹介かたがたお願い申し上げます。

敬具

CHECK!
相手から依頼を受けていない場合には、必ずひと言添える

「紹介する相手の企業名・個人名」「どんな会社・人か」「業績について」「なぜ紹介するのか」を順番に記す

覚えておきたいビジネス用語
不躾→
礼を欠くこと。無礼

文面だけではどうしても情報不足なので、資料等を同封するとよい

⇩メールに書き換え

宛先：000@000.00.jp
CC：
件名：お取引先のご紹介について

トラベルヒューマン株式会社
営業部長　境真人様

拝啓　時下ますますご清祥のこととお慶び申し上げます。
平素は格別のお引き立てをいただき、誠にありがとうございます。

さて、突然で失礼とは存じますが、弊社の長年の取引先である
アーティスティック・コード株式会社の
代表取締役・反井昌一郎社長を
ご紹介したく、ご連絡差し上げました。

同社は、日本製にこだわったカメラアクセサリーの生産のほか
日常使いのバッグにおいても着実に売上を伸ばしております。
今後はスーツケースの生産にも力を入れるとのことで、
ぜひ御社への紹介を希望されたため、ご連絡差し上げた次第でございます。

ご多用のところ、また不躾なお願いで恐縮ですが、
ぜひご面会の機会をいただけましたら幸いです。
後日改めて会社案内を持参の上お願いに上がりますが、
まずはメールにてご連絡させていただきます。

書き換え文例
「突然で恐縮ではございますが、」

書き換え文例
「日頃より御社への紹介を熱望されていましたが、このたび同社長が展示会のため上京されることになり、」

CHECK!
通常、特に相手から頼まれていない場合は、メールでの紹介は失礼に当たる。メールで取り急ぎの連絡をした後、改めて直接会って紹介を申し込むこと。その際は、会社案内を持参する

紹介する

販売店の紹介状

拝啓　時下ますますご隆盛のこととお慶び申し上げます。平素はひとかたならぬご厚誼をいただき、誠にありがとうございます。

さて、お申し越しの新規販売店の件、株式会社サンロクゴの営業部長・粟井成一氏をご紹介いたします。同社とは弊社が創業以来の取引をさせていただいており、年々取引額も伸びております。また、今後は健康食品にも注力されるとのことで、先方も御社とのお取引を希望されております。

お忙しい中大変恐縮でございますが、何とぞご面談いただければ幸いでございます。

取り急ぎ、書面にてご紹介申し上げます。

敬具

覚えておきたい ビジネス用語
申し越し→
手紙や使いの者などを通じて、いってよこすこと

紹介しようとする相手が信頼できる会社であり、両者のメリットも一致する旨を述べる

書き換え文例
「ご引見のほどお願い申し上げます。」

外注先企業の紹介状

拝啓　深冷の候、貴社ますますご清祥のこととお慶び申し上げます。平素は格別のお引き立てに預かり、誠にありがとうございます。

さて、貴社におかれましては新たな外注企業をお探しとのお話を伺いまして、弊社と10年以上取引をしております株式会社明光布帛をご紹介したく、お手紙差し上げました。

同社は国内縫製シェアの実に50%を占める、確かな技術力を有しております。近年は東北地区に支社を設け、さらなる業績の伸長とともに、地域の雇用確保にも貢献しております。同社も貴社のお手伝いを強く望まれており、貴社のご期待に添えることと存じます。

何とぞご検討の上、ご高配いただけますようお願い申し上げます。

取り急ぎ書中にてご紹介申し上げます。

敬具

外注先の実績や能力を伝えるには、具体的な数字があると分かりやすい

必ず相手の許可を得た上で紹介すること

書き換え文例
「ご要望にも必ずやお応えできる」

ワンランクアップ! 文書テクニック

紹介する際は、なるべく主観を省いて、客観的に事実を述べること。「紹介しなければ」という使命感だけで、よく知らない会社・人を紹介するのはトラブルの元となる。

製品の紹介状

謹啓　厳寒の候、貴社ますますご清祥のこととお慶び申し上げます。平素よりのご厚情大変ありがたく存じます。

さて、貴社におかれましては、ご使用されているものに代わる最新のサーバーをお探しとのご意向を拝承いたしましたので、リーサービス社製のサーバーをご紹介させていただきたいと存じます。

リーサービス社の新製品の性能とデータ整合性についてはすでに実証済みで、大手ゲーム制作会社ブラーや新鋭通販会社ダバディなどでも使用され、業務の効率アップに大きな役割を果たしております。

詳細につきましては、同封のカタログをご覧くださいませ。ぜひこの機会にご検討いただけますようお願い申し上げます。

まずは取り急ぎ、用件のみにて失礼いたします。

謹白

覚えておきたい ビジネス用語

拝承→
聞くこと、承知することの謙譲語

製品についても人物や会社同様、性能や評価などを記す

書き換え文例

「詳しくは同封いたしましたカタログをご高覧の上、ご検討くださいませ。」

後任者の紹介状

拝啓　貴社ますますご清祥のこととお慶び申し上げます。平素は格別のご愛顧をいただき、誠にありがとうございます。

さて、私ことこのたび組織改変に伴う人事異動により、４月１日より山形支社営業部勤務となりました。つきましては、貴社担当の後任として、石渡涼をご紹介させていただきます。

石渡は入社以来５年を開発部で過ごしております。営業部への配属は初でございますが、商品開発やマーケティングの知識と経験は豊富であり、必ずや貴社のお力になれるものと存じております。どうか前任者同様のご指導を賜りますようお願い申し上げます。

本来ならば拝顔の上、ご挨拶申し上げるべきところではございますが、取り急ぎ書面にてご挨拶申し上げます。

敬具

書き換え文例

「本状を持参する者は、このたび貴社をご担当させていただく石渡涼と申します。」
（前任者が記した紹介状を持参して挨拶に行く場合）

書き換え文例

「それでも何かと行き届かない部分もあるとは思いますが、何とぞ」

実績や長所などを簡潔に記し、肯定的な文章で後任者を紹介する

推薦する

紹介よりも責任重大。説得力ある実績や推薦理由を伝える。

シチュエーション	取引先や懇意にしている人に対し、自分が本当に信頼し、自信をもって薦められる企業・人物を紹介するケース
目的	責任をもって人や会社同士をつなげ、両者がよりよい関係を築くとともに、自らを含めた三者間の信頼関係を強固にすること
ポイント	■自分が心から信頼できる企業・人物だけを紹介する ■推薦理由や相手の実績をしっかり検討し、説得力ある書き方を ■人物を紹介する際は、履歴書や職歴書を同封する

NG文書を添削！

業務提携企業の推薦状

H＆Bサービス株式会社
経営企画部部長　岡部隆志様

（手書き：貴社におかれましては、スイーツ部門の強化に向けて業務提携企業をお探しの旨を伺っており、）

拝啓　初夏の候、ますますご清祥のこととお慶び申し上げます。日頃は格別のご愛顧を賜り、心よりお礼申し上げます。

さて、~~今回は~~我が社と親しくお付き合いのある株式会社月岡総本舗をご推薦したく、筆をとった次第です。

（手書き：創業120年を数える）~~社歴も長い~~同社は、地元北海道産の材料にこだわる和菓子の老舗であり、ここ（手書き：10年）空港内店舗での売上や雑誌等の人気お土産ランキングでは、上位（手書き：3位）に入るほどの人気を誇ります。このたび代表取締役への鈴木康孝氏の就任に当たり、さらなる販路拡大を目指すとのことでご推薦申し上げるにいたった次第です。社長自身も誠実かつフロンティア精神旺盛な方ですので、~~必ずや貴社の発展に寄与するものと私が保証いたします~~（手書き：貴社の希望に適うことと存じます）。

会社資料を同封いたしましたのでお目通しいただき、ご引見いただければ幸いです。

よろしくご検討のほどお願い申し上げます。

敬具

推薦する理由を忘れずに入れる

推薦する根拠となる業績・実績については、しっかりと数字で示す

「必ず保証する」「絶対の自信」など、大げさすぎるアピールは避ける

人物の推薦状

拝啓　炎暑の候、ますますご清祥のこととお慶び申し上げます。平素はひとかたならぬご厚情を賜り、誠にありがとうございます。

さて、先日お話を伺った貴校男子バスケットボール部監督につきまして、藤原民雄氏をご推薦申し上げたく、お手紙を差し上げました。

藤原氏は学生時代、常に全日本チームのメンバーであり、選手引退後はアメリカにわたり、ＮＢＡにて本場のトレーニングの知識と技術を習得されておりました。帰国後はｂｊリーグ・アスレチックボンバーズの監督となり、同チームをリーグ優勝に導いた立役者です。ダイナミックで裏表のない人柄は、きっとチームを率いるに相応しい人材だと存じます。

参考までに、同氏の連絡先と経歴などを記した資料を同封いたしますので、よろしくご検討のほどお願い申し上げます。

敬具

CHECK!
人物については実績だけでなく、性格や印象なども伝えると、相手もイメージしやすくなる

書き換え文例
「ダイナミックで裏表のない性格も魅力であり、私が自信をもってお薦めする人材でございます。」

人物を推薦する場合は、職務経歴書や履歴書を同封

⇩ メールに書き換え

宛先：000@000.00.jp
ＣＣ：
件名：新監督をご推薦いたします
添付：藤田民雄氏経歴書.pdf

関東体育大学
総務部長　樋川成様

拝啓　時下ますますご清祥のこととお慶び申し上げます。
いつも大変お世話になっております。

さて､先日お話を伺った貴校男子バスケットボール部監督について、
藤原民雄氏をご推薦申し上げます。

藤原氏は学生時代、常に全日本チームのメンバーであり、
選手引退後はアメリカ・ＮＢＡにて
本場のトレーニングの知識と技術を習得。
帰国後はｂｊリーグ・アスレチックボンバーズの監督として、
同チームをリーグ優勝に導いた立役者です。

ダイナミックで裏表のない人柄は、
きっとチームを率いるに相応しい人材だと存じます。

参考までに、
同氏の連絡先と経歴などを記した資料を添付いたします。
メールにて恐縮ですが、どうかご引見いただければ幸いです。

業績・実績はきちんと整理して分かりやすく伝え、先方の要望と一致していることを示す

覚えておきたいビジネス用語
引見→
地位の高い人が人を呼んで面会すること

CHECK!
先方からの依頼によるケースを除き、メールでの紹介・推薦は失礼に当たる

弔慰《ちょうい》関連文書

必要事項を一定の形式に沿って記す。欠礼のないように注意する。

シチュエーション	家族や会社の人間が亡くなったことを取引先に知らせるケース、その報告を受けてお悔やみを述べるケース、お悔やみや葬儀への礼状を送るケースなど
目的	弔事を関係者に知らせ、故人の冥福を祈るとともに、遺族の悲しみを思いやること
ポイント	■一周忌の案内や香典返し等を除き、頭語や時候の挨拶は一切省く ■「再び」「また」「重ねて」など忌み言葉に注意 ■用紙は白を使用。毛筆書きする場合は墨を薄くする

NG文書を添削！

→死亡通知

拝啓　時下ますますご清祥のこととお慶び申し上げます。日頃は格別のご愛顧を賜り、心より御礼申し上げます。

さて、弊社前取締役会長高峰茂久儀、九十二歳の天寿を全うし永眠いたしました。

ここに生前のご厚誼を感謝するとともに、謹んでご通知申し上げます。

なお、本人の遺志により葬儀、告別式は行いません。

また、誠に勝手ながらご供花、ご供物、ご香典などにつきましてはご辞退申し上げます。

敬具

平成〇年八月二十一日

株式会社六嘉製麺
代表取締役　段場道朗

八月十九日に

の儀

一周忌の案内や香典返しなどを除き、頭語や時候の挨拶は省く

亡くなった日も忘れずに記述する

こちらの「儀」は儀式・礼式の意。名前などの後につけて「こと」「〜に関して」という意味をあらわす「儀」とは違うので注意

社葬の案内

弊社　専務取締役鈴木太郎儀　三月三十一日午後三時十二分急性肝炎のため六十二歳をもって永眠いたしましたここに生前のご厚誼を感謝し　謹んでお知らせいたします

なお通夜密葬は近親者のみにて相営みました

葬儀　告別式は左記の通り取り行います

記

葬儀　四月七日(水)午後一時～二時
告別式　四月七日(水)午後二時～三時
場所　代々木葬儀場　東京都渋谷区代々木〇-〇-〇

平成〇年四月一日

株式会社ニチジョー
葬儀委員長　代表取締役　坂本晃
喪主　鈴木倫子

書き換え文例
「通夜密葬の儀は近親者にて相済ませました」

覚えておきたいビジネス用語
相→
手紙や文書において、動詞に付けて語勢や語調を整える言葉

CHECK!
縦書きが一般的。形式に則り、句読点を用いずに1字分空ける書き方もある

通知年月日のあとに、喪主や主な遺族の氏名を書く。社葬など公式の通知書では、喪主の前に葬儀委員長の名前を記載する

会葬のお礼

謹啓　弊社専務取締役鈴木太郎葬儀に際しましては、ご多用中にもかかわらず、遠路ご会葬賜りましたことを心から厚くお礼申し上げます。おかげさまをもちまして、葬儀も滞りなく終えることができました。

早速拝趨お礼申し上げるべきところですが、略儀ながら書中にてご挨拶申し上げます。

謹白

平成〇年四月八日

株式会社ニチジョー
葬儀委員長　代表取締役　坂本晃

覚えておきたいビジネス用語
会葬→
葬列に参加して弔意を表すこと

書き換え文例
「当日は何かと不行き届きの点もあったと存じますが、何とぞご容赦のほどお願い申し上げます」

覚えておきたいビジネス用語
拝趨→
「出向く」の謙譲語

ワンランクアップ! 文書テクニック

弔慰関連書の忌み言葉は、不幸が重なることを連想させる「再び」「また」「重ねて」「たびたび」「繰り返す」や、不吉なことを連想させる「四(死)」「九(苦)」「終わる」「滅びる」「消える」など。

お悔やみ①

このたび小林常務には、不意の病で急逝あそばされましたことは、誠に痛恨の極みで心よりお悔やみ申し上げます。
営業部門の責任者として多くの新規開拓に参画され、今日の営業部を築かれたご功績は誠に多大と申さねばなりません。つい一週間前の連絡会議ではお元気なお姿を拝見していただけに、突然の訃報に驚きのほかございません。
この上は故人のご遺志を継いで、社業発展のために皆様方のさらなるご精励をお祈り申し上げます。
謹んで小林常務のご冥福を心からお祈り申し上げます。

平成○年八月二日

浪速開発工業株式会社
営業部　中時忠志

書き換え文例
「ただただ驚き入っております。」

CHECK!
先方の不幸を後から知ったとき、出張中などで葬儀に参列できないとき、葬儀に参列したが直接お悔やみを述べられなかった場合は、悔やみ状を送る

頭語や時候の挨拶は不要

覚えておきたいビジネス用語
あそばす→
「する」の尊敬語

お悔やみ②

貴社常務取締役北田様には、不慮の事故にて急逝の由、ただただ驚いております。社長を始めとして、全社員の皆様のご悲嘆もさぞかしとお察しいたします。
東京支店長として貴社の内外からの信望も厚く、温和なご性格は私どもの敬愛の的となっておられましただけに、不帰の客となられましたことは、痛恨の極みでございます。
この上は、故人のご遺志を体されて社業発展のためにご尽力されますことを、心よりお祈り申し上げます。
遠方のことにてご会葬も意に任せず、別封香料、ご霊前にお供えいただきたく、ご受納お願い申し上げます。
略儀ながら書面をもってお悔やみ申し上げます。

平成○年一月二十三日

利賀システム開発株式会社
代表取締役　利賀武弘

生前の厚情を心から感謝し、故人への哀悼の意を示す

書き換え文例
「本来であれば早速参上してお悔やみ申し上げるべきところですが、何分遠隔の身にて、」

覚えておきたいビジネス用語
香料→
香典のこと

ワンランクアップ! 文書テクニック
悔やみ状では、罫線のない白い便箋を用いること（薄い罫線の入った便箋でも可。業務用の便せんは絶対に使わない）。墨を使って書くと丁寧さが増すが、その際は必ず薄墨にする。

お悔やみ③

貴社取締役社長田中一郎様ご逝去の報に接し、謹んでお悔やみ申し上げます。
田中様にはひとかたならぬご厚情に預かりながら、ご恩に報いることもできぬままのお別れとなり、誠に申し訳なく残念に存じております。
ご遺族の方々を始め、貴社の皆様のお悲しみいかばかりかとお察し申し上げます。
海外出張中ではあったとはいえ、お悔やみが遅くなりましたことを謹んでお詫び申し上げます。
なお、心ばかりのご香料を同封いたしましたので、ご霊前にお供えいただけますようお願いいたします。
近々に参上しご弔問申し上げたく存じますが、まずは書面にてご追悼申し上げます。

平成〇年一月二十九日

株式会社東アジア通信社
代表取締役　小堀将弘

先方の不幸を知った段階で、ただちに書くことが礼儀。遅れた場合は、ひと言お詫びを入れる

「死亡」「死去」とは書かず、「逝去」「他界」などの言葉を用いる

書き換え文例
「同封いたしましたもの、」

お悔やみ④

只今ご内室様ご逝去の報に接し、ただただ驚くばかりで、何とも申し上げようもない次第でございます。手術も無事乗り越えられたと伺っておりましたのに、突然のご悲報にお慰めの言葉もありません。
あの明るい笑顔と我々を勇気付けてくれた爽やかな美声にお会いし、拝聴することがもう叶わないのかと思いますと、誠に残念でなりません。貴兄のご悲嘆は察するに余りあります。
ご愁傷の余り、ご健康を損なわれることのないようお祈り申し上げますとともに、謹んでご内室様のご冥福をお祈り申し上げます。

平成〇年六月二十九日

株式会社ロット調査
代表取締役　比留間晴海

覚えておきたい ビジネス用語
愁傷→
嘆き悲しむこと。また、相手を気の毒に思うこと。左文例の場合は前者

ビジネス上の付き合いから個人的親交に発展した相手だとしても、私的すぎる文面は避けるべき

遺族の心情や健康を思いやる一文を添えるとよい

香典返しの書状①

謹啓　弊社前社長　故　佐藤和子の社葬に際しましては格別のお心配りを賜りまして　誠にありがたくお礼申し上げます

本日中陰の忌明を迎えるにつきまして　心ばかりの品をお届け申し上げました　何とぞご受納賜りたく存じます

略儀ながら　書中をもってご挨拶申し上げます

謹白

平成○年四月二日

トウキョウネギツコ販売株式会社
専務取締役　大谷光夫
嗣子　佐藤直久

覚えておきたいビジネス用語
嗣子→
家を継ぐべき子、跡取り

CHECK!
中陰とは、仏教用語で人の死後四十九日に当たる日。香典返しの時期は、仏式では四十九日か三十五日の忌明け後、神式では三十日祭か五十日祭、キリスト教では十日から三十日後となっている

社葬の香典返しの挨拶状は、会社・同代表者・喪主の連名で出す

香典返しの書状②

謹啓　先般、弊社前会長上野原涼一の葬儀に際しましては、ご懇篤なご弔詞を賜りました上に、ご丁重なご供物をお供えいただきまして、厚くお礼申し上げます。

つきましては本日、故人の七七日忌を機に、皆様からのご芳志に故人追善供養の微志をあわせまして、次の通り故人生前の遺志により寄付させていただきました。何とぞ御承知いただきますよう、お礼を兼ねてご挨拶申し上げます。

謹白

平成○年六月九日

株式会社領三産業
代表取締役　中村正彦
嗣子　上野原美子

寄付先　財団法人　北日本農芸化学開発基金
寄付金額　一金弐百五拾万円也

覚えておきたいビジネス用語
追善→
故人の冥福を祈って仏事供養を営むこと

覚えておきたいビジネス用語
懇篤→
心がこもっていること

CHECK!
近年では、香典返しの代わりに社会事業や学術研究費に寄付することも。文書の構成は基本的には上に同じだが、違いは香典返しの品の送付について記すところを、故人の遺志によって寄付したと述べている点。この場合、寄付先と金額を別記する

お悔やみ状へのお礼

謹啓　このたびは弊社取締役会長河田昭三の永眠に際しまして、お心のこもったお悔やみを賜り、誠にありがとうございます。

野田社長の温かいお言葉に社員一同励まされ、社葬も滞りなく執り行うことができました。故人の遺志を継ぎ、一同心をひとつにして社業へ邁進してゆく所存でございます。

生前のご厚情に感謝申し上げますとともに、今後も変わりないご厚誼を賜りますようお願い申し上げます。

略儀ながら、まずは書面にてお礼申し上げます。

謹白

平成○年八月十七日

田町玩具株式会社
代表取締役　河野三千哉

前文は省く。頭語・結語を省く場合もある

葬儀参列者に会葬礼状を手わたすのと同じように、届いたお悔やみ状についても早急にお礼状を送ること。その上で、四十九日以降に改めて香典返しを送るとよい

書き換え文例

「ご丁重なご弔慰のお手紙並びに過分なるご芳志を賜りまして、」

忌中見舞い

謹啓　ご令室がご逝去されましてから早くも四十九日を迎えられ、ご遺族ご一同様にはいよいよお寂しくお過ごしのこととお察し申し上げます。

一度お伺いしてご慰問申し上げたいと存じながら、その日その日の業務に追われ、心ならずとも失礼を重ねております。

別送の品、心ばかりのものでございますが、ご仏前にお供えくださいますようお願い申し上げます。

略儀ながら忌中のお見舞いまで申し上げます。

謹白

平成○年六月一日

小山産業株式会社
代表取締役　同山晃

CHECK!

供え物を送る場合、のしには「御供」「御仏前」と記す

四十九日までは、時候の挨拶など前文は省く

死後の四十九日間を「忌中」という

忌中見舞いへのお礼

謹啓　先般、亡妻由紀子の葬儀に際しましては、ご多用中にもかかわらず遠路わざわざご会葬くださり、ご丁重なるご芳志を賜り、さだめし故人も喜んでいることと存じ厚くお礼申し上げます。
　また、ご丁重な忌中見舞いのお手紙と、お心のこもったご供物、誠にありがとうございます。おかげをもちまして、ようやく平常心に戻りつつあります。
　書中略儀ながら右お礼かたがたご挨拶まで申し上げます。

謹白

平成〇年三月十三日

丸谷建設株式会社
代表取締役　丸谷稜

頭語で始まるが、前文を省いて主文に入る

CHECK!

お見舞いを書く場合は、故人のことを相手との関係にしたがって「貴社社長」「ご令室」「ご子息」「御尊父様」「御母堂様」と呼びかける。一方、身内の故人をさす場合は「弊社前社長故〇〇」「亡妻（夫・父・母・子）〇〇」などと表す

覚えておきたい ビジネス用語
さだめし→
さぞかし、おそらく

偲ぶ会のお知らせ

拝啓　日増しに寒さの募る今日この頃、皆様におかれましてはご健勝のこととお慶び申し上げます。
　さて、弊社専務取締役沢渡茂人が去る八月二日に逝去しましてから、三カ月余りが経ちました。皆様にはすでにお伝えしていた通り、故人の遺志により葬儀は御親族のみで執り行われました。
　そこでこのたび、生前交流のあった方々にお集まりいただき、故人の人柄や仕事ぶりを語り合いながらその足跡を振り返るべく、左記の通り偲ぶ会を開催したいと考えご案内させていただきました。
　ご多用中のところ恐縮ではございますが、何とぞご来席賜りますようお願い申し上げます。

敬具

平成〇年十一月十日

株式会社篠崎設備
代表取締役　荒井知典

記（以下略）

書き換え文例
「生前賜わりましたご厚誼、ご厚情に対しまして、亡き沢渡常務に代わりましてお礼申し上げます。」

四十九日が過ぎたら、頭語や時候の挨拶などを入れた文章にするのが一般的

書き換え文例
「当日は平日にてお越しいただくとともに、ご厚志等につきましてはご辞退申し上げますのでご了承いただければ幸いです。」

ワンランクアップ! 文書テクニック
有志が集まって偲ぶ会を行う場合、発起人全員の名前は50音順に表記。また、会費が必要な場合は金額も明記する。

一周忌の案内

謹啓　初秋の候、皆様におかれましてはますますご清祥のこととお慶び申し上げます。平素は格別のご愛顧をいただき厚くお礼申し上げます。

さて、来たる九月三十日は弊社前会長故嘉山修三の一周忌に当たります。つきましては生前お世話になりました方々をお招きし、左記の通り一周忌の法要を営みたく存じます。

ご多忙中誠に恐縮ではございますが、何とぞご参会賜りますようお願い申し上げます。

謹白

平成○年九月五日

嘉悦食品販売株式会社
代表取締役　月岡敦

記

（中略）

なお、お手数ではございますが、同封のはがきにて九月二十日までに御返信くださいますようお願い申し上げます。

以上

故人の名前、生前の役職、どの年忌法要に当たるか、その日付などを記す

書き換え文例

「ご温情をいただいた皆様のご来臨を願いまして、心ばかりの集いを開きたいと」

法事欠席の挨拶状

謹啓　陽春の候、皆様にはいよいよご清祥のこととお慶び申し上げます。

さて、月日の経つのは早いもので、前会長が長逝されましてから早二年になろうといたしております。来たる四月十二日の祥月命日にはぜひ貴地に参上してお墓参りをさせていただきたいと存じておりましたが、家内の入院によりそれが叶わなくなりました。

つきましては、心ばかりのものでございますが、ご墓前にお供えくださいますようお願い申し上げます。

気候不順の折柄、ご自愛のほど切にお祈り申し上げます。

謹白

平成○年四月二日

京楽出版株式会社
代表取締役　石川午介

覚えておきたい ビジネス用語

祥月命日→
一周忌以降の故人が亡くなった月日のこと

年忌法要案内などの文章では、慣用句として使いたい

書き換え文例

「同封のもの、甚だ些少ではございますが、ご仏前にお供えください。」

➡弔電

CHECK！

まずは、訃報を受けての悲しみを表する。続いて、遺された者を慰める言葉、その健康を気遣う言葉、故人に生前受けた厚情を感謝する言葉、故人の功績をたたえる言葉などを。最後に、哀悼の意を表す言葉で締める

覚えておきたいビジネス用語

訃報→
死去したという知らせ

御社社長の訃報に接し、心よりご冥福をお祈りいたします。ご生前のご厚情に深く感謝するとともに、謹んで哀悼の意を表します。

御社専務山田一郎様の突然の悲報に接し、驚きを禁じ得ません。謹んでお悔やみ申し上げます。

御社常務山田花子様ご逝去の知らせに対し、弔問叶わぬ非礼をお詫びし、ただご冥福をお祈りするばかりです。

御社社長山田一郎様のご逝去に接し、心よりお悔やみ申し上げます。皆様方のお悲しみ、いかばかりかと拝察いたします。

故人のご功績を称え深く哀悼の意を表します。

書き換え文例

「痛惜の念に堪えません。」
「謹んでお悔やみ申し上げます。」
「惜別の急を禁じ得ません。」
「言葉もございません。」
「お慰めの言葉もみつかりません。」
「ただただ呆然としております。」

書き換え文例

「心よりご冥福をお祈り申し上げます。」
「はるかに哀悼の意を表します。」
「安らかにご永眠されますようお祈りいたします。」

ワンランクアップ！ 文書テクニック

弔電の差出人については、取引先等の場合は社長または部署長の名前で。宛名は喪主の名前にするのが一般的だが、分からない場合は「○○様ご遺族（遺族ご一同）様」でもよい。

弔電へのお礼

弊社会長　故山田一郎儀の葬儀に際しましては、ご丁重なご弔電を賜り、誠にありがとうございました。おかげさまで葬儀も滞りなく相営むことができました。

生前のご厚情に対し感謝申し上げますとともに、会長亡き後も変わらぬご厚誼を賜りますようお願い申し上げます。

略儀ながら、書面にてお礼を申し上げます。

平成○年一月十二日

株式会社安心安全運輸

葬儀委員長　代表取締役　遠山恭一郎

喪主　山田優生

親族一同

書き換え文例
「○○様の温かなお心遣いに励まされ」

季節や安否確認の挨拶は省く

社葬の場合、差出人名には葬儀委員長の氏名を忘れずに。続けて喪主の氏名、さらに「親族一同」と入れる場合もある

新聞広告での死亡通知

弊社代表取締役社長　中村次郎儀　去る七月十四日午前五時十二分　脳梗塞のため享年六十二歳にて永眠いたしました　ここに生前のご厚誼を深謝し　謹んでご通知申し上げます

通夜および密葬は七月十六日に親族のみで相済ませました

追って社葬は左記の通り執り行います

なお　誠に勝手ながらご供物の儀は固くご辞退申し上げます

記

日時　七月二十五日(木)午後一時から三時

場所　乃木坂斎場　東京都港区乃木坂○-○-○

(東京メトロ「乃木坂」駅徒歩3分)

電話　○○-××××-△△△△

平成○年七月十七日

ハッピーシニア株式会社

代表取締役　野賀見征二

補足・注意事項等は文末に記す

句読点を用いない書き方をすることも多い

書き換え文例
「左記において仏式にて相営みます」

会社名だけを掲載するケースもある

COLUMN

冠婚葬祭の表書き

基本的な書き方

表書きはある意味、最も短い文章といえます。伝統に則った書き方のルールがあるので、それらをしっかり守って、効率よく相手に意志を伝えられるようになりましょう。

①名前は下側の中央に

のし袋の中央には、必ず水引きが付いていますが、これによって表書きが隠れないようにしましょう。姓名は下側の中央に書きます。連名の場合には、年齢順に中央から左へ書き、右下には余白を残しておきましょう。なお、4人以上になるとバランスが悪くなるので、「○社一同」といった表現を用いるか、個々の名前を別紙にまとめて書いて同封します。

②肩書きは名前の右側に

肩書きは、姓名とセットで下側の中央右側に書きます。肩書きや姓名のみが中央にならないよう気を付けてください。また、肩書きは姓名よりも小さめの文字で書きます。

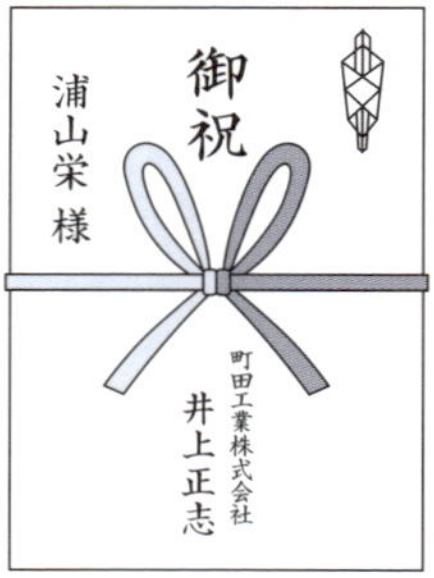

宛名は左、姓名は下側中央左、肩書きは下側中央右に書く。

主な表書き

各ケースで記入する表書きが異なるので、以下を参考に書き分けるようにしてください。

結婚	寿／御祝／内祝（結婚・出産した本人から送る場合）
退院	御礼／快気祝
儀礼	御年賀／お年玉／御中元／御歳暮／御見舞
転勤	御餞別
弔慰	御霊前（どの宗教でも使える。浄土真宗以外の仏教は四十九日までがこの表書き）／御仏前（仏教では四十九日の法要から御仏前にする）／御香料／玉串料／御布施／御花料
その他	寸志（目上の相手に対しては使わない）／粗品

第4章

企業内コミュニケーションが高まる

社内文書

社内文書のポイントと基本項目

挨拶や敬語は必要最小限に。
簡潔な文章でスムーズに情報を共有しよう。

社内文書は、「会社から社員へ伝える文書」、「社員から会社へ伝える文書」の２つに大きく分けられます。いずれも、適宜省略しながら簡潔に分かりやすくまとめることが大切です。

ポイント1

敬語は必要最低限でよい

社外文書とは異なる、社内文書ならではのポイントは「敬語は必要ない」ということです。情報伝達のためには、まわりくどい敬語表現を省き、短く効率のよい文章を心がけましょう。

ポイント2

前文も末文も必要なし

社外文書で必須とされる、時候の挨拶や日頃の感謝の言葉などは必要ありません。伝えたい内容がひと目で分かるタイトルを書いたら、すぐに主文に入りましょう。主文で用件を伝えるだけでよく、結びの挨拶などの末文も不要です。

ポイント3

箇条書きと添付書類を活用する

どうしても文書が長くなってしまう場合には、箇条書きを用いるとみやすくなります。また、主文で概略を説明し、詳細を添付資料にまとめる方法も有効です。常に読む人の気持ちになって考え、忙しい合間でもスムーズに内容を理解してもらえるよう、工夫しましょう。

ポイント4

形式を踏まえて書く

社内文書にはさまざまな種類があり、その文書ごとにある程度のパターンが決まっています。そのため、文書ごとの形式に則った書き方を覚えることが大切です。また、会社によってはあらかじめ文書がフォーマット化されている場合もあります。

社内文書の基本項目

総用発第40号 ❶
平成○年９月20日 ❷

❸ 社員各位

総務部厚生課長　和田一男 ❹

社員慰安旅行について（案内） ❺

紅葉の季節を迎えようとしております。恒例の社員慰安旅行を下記の通り行うことが決定いたしました。不参加の方は、９月末日までに厚生課までご連絡ください。 ❻

記 ❼

1．	日時	10月18日（木）～10月20日（土）
2．	集合場所	10月18日午前９時、本社正門前
3．	行き先	栃木県鬼怒川温泉
4．	宿泊先	日光ホテル
		電話　○○－××××－△△△△

夜はカラオケ大会など、楽しい趣向を用意しております。奮ってご参加ください。

以上

総務部　渡辺英二（内線・354） ❽

❶文書番号
文書番号の前に文書記号を書くのが一般的。文書記号は部課名を省略して用いるものが多いが、会社、部署の慣例に従うこと。

❷日付
文書を発信した日付を記入する。年号から省略せずに書くが、通常、曜日は記入しない。

❸宛先
社内文書では原則として職名のみを書く。宛先が職名・氏名の場合は、発信者も職名・氏名とすることが多い。敬称は「様・殿・御中・各位」などを用いる。

❹発信者
文書の発信者の部署名、役職（肩書き）、氏名を書く。

❺標題
一般的には「○○について」と書き、ひと目で主文の内容を理解できるようなものにする。結びに、（照会）・（回答）・（通知）・（案内）といった文書の種類を書き添える場合もある。

❻主文
社内文書では形式的な挨拶文などは省略し、すぐに用件に入る。簡潔な表現を心がけ、詳細は別記に譲ること。

❼別記
主文で説明しきれなかった詳細について書く。箇条書きで項目ごとに分けて記述すると分かりやすい。

❽担当者
問い合わせなどのために、「以上」の下に担当者の名前と連絡先（内線番号、メールアドレスなど）を書く。

掲示・案内する

伝えたい内容をよく理解し、簡潔、平易、正確、親切に。

シチュエーション	健康診断や社内レクリエーション、社内サークル、社員旅行、社内セミナー、訃報など、社内全体に情報を伝えるケース
目的	社員に対して、「何かを知らせる」、「何かを分からせる（説得する）」、「何らかの行動を促す」こと
ポイント	■社内向けの文書なので、定型や敬語にこだわらず柔軟な表現を ■掲示物は立った状態で読まれることを考慮して簡潔に書く ■見出しは分かりやすく、人をひきつけるような文面に

NG文書を添削！

→春季慰安旅行の案内

平成○年３月20日

社員各位~~様~~

厚生課長　和田一男

春季社員~~ご~~慰安旅行について（~~ご~~案内）

うららかなよい季節になりました。~~社員の皆様には毎日ご多忙ご苦労さまに存じます。~~

さて、社員慰安旅行を~~とり行うことになりましたので、~~（行い）下記の通りご~~案内申し上げます。皆様全員のご参加を期待しており~~ます。なお、業務上の都合で不参加となる方は、厚生課担当者までご連絡を~~お願いいたします~~（ください）。

記

1．日時　４月28日（水）～29日（木）

2．集合場所　東京駅丸の内北口

3．集合時間　４月28日午前８時30分（時間厳守）

4．行先　南房総・白浜

5．宿泊先　房総観光第一ホテル（一泊）

電話○○－××××－△△△△（代）

<備考>

28日の夜は宴会の後、職場対抗麻雀大会を開きます。参加希望者は所属課長まで申し出てください。

担当　渡辺英治（内線・987）

- 全社員に配布するからとはいえ、丁寧すぎる表現は避ける
- 「ご慰安」「ご案内」など丁寧語の表現は避ける
- 形式的な挨拶文は省略してもOK
- 掲示物は立って読まれることを常に意識して、無駄な表現は省く

➡秋季定期健康診断の掲示

秋季定期健康診断のお知らせ

平成○年度の秋季定期健康診断を下記の要領で実施いたします。対象者各位は必ず受診してください。

記

1．日時　平成○年10月15日（火）　午前９時～午後３時
2．場所　本社３階診察室
3．実施項目　体重測定・視力検査・胸部Ｘ線間接撮影・血圧測定・聴診
4．対象者　希望者全員。ただし、次に該当する人は除く。
　• 今年度春季健康診断を受診した人
　• 今年度の新入社員
5．申込方法　所定の受診申込用紙に氏名を記入の上、９月28日（金）17時までに厚生課窓口まで申し出ること。業務の都合上やむを得ず受診できない人も、同日までにご連絡ください。改めて受信日を指定します。

以上

内容を項目ごとに分け、箇条書きで書いたほうが分かりやすい文面になる

やむを得ず参加できない社員への配慮も忘れずに

⇩メールに書き換え

宛先：000@000.00.jp, 111@111.11.jp………
CC：
件名：秋季定期健康診断実施のお知らせ
添付：kenkoushindan.pdf

社員各位
平成○年度の秋季定期健康診断を下記の要領で実施いたします。
対象者各位は必ず受診してください。
●日時　平成○年10月15日（火）　午前９時～午後３時
●場所　本社３階診察室
●実施項目　体重測定・視力検査・胸部Ｘ線間接撮影・血圧測定・聴診
●対象者　希望者全員。ただし次に該当する人は除く。
　・今年度春季健康診断を受診した人
　・今年度の新入社員
●申込方法　所定の受診申込用紙に氏名を記入の上、９月28日（金）17時までに厚生課窓口まで申し出ること。業務の都合上やむを得ず受診できない人も、同日までにご連絡ください。改めて受信日を指定します。

配布したい文書をメールに添付する方法もある

箇条書きの冒頭に番号ではなく、「●」や「・」などの記号を付けて目立たせてもよい

➡社内レクリエーションの告知

第５回ボウリング大会のお知らせ

今年度秋季社内各部対抗ボウリング大会を、下記の通り開催いたします。各部門では、出場選手を選出し、９月中に総務部に申し出てください。奮ってご参加ください。

記

１．日時　平成○年10月14日（日）　9：00～15：00

２．場所　鶴亀ボウル

３．食事　昼食は会社で準備します。

４．詳細については追ってプリント配布します。

以上

レクリエーション大会を知らせる掲示文などでは、事務的で硬い言葉遣いは避ける

本文を短く要領よくまとめるために、詳細を後ほど案内するのもよい

➡社内サークル会員募集の掲示

「ゴルフ同好会」メンバー募集のご案内

日頃、運動不足を嘆いておられる皆さん、私たちと一緒にさわやかな汗を流してみませんか。ゴルフ経験のない方でも大歓迎です。夏には合宿も予定しております。下記の要領で会員を募集しておりますので、皆さん奮ってご入会下さい。

記

１．練習日時　毎週土曜日　14：00～16：00まで

２．練習場所　若尾スポーツセンター　ゴルフ練習場

３．指導　若尾ゴルフスクール専属コーチ　一堂礼氏

４．会費　全額会社負担

５．申し込み　営業第一課　大川賢三（内線・3351）まで

以上

CHECK!

勧誘が目的の文書なので、事務的な表現は避けて、楽しい文面・レイアウトを目指す

やや くだけた表現を使って、親しみやすい文面に。参加意欲をそそる内容を心がけよう

書き換え文例

「ゴルフ経験者はもちろん、未経験の人や女性も多数参加しています。」

ワンランクアップ！ 文書テクニック

掲示板にはたくさんの掲示物が貼られているので、目に留まりやすいよう文書を目立たせよう。見出しの文字サイズを大きくしたり、キャッチーな言葉を使ったりして、告知効果を高めること。

➡社内競技大会の案内

新入社員歓迎
社内卓球大会のお知らせ

恒例の新入社員歓迎の職場対抗卓球大会を、下記の通り実施いたします。参加を希望する方は１チーム計４名の編成で厚生課へ申し込んでください。なお、今年度から、通常の部署別対抗戦に加えて、男女別の新人戦（トーナメント方式による個人戦）も実施しますので、新入社員も奮ってご参加ください。

記

１．日時　５月15日（土）　10:00～15:00
２．場所　東町体育館
３．備考
- 昼食は会社で準備します。
- 盛りだくさんの商品を用意しております。
- 詳細については厚生課窓口にパンフレットが用意してあります。

以上

誰にみてもらいたいのか、対象を明記しておくとよい

恒例行事で新しい企画が行われる場合には、その内容を必ず文面に入れる

参加意欲を刺激する文言を入れる

➡送別会の案内

送別会のお知らせ

このたび、営業部の平川大助部長が、平成○年４月１日付で横浜支店へ異動されることになりました。つきましては、平川部長の今後のご活躍を祈って、送別会を開催いたします。
ご出席のほど、よろしくお願いいたします。

記

１．日時　　平成○月３月24日（金）午後18時半～
２．場所　　「割烹　すすきの里」
　　　　　　住所　東京都千代田区飯田橋○－○－○
　　　　　　電話番号○○－××××－△△△△
　　　　　　※地図は別紙参照
３．会費　　5,000円（当日徴収します）
４．申込　　参加希望者は、３月15日（水）までに幹事・市川（内線・58番）までご連絡ください。

以上

覚えておきたい ビジネス用語
異動→
会社などの組織内で担当する職務や役職、勤務地などが変わること。「人事異動」ともいう

誰が、いつ、どこへ異動になるのかを明確に

書き換え文例
「皆様ご出席くださいますよう、お願いいたします。」

社員慰安旅行の案内

社員慰安旅行について（案内）

紅葉の季節を迎えようとしております。恒例の社員慰安旅行を下記の通り行うことが決定いたしました。不参加の方は、９月末日までに厚生課までご連絡ください。

記

１．日時　　10月18日（木）～10月20日（土）
２．集合場所　10月18日午前９時、本社正門前
３．行き先　　栃木県鬼怒川温泉
４．宿泊先　　日光ホテル
電話○○○○－××－△△△△

夜はカラオケ大会など、楽しい趣向を用意しております。奮ってご参加ください。

以上

総務部　渡辺英二（内線・354）

書き換え文例
「さわやかな秋晴れの日が続いております。」

宿泊先の電話番号も付記しておく

覚えておきたいビジネス用語
趣向→
味わいや面白みが出るような工夫

会議室利用の案内

会議室利用について

会議室利用の方法などにつきまして、徹底されていない点がありますので、改めて下記の通りお知らせします。各自ご確認ください。

記

１．利用できる会議室
第一会議室（３階）　定員60名　内線・3274
第三会議室（３階）　定員30名　内線・3276
研修室（別館２階）　定員40名　内線・5782
※なお、第二会議室はＴＱＣ委員会が常時使用するため利用できません。
２．会議室利用の申し込み
総務部石岡（内線・2343）に、利用日の一週間前までに予約の連絡を入れてください。
３．会議室備え付けの備品
プロジェクター、ＤＶＤデッキなど用意してあります。利用する方は予約の際に申し出てください。

利用定員数、申込方法、備え付けの備品・設備などを知らせることで、会議室の有効利用を図る

規則の存在を再確認させることで、会議室運営の円滑化を図る

情報が多岐にわたる場合、箇条書きで要点をスッキリさせて伝える工夫を

ワンランクアップ！ 文書テクニック
社内文書では敬語や慣用句は不要。言葉遣いを気にしてまわりくどい表現を多用すると、肝心の情報が伝わらなくなる。情報はできる限りシンプルに伝えよう。

➡防災訓練実施の掲示

防災訓練実施のお知らせ

9月1日は「防災の日」です。下記の要領で避難訓練および消火訓練、救護訓練を行いますので、ご理解、ご協力のほど、よろしくお願いいたします。

記

1．日時　8月31日(金)　10:00〜13:00
2．訓練内容　地震発生を想定した避難訓練、消火訓練、救護訓練
3．備考　事前に「防災マニュアル」に目を通し、訓練内容を確認しておくこと。避難経路は別添の資料を参照のこと。当日は管理者の指示に従い、速やかに行動すること。

以上

CHECK!
防災訓練は危機管理のための重要な社内行事。社員全員の目に留まるよう目立つ場所に掲示する

覚えておきたいビジネス用語
別添→
別に添えること（参考資料などを添えたい場合に用いる。なお「別紙」とは、文書の内容をさらに詳しく説明するときに添える文書のこと）

案内図を添付したり、箇条書きを用いたりするなど、分かりやすく伝える

➡社内運動会の案内

運動会開催について

スポーツの秋が到来しました。毎年恒例の社内運動会を下記の通り開催いたします。多数の参加賞のほか、各競技の優勝者には豪華な商品も用意しております。皆様、ご家族もお誘い合わせの上、奮ってご参加ください。

記

1．日時　10月12日(金)　9:00〜15:30
2．集合場所　8:30　本社グラウンド(時間厳守)
※雨天の場合は体育館に集合すること
3．備考　参加者の昼食は会社で用意します。各部署長は家族を含めた参加人数をとりまとめ、10月5日(金)までに総務部にお知らせください。競技種目は別紙プログラムを参照してください。

以上

書き換え文例
「風薫るさわやかな季節となりました。」

書き換え文例
「お子様用の楽しい競技種目やプレゼントも用意しています。」

覚えておきたいビジネス用語
奮って→
自分から進んで、積極的に（「振るって」は誤記なので要注意）

雨天の場合の対応にも必ず触れる。順延する場合にはその日時を案内すること

社内セミナー実施の案内

第４回社内ＬＡＮセミナーの開催について（案内）

標記のセミナーを下記要領にて実施いたします。貴店のセミナー受講対象者のうち、まだこのセミナーを受けていない方に対し、特別の事情がない限り、受講するようお勧め願います。

記

１．日時　　平成○年10月８日（火）　午前10：00～午後２：00
２．場所　　本社17階会議室
３．講師　　山中大学教授　海野次男氏
　　　　　　川下コンピュータ技術主任　今野太郎氏
　　　　　　秋田経営コンサルタント所長　秋田金作氏
４．内容　　「社内ＬＡＮについて」（利用の実際、業務管理）
５．対象者　係長（既受講者を除く）および課長
６．備考　　教材は開場で配布します。要筆記用具持参。
７．申込　　貴支店の受講者氏名を、10月１日までに総務課主任・町野（内線・5521）宛てに電話でお知らせください。

以上

業務にかかわるセミナーの開催通知は、事務的な言葉遣いで必要事項を簡潔に

時間の表記には午前、午後を付けて誤解を招かないよう注意する

CHECK！

社内文書でも数字の間違いは命取り。特に日時や場所は繰り返しチェックすること

訃報の掲示

訃報

本社　経理部　山内真治様が　五月十四日午後十五時頃　心不全のためご逝去されました　享年五十四歳
通夜および葬儀告別式は下記の通り執り行われますので　謹んで故人のご冥福をお祈りいたします

記

通夜　五月十六日（水）　午後六時～八時
葬儀告別式　五月十七日（木）　午前十時～十二時
式場　飯田橋セレモニーホール
　　　東京都千代田区飯田橋○-○-○
　　　電話番号　○○-××××-△△△△
喪主　妻　山内優子様
備考　無宗教葬にて執り行われます。

以上

その他に「永眠されました」などの表現もある。「死亡」「亡くなる」といった直截な表現は避ける

覚えておきたいビジネス用語

逝去→
死ぬの尊敬語。一般的には前に「ご」をつける

書き換え文例

「心よりお悔やみを申し上げます」

弔電、供花を用意する場合に備え、送り先の正確な名称・住所・電話は必ず書き添える

神式、仏式、キリスト教など、宗旨、宗派についても明記する

ワンランクアップ！　文書テクニック

これまで訃報の書式には縦書きが用いられてきたが、最近では他の社内文書と同様に横書きで書かれるケースも増えている。

➡社内公募のお知らせ

自社ＨＰリニューアルに伴う
キャッチコピー募集のお知らせ

現在、我が社は自社ＨＰをリニューアルするべく、準備を進めております。つきましては、トップページのキャッチコピーを募集します。海鳴出版株式会社を的確に表現するコピーを、柔軟な発想で考えてみてください。

原稿が採用された方には薄謝を進呈いたします。どうぞ奮ってご応募ください。

記

1．テーマ　「海鳴出版株式会社」ＨＰのトップページを飾るキャッチコピー。
現状のヘッダー部分のメインコピーに代わるコピーを募集します。約30字以内が目安。ＨＰ閲覧者が最初に目にするところなので、強く印象が残りそうな案をお願いします。

2．投稿の宛て先・問い合わせ
広報部・牧田（内線・3751、makita-m@zzz.jp）

3．締切　12月20日（金）午後18時まで

以上

書き換え文例
「皆様からのアイデアがＨＰリニューアルを盛り立てます。」

募集する内容を詳細に書き記すことで、応募数を増やしたい

気軽に応募できるよう、メールアドレスも付記しておくとよい

➡役員会招集のお知らせ

総第78号
平成○年10月18日

取締役各位

総務部　村田一太

取締役会の開催について

下記の通り定例取締役会を開催いたします。
関係者は全員ご出席ください。

記

1．日時　平成○年11月15日（水）　午前10時00分～12時00分
2．場所　本社　第７会議室
3．議題　（１）今年度上半期経営報告
（２）来年度の方針について
4．備考　事前に別添資料に目を通していただき、ご検討の上、当日ご持参ください。

以上

役員会招集の通知なので、タイトルはシンプルに

書き換え文例
「関係者各位は、全員ご出席のほど、よろしくお願い申し上げます。」

書き換え文例
「別添資料をご確認、ご検討の上で、当日のご持参をお願いいたします。」

回覧する

忙しい業務の合間にも確実に読んでもらえるような工夫を凝らす。

シチュエーション	全社員または特定の部課内に情報を伝達するケース。例えば、社内懇親会や取引先への見舞金募集、定例会議開催の案内など、用途は幅広い
目的	回覧印を設けることで、誰に情報が伝わったかが一目瞭然となる。確実で迅速な情報伝達効果も期待できる
ポイント	■発信者の部課名、氏名および回覧の目的を明確にする ■回答が必要であれば、その方法、宛先、期日などを分かりやすく ■文書の目的を明確にするため、「回覧」「供覧」と明記する

NG文書を添削!

➡社内懇親会のお知らせ

~~社員各位~~ 回覧

社内懇親会のお知らせ

今年もいよいよあと20日余りとなりました。そこで一年の労をねぎらいつつ、社員相互の親睦を図るため、下記により懇親会を開催いたします。（楽しい余興や豪華商品が当たるゲーム大会など企画しています。）皆様、奮ってご参加ください。

記

1．日時　平成○年12月21日(金)　18:00から

2．場所　神楽坂　飯田橋ホテル

住所　東京都千代田区飯田橋○－○－○

電話番号　○○－××××－△△△△

3．会費　5,000円(当日持参)

4．幹事　総務課　池田(内線・636番)

※12月10日までに幹事に~~出欠をお知らせして~~（戻すようご回覧）ください。

名前	田中(祐)	山田	斉藤	中井	須藤
回覧日					
出欠(○・×)					

一番目立つ冒頭に回覧マークを入れる

参加意欲を掻き立てるような一文を挿入するとベター

この文面では個別に出欠を返答しなければならないように読める。「ご回覧ください」の一言を添えたほうがよい

表形式で回覧日と出欠を回答してもらうと分かりやすい

義援金協力依頼の回覧

回覧

株式会社飯田橋食品様へのお見舞いについて

去る1月20日に松山第二工場にて発生した火災により、弊社の大切な取引先である株式会社飯田橋食品様が甚大な被害を受けられました。つきましては、お見舞金をお届けしたいと思います。

ご協力いただける方は、2月1日(金)までに総務部までお申し出ください。なお、金額の多寡は問いません。

皆様、温かいご支援のほど、どうかよろしくお願いいたします。

問い合わせ　総務部　高梨(内線・122)

以上

見舞いの目的を具体的に明記する

お見舞金は早いタイミングで送りたいので、期限を設定する

覚えておきたい ビジネス用語
多寡→
多いことと少ないこと。または、その量や額

書き換え文例
「額の多少にかかわらず、ご協力のほどをお願いします。」

会議開催の回覧

回覧

営業会議開催のお知らせ

下記の通り、本年度第2回目の営業会議を開催いたします。基本的に全員参加を原則とします。

記

1．日時　10月10日(水)　午前10時～12時
2．場所　本社第1会議室
3．議題　営業活動の現状と今後の営業方針について

以上

回覧文の目的がひと目で分かるタイトルにする

内容は分かりやすく箇条書きにまとめる

ワンランクアップ! **文書テクニック**

回覧文の用途は幅広く、社内交流会などの連絡に用いるときにはユーモラスな文面を工夫するのもよい。ただし、義援金協力などの重要なものは、正式な文書作成のルールに沿って作成するのが望ましい。

支社作成資料の供覧

供覧

平成○年５月10日

各課長殿

文書課長　菅野博

「ヨーロッパ市場」調査資料について

ロンドン支社がまとめた「ヨーロッパ市場」調査資料が送られてきましたので、ご参考までに供覧します。

なお、供覧後は文書課にて保管します。

以上

覚えておきたいビジネス用語

供覧→
(文書などを)多くの人がみられるようにすること
回覧→(文書などを)順送りにまわして読むこと

回覧文書類は「です・ます」調で書くのが一般的

供覧文書は役職が上の人から順にまわすのが通例

新商品説明会開催の回報

回報

新商品説明会の開催について

標題については、先に第１回発表会として業界関係各社、マスコミ関係を対象に行いましたが、社員の理解を深めるため、下記により社内説明会を開催いたします。関係部門の社員は必ず出席し、商品知識の理解に努め、営業活動の向上に役立ててください。

記

１．新商品名　ライト・トラベル24
２．日時　平成○年12月９日(月)　午前９時～午後０時
３．場所　本社大会議室
４．資料配布　新商品パンフレットおよび説明書を当日配布

回覧印↓　※捺印の上、次の方に速やかにおまわしください。

以上

覚えておきたいビジネス用語

回報→
何人かの人が順にまわし読みをする文書

CHECK!

回報の目的がひと目で分かるタイトルを付ける

多数の人が回覧する場合には、押印欄のスペースを大きくしておく

書き換え文例

「確認後、印鑑(もしくはサイン)をした上でおまわしください。」

ワンランクアップ! 文書テクニック

供覧の場合、回覧資料の要約や重要箇所の指摘なども文書に加えておくと、読む側の理解が深まる。

➡新入社員歓迎会案内の回覧

平成○年６月10日

部員各位

総務部　山中太郎

新入社員歓迎会のお知らせ

６月に入り、新入社員の方たちもようやく業務に慣れてきたところでしょうか。

さて、恒例の新入社員歓迎会を下記の要領で開催します。お互いの仕事の悩みに耳を傾け合いながら、先輩と後輩が親睦を深められる、有意義な会にしたいと思います。

お忙しいかと思いますが、途中からでもぜひ皆様ご参加ください。

記

１．日時　７月７日(金)　18時半～21時
２．会場　居酒屋「梅の郷」(大久保駅東口徒歩１分　フラワーショップHANAの２F)
　　電話番号　○○－××××－△△△△
３．会費　4,000円(現地で回収します)
４．幹事　山中(内線・057　yamanaka-t@000.jp)

６月20日(水)までに回覧文が幹事・山中に戻るようご回覧ください。

名前	伊藤	東山	長野	木村
回覧日				
出欠				

※出席は○、欠席は×、不明は△と記入してください。
※途中参加の方は、およその参加可能時間を書いてください(例:19時半～)

以上

書き換え文例
「新人研修も終わり、当部に配属された新入社員の方たちも、会社の雰囲気に馴染んできた頃でしょう」

地図を参照しなくても分かるように、目印を書き添えると親切

回覧文を戻す期日を必ず記入する

回覧日を記入しておくと、文書が滞るのを防げる

回覧する

ワンランクアップ！ 文書テクニック

歓迎会のお知らせをメールで送る場合には、「出欠は○月○日までにこのメールを返信してお知らせください」などの一文を付け加えるとよい。

通知・通達する

正確な情報が確実に伝わるよう、文書化して配布する。

シチュエーション 社内での伝達事項を関係者全員に知らせるとき。例えば、製品価格の改定や研修会の開催、停電の予告、給与変更などのケース

目的 業務上発生する事柄を社内関係者に周知徹底させること

ポイント
- ひと目で分かるように作成し、別記は簡潔にまとめて箇条書きに
- 頻繁に利用する文書ならフォーマット化しておくと便利
- 日時、氏名、場所などの情報には特に神経を使い、誤りをなくす

NG文書を添削！
製品価格改定の通知

~~お知らせ~~
製品価格の改定について（通知）

原料価格上昇により、
下記製品の店頭小売価格について、下記要領にて変更を実施いたします。

記

1．価格改定実施日　平成○年10月１日(月)より
2．価格改定対象製品名
　ＲＸ49、ＵＶＸ10、ＡＤＤ５、ＭＴＴ９
3．旧価格と新価格

製品名	旧価格	新価格
ＲＸ49	15,000円	16,500円
ＵＶＸ10	18,000円	19,800円
ＡＤＤ５	20,000円	22,000円
ＭＴＴ９	20,000円	~~2,000円~~ 20,000円

以上

件名だけみても、用件が伝わるように工夫する

価格改定の理由も書き添える

価格の間違いは会社の信用問題にまで発展しかねない。数字の誤りには特に細心の注意を払う

➡停電実施の通知

停電のお知らせ

10月６日(土)、11時～15時までの４時間、本社社屋は電気設備点検のため、停電となります。この時間帯はビルの管理システム上、出勤できませんのであらかじめご了承ください。また、前日金曜日の退社時には、下記の準備を必ず行ってください。

ご理解、ご協力のほど、よろしくお願いいたします。

記

停電日時　10月６日(土)　午前11時～午後15時までの約４時間

前日金曜日の退社時までに準備しておくこと

1．金曜日の退社時間は20時をもって最後とする。
2．電源が入った状態でブレーカーを落とすとデータ消失等につながるおそれがあるため、パソコンなどの精密機器類の電源はすべて切る。各部長の指示に従い、最終的なチェックを担当者が行うこと。
3．サーバーのシャットダウンは業者が行うのでそのままにしておくこと。
4．冷蔵庫の中身を整理し、保存の効かない飲食物は処分しておくこと。

以上

停電の理由や目的を明記することで、社員に不便を納得してもらい協力を得る

書き換え文例

「ご不便をおかけしますが、ご協力くださいますようお願いします。」

停電日時は重要な情報。本文中だけでなく、別記にも明記しておく

⇩メールに書き換え

宛先：営業部　加藤和男様、販売部　鈴木一郎様、商品開発部　田中義晴様……
CC：
件名：停電のお知らせ

社員各位

このたび、本社社屋は電気設備点検を行うことが決定いたしました。

下記日時は停電となりますので、ご承知ください。

この時間帯はビルの管理システム上、出勤できません。

また、前日金曜日の退社時には、下記の準備を必ず行ってください。

ご理解、ご協力のほど、よろしくお願いいたします。

記(略)

全社員がメール受信できる環境なら、宛名を「社員各位」として通知文を一斉送信する方法でもよい

メールの場合、文字が詰まっているととても読みにくい。適宜、行間を空けて読みやすくする

社会保険料増額の通知

平成○年４月19日

山下太郎殿

人事課　鈴木一郎

社会保険料増額のお知らせ

平成○年４月の定期昇給により、あなたの社会保険料（健康保険料、厚生年金保険料）が、下記の通り徴収されることになりました。これにより当月分給与から、この新保険料で控除計算します。ご承知ください。

記

健康保険料	6,460円
厚生年金保険料	14,747円
合計	21,207円

なお、詳細は同封の明細書をご覧ください。

以上

通常、徴収額が変更となった給料月に同封する

CHECK!

数字の記入間違いは許されない

給与明細書での確認を促すなどして、できるだけ誤解が生じないように努める

給与変更の通知

平成○年９月19日

山下辰夫殿

総務課長　戸沢正隆

固定給与増額のお知らせ

平成○年９月分より、下記の通りあなたの基本給並びに手当ての額が変更となりました。このため、下記の通り給与所得税額、雇用保険料も変更となっております。

記

１．基本給　　15,980円　定期昇給による増額分
２．通勤手当　　変更なし
３．家族手当　　8,000円　扶養家族１名増による増額分

詳細は、同封の給与明細書をご覧ください。

以上

給与変更通知で最も重要なのは、変更月と変更項目

同封の文書がある場合、文面でそのことに触れる

ワンランクアップ！　文書テクニック

給与関連の通知文書は社内文書の中でも最も発行頻度が高い。変更理由はほぼ同じなので、数字など個人によって異なる部分を空欄にして、フォーマット化しておくとよい。

コンピューターウイルス対策の通知

新種のコンピューターウイルス対策について

現在、新種のコンピューターウイルス「ＸＸＸ」が大流行しています。

このウイルスは、「メールをプレビューしただけで感染する」という性質があり、ファイルを壊したり、他の人のパソコンを遠隔操作したりする被害が多数、報告されています。大変強力なものなので、ご注意ください。

この「ＸＸＸ」への感染予防のため、ウイルス対策ソフトを早急に更新してください。詳しい更新方法は別紙にまとめましたので、ご参照ください。どうしてもやり方が分からない方は、総務部システム管理担当・中村（内線・223）までお問い合わせください。

以上

ウイルス名もしっかり明記

ウイルスの性質、被害内容にも触れる

画面キャプチャーなどの画像を交えて説明すると分かりやすい

支店移転の通知

東京支店の移転について

このたび、事業拡大に伴い、当社東京支店を下記の通り移転します。

ご確認の上、各取引先への通知、住所録等の書き換えについて、各自ご手配ください。

記

1．旧支店最終営業日
　平成〇年８月３日（金）18時半まで
　※18時半を過ぎると電話・ＦＡＸはつながりません。
　メールは８月６日（月）９時以降受信可能となります。

2．新支店業務開始日
　平成〇年８月６日（月）９時から平常通り

3．新住所
　〒〇〇〇－××××　東京都千代田区飯田橋〇－〇－〇

電話番号・ＦＡＸ・メールアドレスに変更はありません。

以上

社内外への影響を考え、各社員が対策を講じられるよう具体的に通達する

旧支店の最終営業日、新支店の業務開始日は必ず明記

変更がない項目についても、念のため知らせておく

委員会設置の通知

宣伝部開設準備委員会設置について

当社製品の販売促進については、日頃から各部門が熱心に取り組んでおられることと思います。当社製品の市場性を考えますに、広告宣伝活動のさらなる充実強化を図ることによって、より一層の売上増進が期待されます。

そこで、今般、宣伝部開発準備委員会を設置し、全社的観点から集中的に機構を見直し、新部門開設を推進したいと存じます。この活動によって、開設された宣伝部が当社製品の販売促進に大きく貢献することを念願しております。

当委員会が所期の目的を達成するためには、何よりも、各部署長各位の活発で積極的なご支援が不可欠です。

何とぞご協力のほど、よろしくお願いいたします。

なお、構成・運営などにつきましては、別紙の要綱をご参照ください。早速ですが、貴部署から委員1名のご参加を希望しておりますので、適任者をご指名の上、6月10日(金)までに事務局にご通知ください。

以上

添付書類　宣伝部開発準備委員会要綱

CHECK!

委員会設置など、新規に始める事柄の通知は長文になりがち。できるだけ簡潔に読みやすくまとめる

覚えておきたいビジネス用語

要綱→
基本となる大切な事柄、またはそれをまとめたもの

本文が比較的長文のため、細かい伝達事項は、別記とするよりも別紙にまとめたほうがよい

最後に添付する書類を明記する

夏期休暇の通知

夏期休暇について

本年度の夏期休暇について決定いたしました。社員の皆さんは下記の要領で取得してください。

記

1．夏期休暇取得　8月10日(金)から8月15日(水)
2．休暇取得日数　上記の期間中で土日を含む5日間
3．取得に当たっての注意
業務に支障が出ないよう、あらかじめ得意先などへの連絡をお願いします。

以上

書き換え文例

「標記の件について、下記の要領で決定しましたので通知いたします。」

取引先への影響がないように告知を促す

ワンランクアップ! 文書テクニック

社内の通知文とはいえ、社内の休業日などの情報は他社にもかかわる重要なもの。間違った情報が社外に流れないよう細心の注意を払おう。

下請関係向け文書

指定業者に関する業務変更について

賛助会員会社に関する取り扱い業務を、下記の通り変更・実施することとなりました。

各社とも業務処理の迅速化を図るため、格別のご協力をお願い申し上げます。

記

1．指定施工業者に関する処理業務は、建設本部が統轄するものとし、建設本部長が最高責任者となる。
2．指定施工業者は、これまで通り当社賛助会員の中から指名する。
3．指定業者の現場割り当ては、当社建設本部が決定する。
4．指定業者からの経理事務手順は、現場作業所長の決裁を経て、当社建設本部に提出する。
5．指定業者への支払いは、各現場作業所からの請求書を当建設本部で一括し、経理課を窓口として行う。
6．上記支払いのうち、工事現場での立替支払がある場合は、当社支払請求書を使用し、経理課にて差し引き決済する。詳細は同封の指定業者業務要項を参照のこと。

以上

下請関係向け文書の書式は社内文書に準ずる

変更事項は正確に記述する

変更のない事項でも重要なものはその旨を記す

覚えておきたいビジネス用語

決裁→
権威をもつ者が物事を承認すること

決済→金銭等の受け渡しによって売買取引を終了すること

定例会議の開催通知

定例部長会議開催について

標記会議（12月度）を、下記の通り開催いたします。関係者はご出席ください。

記

1．日時
平成○年12月16日（水）　午前10時～午後４時
2．場所
本社別館４階第二会議室　内線・1234
3．議題
①11月度営業報告
②新製品ＦＲＷ商品説明
③販売促進キャンペーンについて
4．出席範囲
営業関係各部総括者、各支店長
5．その他
休憩時間は午後０時～午後１時とし、昼食は総務部で用意します。

以上

書き換え文例

「関係者は漏れなく出席するものとします。」

あらかじめ決まっている定例会議でも日時の記載は怠らない。変更のないことを確認することに意味がある

書き換え文例

「休憩時間は午後０時～午後１時とします。昼食は各自持参してください。」（昼食を持参させる場合）

長時間の会議の場合、各自、食事の心配があるので、その対応はしっかりと明記する

経営方針改定の社長通達

平成○年10月17日

各部・課長殿

社長　牧京一郎

経営方針について（通達）

標題について、改定することに決定した。
本件にかかわる諸経過、理由等、並びに規則改定、人事異動、職場転換の措置等諸事項は別途詳細により通知する。

以上

CHECK!

通達文では儀礼的な言い回しは略す。簡潔で、しかもある程度の威厳をもった文体が望ましい

覚えておきたいビジネス用語

別途→
別の方法、用途。（副詞的に）別の方法で、別の用途で

すでに社長・重役のレベルで決定したことを逐条的にすべて書き込む必要はない

出張旅費規程改正の通達

国内出張旅費規程改正について

標題について、規程（昭和○年３月31日社達第500号）の一部を次のように改正し、平成○年11月２日から実施する。

記

1．改正趣旨
日当および宿泊費については、４年前に一部改正して現在にいたっているが、その間の諸物価の急激な値上がりに鑑み、実務に沿うように改めた。
また、業務の迅速化を図るために航空機の国内利用制限を緩和した。なお、グリーン車の利用は、経費節減のため今後は一切認めない。

2．改正内容
第18条１項の一部を下記のように改める。
（新）　東京――福岡
（旧）　東京――大阪
第20条３項を削り、４項を３項とし、以下１項ずつ繰り上げる。
別表１「日当および宿泊費」の項のうち、次の部分を加える。
東京――仙台については日帰り可能なときは日帰りとし、この場合日当を追加する。

以上

いつから実施されるのか必ず記載する

複雑な改正内容は、極力分かりやすい表現になるよう工夫する

ワンランクアップ！　文書テクニック

改正理由について、それぞれ「実務に沿うよう」「業務の迅速化を図るため」「経費節減のため」と明確に示しておくと、社員の納得が得られる文書となる。

➡残業時間管理の通達

平成○年10月31日

各部・課御中

人事課長　玉川五郎

残業時間の管理徹底について

標記については、去る平成○年４月15日から現在まで、従来の方法を改めて実施してきましたが、この６カ月の実績をみますと、管理方法がまだ十分に徹底されていない部門が見受けられますので、再び貴部門に周知徹底されますようお願いいたします。

ご承知の通り、当社は現在、厳しい経済情勢下にあり、ことに人件費の節減は重要な目標になっております。

つきましては、人件費節約のため、次の対策内容の強化実施の徹底を要請いたします。

記

1．残業および休日出勤は、原則として認めない。

2．所属長が緊急やむを得ないと判断した場合は、次の所定の手続きをとり、残業および休日出勤をさせることができる。手続きがとられていないものについては、残業および休日出勤として一切認めない。

（1）残業の場合　規定の時間までに「時間外勤務表」を労務課に提出すること。

（2）休日出勤の場合　規定の時間までに「休日出勤表」を労務課に提出すること。

なお、休日出勤については所定の代休を与える。

以上

部や課に宛てる文書の場合、「殿」ではなく「御中」を用いる

CHECK!

会社の通達文は国家の法令に相当する重要なもの。威厳をもって決定事項を伝える

特定の通達文とは異なり、管理職同士が手にする文書のため、やや丁寧な言い回しを心がける

➡懲戒処分の通達

庶務課用度係
社員　高木裕

懲戒処分通知

当社就業規則第４条３項の規定により、社内懲罰委員会における審議の結果、あなたを次の懲戒処分に付します。

減俸　平成○年９月分から同11月までの３カ月間、毎月基本給の１割を減額とする。

理由　平成○年３月１日から同８月25日までの６カ月間において、無断欠勤７回、遅刻17回を重ね、就業規則に違反し、正常な業務進行を妨げた。

平成○年９月10日

五井株式会社
総務部長　立川　正

処分対象者の役職、氏名を書く

覚えておきたいビジネス用語

懲戒→
一定の義務違反などの不正に対し、制裁を科すること

懲戒方法とその理由を明確に示す。対象者が誤解するような、曖昧な表現は避ける

経費節減の通達

平成○年４月１日

各部長殿

社長室長

経費節減対策推進について(通達)

標題について、平成○年６月１日第921号をもって通達したところであるが、昨今その推進方法に遺憾の点が多く、当初の目標達成に支障を来たしている現状であり、今後は下記の要領に基づき、各部とも、対策推進の万全を期せられたく、命により通達する。

実施要領

１．推進委員会の設置

２．推進委員の選出

３．推進委員会の開催

４．節減目標額の設定

５．報奨

(以下略)

社長室から全社へ発信する文書であるため、本文は「だ・である」調に。威厳のある文体を意識する

覚えておきたいビジネス用語

遺憾→
期待した通りに事が運ばず、残念に思うこと

CHECK!

これは至上命令なので、「命により通達する」など、厳守しなければならない通達であることを明示する

文書類の署名・押印の指示

文書類の署名・押印について(指示)

標題については、かねてから励行をお願いしていましたが、いまだに徹底していない向きもみられます。今後は下記要領により完全に励行されるよう要望します。

記

１．文書類の作成に当たって、その責任を明確にするために、必ず所定の場所に署名・押印する。

２．横書き文書の場合、日付・署名・押印欄は右寄せとし、これに統一する。

(以下略)

受信者が前向きに指示に従えるよう、表現はソフトに「です・ます」調を用いる。

覚えておきたいビジネス用語

励行→
決定事項をその通りに実行すること

度の過ぎた高圧的な表現は避けたい。完全励行についても、例文のようにソフトな表現を使う

ワンランクアップ! **文書テクニック**

受信者が前向きに指示に従えるよう、表現はソフトに「です・ます」調を用いる。

➡冷暖房設定温度変更の指示

冷房設定温度の変更について（指示）

標題について、経費節減対策のひとつとして７月15日（水）から、下記の通り実施することになりました。ご協力願います。

記

１．室内冷房温度は24℃を26℃とする。

２．冷房期間は、従来の７月15日から９月５日までを、７月15日から８月31日までに短縮する。

３．空調開始時刻は、従来の午前９時からを午前９時30分に変更し、午後５時に打ち切ることとする。

以上

指示文書の標題には必ず（指示）と表記する

書き換え文例

「冷房期間　下記の通り変更する。
・従来　7月15日～9月5日
・変更後　7月15日～8月31日」

覚えておきたい ビジネス用語

従来→
以前から今まで。「従前」ともいう

➡販売促進運動の指示

関西地区における
販売促進運動について（指示）

標題について、来たる５月１日から開始する関西地区の販売促進運動において、積極的な活動を展開することになりましたので、下記要領により実施願います。

記

１．対象商品名
　（１）MRシービーライト
　（２）カツラギＡＣＥヘビー
２．営業店別キャンペーンの展開
（以下略）

以上

標題が長くなる場合は２行に分けてもよい

書き換え文例

「下記商品について、来たる５月１日からの関西地区の販売促進運動において、活発な営業活動を行うことが決定いたしました。下記により実施くださいますようお願いします。」

照会する

業務上の疑問や事実を社内関連部署や社員に問い合わせる。

シチュエーション	備品などの購入状況を知りたいケース、社内システムに関する疑問があるケース、社内規程改定の意見を知りたいケースなど
目的	知りたい業務情報を社内の関連部署（人）へ問い合わせること
ポイント	■回答を依頼する文書なので、マナーを大切に丁寧な表現を ■所定の様式で書いて回答用紙を添付する。記載例を示すとなおよい ■回答に要する時間を考慮して回答期限を明記する

NG文書を添削！

➡備品購入状況の照会

平成○年６月28日

各課長殿

総務部用度課　用度係長　平井豊

~~備品購入について（照会）~~ → 平成○年度下半期刊行物の購入について（照会）

平成○年度下半期に購読する新聞・雑誌諸単行本等の刊行物は、当係でとりまとめて注文します。~~お手数をおかけして恐縮ですが、~~継続・新規とも別紙調査用紙に必要事項を記入して、平成○年７月~~５~~12日（木）までに当係へ提出してください。なお、上記の期日までに提出がなければ、必要がないものとして処理します。

添付書類　刊行物購入調査用紙　1通

以上

（用度課用度係　内線・53番）

- ひと目で内容が分かるように、具体的な件名を付ける
- 社内向け照会文の場合、「お手数ながら」「ご多忙中恐縮ですが」などの社外照会文で使われる慣用表現は不要
- ６月28日に発信して７月５日が期限では、回答までに十分な時間があるとはいえない。照会内容にもよるが、最低でも２週間は確保したい
- 添付書類がある場合は、必ず本文の末尾に記載する

➡在庫状況の照会

S 2401シリーズの在庫状況について（照会）

現在、当課では標題のシリーズについて、リニューアル商品を企画、検討しております。つきましては、弊社製造の当該商品の在庫状況について照会させていただきたく、ご連絡いたします。別紙調査票に記入の上、5月31日（水）までにマーケティング部・生田（内線・635番）まで願います。

記

1．製品名　　S 2401シリーズ
2．照会内容　製品の回答日時点での在庫数ならびに累計販売数

以上

照会する目的を明らかにする

こちらで記入用紙を用意しておくと、スムーズに回答が得られる場合が多い

期限を明記。回答内容が複雑な場合、余裕のある期限を設定する

⇩メールに書き換え

宛先：000@000.00.jp
CC：
件名：S 2401シリーズの在庫状況について（照会）
添付：S2401在庫状況.xls

いつもお世話になっております。
マーケティング部の生田です。

現在、当課では標題のシリーズについて、リニューアル商品を企画、検討しております。
つきましては、下記について照会させていただきたく、ご連絡いたします。

- 製品名　　S 2401シリーズ
- 照会内容　製品の回答日時点での在庫数、並びに累計販売数

添付ファイルにて調査票をお送りしますので、ご確認ください。
ご記入の上、5月31日（水）までにマーケティング部・生田までご返信のほどお願いいたします。

マーケティング部
生田圭介（内線・635番）

調査票は添付ファイルで送ることも可能。受信者も書類を紛失しにくいのでメールに添付する

他部署宛ての社内メールの場合、このような挨拶から本題に入ればよい

添付ファイルがある場合は、必ず本文で添付の旨を触れる

署名欄に内線番号を書き添えておくと、メールを読んで問い合わせしたいときにすぐに電話できる

➡他課文書整理システムの照会

平成○年９月13日

企画開発課長殿

営業本部長　山田雅夫

文書整理システムについて（照会）

貴課ですでに実施されている文書整理システムについて、営業一課の文書管理上の参考といたしたく、下記の事項についてご回答ください。なお、記載には添付の文書整理システム調査用紙をご利用ください。

平成○年10月11日（木）までにご回答いただければ幸いです。

記

1．ファイリング・システムについて
　（1）文書分類の方法
　（2）文書リストの作成方法
　（3）検索方法と索引の体裁について
　（4）文書の保管場所について
　（5）文書のデジタルデータ化について
2．文書管理担当者について
　（1）文書整理の分担方法
　（2）文書整理週間における実績
　（3）管理担当者の日常業務について

なお後日、営業一課の担当がシステム調査のため、企画開発課に出向くことがあるかもしれませんので、その折はよろしくお願いいたします。

添付　文書整理システム調査用紙　　1通

以上

（営業一課　高梨　内線・26番）

社内の他部署に対しては「貴課」と呼ぶ。逆は「当課」と呼称するのが一般的

CHECK!

「御多用中恐縮と存じますが」「甚だ勝手ながら」「ご回答いただくよう重ねてお願いします」などの、社外向きの表現は使用しないこと

事前に断りを入れておくと、相手側に心積もりができるのでスムーズに事が運ぶ

添付書類がある場合、必ず本文で触れておく

照会文の場合、相手側に担当課を明確に意識させるため、文書の末尾に課名および連絡電話（必要なら担当者名）も記入しておくことが多い

ワンランクアップ!　文書テクニック

相手に回答をお願いする以上、常に丁寧な文面を心がける。文末表現は「してください」よりも「ご回答願います」といった表現のほうが望ましい。

➡社内規程改定の照会

平成○年4月10日

労務部長殿

千葉支社長　原口正人

稟議規程の運用に関する意見照会について

標記の規程中下記の事項について、運用上疑義が生じましたので、4月30日(水)までに解明をお願いします。

記

1．第1章第4条第3項中「………」とあるが、当支社の実情は………となっている。この場合、………のように取り扱っても差し支えないか。
2．第3章第1条第1項中「………」に、借覧ついて………のように定められているが、これを業務の効率化を図るため………として処理しても差し支えないか。
（以下略）

以上

（総務課　高見澤　内線・4284番）

覚えておきたいビジネス用語
疑義→
内容がはっきりせず、疑問に思われる点

書き換え文例
「調査の上、4月30日(水)までにご回答願います。」

照会文はできるだけ簡潔に書くこと。例文のように単刀直入に照会内容を記載すると、要点をつかみやすい

これは支社として起案した照会文なので発信者名を支社長とする。実際の作成者名は末尾に記載する

➡販売実績の照会

平成○年10月22日

営業部長　谷口正一

中国営業所長殿

販売実績に関する照会について

貴営業所担当区域における9月度販売実績について報告がありましたが、下記の点について疑義があるので調査の上、11月1日(金)までに回答願います。

記

1．広島県内の販売数量が、前年に比して著しく減少した理由は何か。
2．山口県内の売掛金残高が、前月に比して著しく増加した理由は何か。
3．前記各項の改善にはどのような対策を行っているか。

以上

（営業部　谷口　内線325番）

照会の目的あるいは理由を書く場合、照会文書では「……のため」「……したので」と表現する。こうした照会文の慣用表現はぜひ覚えておきたい

書き換え文例
「下記の疑問点について調査の上、11月1日(金)までにお答えください。」

書き換え文例
「前記各項の改善対策の進捗状況について。」

回答する

照会・依頼内容を十分に理解して簡潔に答える。

シチュエーション	各部から照会や依頼のあった内容に対して回答するケース。例えば、商品の在庫処分照会への回答、商品の販売状況照会への回答など
目的	照会内容に関する情報を提供して、業務をスムーズに行えるようにすること
ポイント	■標題は末尾を（回答）として、照会文と同文にするのが原則 ■回答内容を分かりやすく伝えるには箇条書きが最も効果的 ■回答文には発信年月日と文書番号、担当課名を添える

NG文書を添削！

在庫処分の照会への回答

旭川営業所在庫処分について（回答）

営第65号をもって

平成○年６月20日付で照会のありました標題について、下記の通り回答いたします。

記

1．Ａ－22商品については道央物産を通じてバーゲンセールを７月に実施の予定。

2．Ｃ－44商品については、４月に本社Ｃ倉庫に配送済み。

3．その他の在庫商品については５月に海山商事を通じて売却済み。

以上

（商品管理課　松岡　内線・57番）

照会回答文と分かるように、標題の最後に（回答）と記載する

日付だけでなく、照会文書の番号も伝える

照会文書と同様、担当課、担当者名を明記するのが基本

➡販売状況の照会への回答

平成○年度上半期の商品販売状況について(回答)

平成○年８月５日付販営第80号をもって照会のありました標記については、下記の通りです。

記

1．商品A　52ダース(残28ダース)
2．商品B　12ダース(残68ダース)
3．商品C　320ダース(残10ダース)
4．商品D　125ダース(残65ダース)
5．商品E　80ダース(残60ダース)
6．商品F　45ダース(残40ダース)

なお、商品GおよびHについては、各代理店からの集計が遅れているため、９月５日(木)までに回答する予定です。

以上

営業課　南原茂　内線・56番

書き換え文例

「平成○年８月５日付販営第80号をもって照会のありました標題の件について、回答いたします。」

現時点で不明な事項については、「状況が分かり次第回答の予定」と答えるより、明確な回答期日を記したほうがよい

担当課名、担当者名は必ず記載

➡備品貸し出し依頼への回答

社内セミナー用備品貸し出し依頼について(回答)

９月10日付でご依頼のありました、以下の備品の貸し出しについて、お答えいたします。

貸し出し品目

1．ホワイトボード　１台
2．中型プロジェクター　１台
3．マイク　２本

各備品の受け渡しは、９月30日(水)午後15時に行います。総務部の村井まで取りに来てください。

返却は10月２日(金)の社内セミナー後、同じく村井までお願いいたします。

以上

貸し出し品目と数量を箇条書きで明記する

受け渡し日時とその方法を記載する

上記と同様、返却日時や方法についても書き添える

依頼する

誠意を込めたお願いで相手に気持ちよく読んでもらう。

シチュエーション	取引会社の信用調査、社員研修会の講師、職能基準の見直し、印鑑証明取得の依頼、市場調査、社内報の原稿執筆、資料送付などを依頼するケース
目的	社内の関係部署にある一定の事項をお願いすること
ポイント	■依頼内容は５Ｗ１Ｈを必ず守り、具体的に書く ■依頼者と依頼される相手の職名・氏名を明記するのが最低限の礼儀 ■依頼された相手が迷惑に思わないよう、相手の立場を踏まえて依頼する

NG文書を添削！

→社員研修会講師の依頼

平成○年３月９日

社員研修会の講師のお願い

本年度の社員研修会を別紙プログラムの通り実施することが決定いたしました~~のでお知らせいたします~~。

つきましては、工場の省力化、生産ラインの効率化などの分野で数々の試案を実現させ成功を収めている貴職に、同研修会の講師~~として出席賜りたく、ご依頼申し上げます~~。（を依頼させていただければと存じます）

ご多忙中、誠に恐縮ですが、社員の活力の向上を促し、ひいては我が社の向上・発展に寄与することでもありますので、下記の事項を検討の上、ご出講いただきたくお願いいたします。

記

１．テーマ　「アイデア発想の根源」
２．日時　　４月25日（金）　13時～15時
３．場所　　本社15階大講堂
４．その他　オーバーヘッドプロジェクター使用可能
　　　　　　~~３月17日（金）~~（４月１日（木））までに要項を人事部川島までご提出願います（400字詰原稿用紙５枚程度）。

なお、ご不明の点があれば、上記川島までお問い合わせください。

以上

依頼文に「お知らせいたします」は不自然

丁寧な表現と敬意を払った文面が要求されるが、丁寧になりすぎてくどい表現になっている

提出期限が短すぎる。余裕のある日程でお願いするのがマナー

➡取引会社の信用調査依頼

東京本社営業部長　三浦義男殿

京都支店営業部長　佐々木誠

取引会社の信用調査依頼

平成○年より取引予定のM社(本社・東京)は、京都では新参につき、業務内容が不明です。ご多忙のところ誠に恐縮ですが、下記および同封の調査表についてご協力をお願い申し上げます。

記

1．調査内容
　M社の製品の東京での消費動向など
　同封の別紙調査表の通り
2．返答期日
　平成○年12月20日(金)

以上

氏名だけでなく肩書きも記載する

頭語や挨拶などを用いずに、いきなり文書の目的を短文でまとめる

書き換え文例

「お忙しいかと存じますが、」
「ご繁忙中恐縮ですが、」

➡職能基準見直しの依頼

職能基準見直しについて

かねてから検討課題となっておりました職能基準の見直しについて、組合との基本的な合意もできましたので、その見直しのための調査を下記の通り実施します。

つきましては、部署ごとに協議の上、ご協力をお願いいたします。

記

1．調査内容　別紙①～③の通り
2．提出部数　各１部
3．提出期限　平成○年４月８日(金)
　総務部まで提出願います。

以上

読み手があらかじめ承知している内容については、細かな説明は省いてもよい

複数ページにわたる書類を添付した場合に使える表現なので覚えておこう

➔印鑑証明書取得の依頼

代表者の印鑑証明書の取得依頼について

大阪府吹田市の近畿流通センターの拡充のための用地買収に要する代表者の印鑑証明書の取得をご依頼いたします。

記

1．用途　上記の不動産購入の登記申請のため
2．提出先　大阪府吹田市吹田法務局、その他
3．部数　５通

以上

覚えておきたい ビジネス用語
印鑑証明書→
あらかじめ届け出ている印鑑の印影と同一であることを市区町村が証明した書類

依頼の目的を明らかにしておく

➔講師派遣の依頼

講師派遣のお願い

現在、営業部では下記の要領で「社員のモチベーションアップ」をテーマにした勉強会を計画しています。つきましては、モチベーション・コントロール術に造詣の深い専門講師を一名、派遣していただきますようお願いいたします。

記

1．日時　６月20日（金）　14時～15時半
2．場所　本社７階第３会議室
3．テーマ　「社員のモチベーション・コントロール術」

以上

覚えておきたい ビジネス用語
造詣→
特定の分野に関する深い知識や理解、技能

書き換え文例
「モチベーション・コントロール分野の第一線で活躍しておられる講師の方をご紹介、またはご手配いただけないでしょうか。ご協力のほどお願いいたします。」

ワンランクアップ！ 文書テクニック
依頼文書を送付した後、必ず電話やメールで連絡すること。その際、改めて依頼内容を分かりやすく説明するとよい。

➡社内アンケートへの協力の依頼

アンケート協力のお願い

このたび、以前よりご意見の多かった社員食堂メニューについて、リニューアルすることになりました。つきましては、食堂メニューに関して皆様のご忌憚のないご意見、ご要望を集めたく、アンケートを実施いたします。

別紙アンケート用紙にご記入の上、社員食堂入口右手の回収箱にご投入ください。ご協力のほど、よろしくお願いいたします。

記

1．アンケート対象者　全社員
2．アンケート内容　別紙参照のこと
3．回答期限　6月24日(金)午後17時まで

以上

(問い合わせ　総務部　田井中　内線・51番)

覚えておきたい ビジネス用語
忌憚→
遠慮すること(否定の言葉を伴って用いられることが多い)

書き換え文例
「よりよい食堂メニューを考案するため、社員の皆様にアンケートを行います。」

回答期限は必ず明記する

➡取材協力の依頼

社内報取材協力のお願い

当社の社内報『春風』は創刊50号記念として、特集を組むことになりました。内容は「ベテラン社員に聞く、わたしが新人だった頃」です。そこで、酒井様にインタビュー取材のご協力をお願いしたく、ご依頼申し上げます。

勤続25年、無遅刻無欠勤で会社に貢献してこられた酒井様のお話を、ひとりでも多くの若年社員にご紹介したいと、このたびお願いする運びとなりました。

お忙しいところ大変恐縮ですが、下記要領にてご協力いただければ幸甚です。

どうしてもお引き受けいただけない場合は、2月12日までにご連絡ください。

記

1．インタビュー取材日時　2月18日(水)10時～11時半
2．インタビュー内容　「わたしが新人だったころ」
3．撮影内容　バストアップ写真1枚
4．備考　詳細は別紙を参照のこと

以上

(問い合わせ　広報部　鷹村　内線・123番)

依頼理由を書き添えることで、相手が気持ちよく協力できるように

覚えておきたい ビジネス用語
幸甚→
大変ありがたいこと

受託が不可能な場合を想定して一言添える。期日を早めに設定すれば、次の候補者への依頼をスムーズに進められる

辞令

部署名・氏名は正しく記載すること。誤字・略字は禁物。

シチュエーション	社内での昇任や降格のほか、部・課・係への配置や配属、支社・営業所と本社間での転任、関連会社出向などを通知するケース
目的	異動や転勤などの人事に関する決定事項を正しく伝えること
ポイント	■自社で定められた様式に沿って書くのが通例 ■姓名などについては略字体を使わず正確な楷書体で書く ■最近の傾向として、辞令にも口語体が使われることが多い

➡配属の辞令①

辞令

業務部労務課　齊藤惠 殿

姓名は戸籍上のものと同じ字を用いて書く。「斉藤」⇔「齊藤」、「恵」⇔「惠」などの間違えやすい字には要注意

　貴殿を平成○年４月１日付をもって総務課主任に命じる。

平成○年４月１日

株式会社全国共同印刷

代表取締役社長

沢野洋介 ㊞

➡配属の辞令②

辞令

佐々木英明 殿

平成○年7月1日付で東京本社営業部勤務を命じます。

あなたは本社での研修成績が優秀でしたので、特に営業第一線での活躍を期待します。

平成○年7月1日

梅木電機株式会社
代表取締役　梅木勝三 ㊞

辞令を書く用紙や紙質、形式については会社で定められている場合も多い。決まった様式がない場合はB6判サイズが一般的

職場によっては「様」を使うこともあるので事前に確認すること

書き換え文例

「今後もなお一層精励されることを切望します。」

会社の慣習・規定に従い、口語体で配属の理由を書き添えてもよい

➡口語体を用いた辞令

辞令

葉芝拓郎 殿

あなたを平成○年11月1日から本社工場総務部総務係長に任命いたします。

平成○年11月1日

備中装飾株式会社
社長　益田眞一郎 ㊞

書き換え文例

「貴殿」(文語表現を用いる場合)

口語体を用いて親しみやすい文面にしてもよい

ワンランクアップ! 文書テクニック

辞令は社内文書であるから、形式にとらわれる必要はない。従来の文語表現を口語体に直すことで、若い社員のモチベーションアップとなることもある。

稟議書

実現への熱意をもって説得力ある文面を作成する。

シチュエーション	社内イベント実施の提案、パソコンなどの備品購入依頼、アルバイト雇用などに関して決裁権限者に判断を求めるケース
目的	上司や上級機関に対して、業務上必要と思われる案件の決裁、承認を求めること
ポイント	■案件が会社にもたらすメリットを明確にし、説得力をもたせる ■起案事項と関連のある資料を収集し、文書をより具体的に ■費用が発生する場合、見積もりや資料を事前に準備する

NG文書を添削！

➡備品購入の稟議書

パソコン購入について

~~現状、部署内のパソコンが老朽化しており、業務に著しい支障が出ています。~~（事務処理作業の一層の効率化を図るため、）下記のようにパーソナルコンピューターの導入を計画しました。この件につきまして、ご検討願います。

マイナスの理由よりも購入のメリットを強調する

記

1．品名　　ＰＡＴ7000(メーカー：ＡＢＣ機器株式会社)
2．予定価格　700,000円
3．数量　　５台
4．利用計画　下記による
パーソナルコンピューターの利用計画
①総務課内の事務処理の合理化のため
（イ）給与支払書作成
（ロ）勤務成績書作成
②広報課内の文案作成のため
（イ）ＳＰ用語の取り出し
（ロ）社外広報資料の作成
③営業部の事務処理の合理化のため
（イ）月間営業成績の増減
（ロ）販売促進停滞の要因・分析
5．添付資料　~~なし~~
ABC機器株式会社「PAT7000」カタログ　1通
見積書　1通

決裁に必要な判断材料は多いほうがよい。資料を付け、スムーズに話を進められるように

運動会実施の稟議書

運動会の実施について

昨年第1回社内運動会を実施したところ、予想以上に好評で、是非本年も実施してほしいという要望が、社員からも寄せられています。

つきましては、今年も社内運動会を開催し、社員相互間および家族との親睦を図り、愛社精神をより深める目的で下記のことをお伺いします。

記

1．日時　　平成○年9月15日(祝)
2．場所　　東京体育館グラウンド
3．参加者　当社社員および家族
　※前年度参加者実績　248名
4．実施要領　厚生部厚生課が計画・実施。各課2名の委員が運営

以上

覚えておきたいビジネス用語
親睦→
互いに親しみ、仲良くすること

書き換え文例
「ご決裁をよろしくお願いします。」

稟議書は上司に伺いを立てるものなので、丁寧な言葉遣いを心がける

前年度の実績を書き添えると、より説得力が増す

学生アルバイト雇用稟議

学生アルバイト雇用について

年末繁忙期に当たり、各支店の店頭並びに配達員不足に伴い、恒例により下記要領で学生アルバイトを雇い入れたいと思いますのでお伺いいたします。

記

1．雇用期間　　平成○年12月8日～31日まで
2．雇用職種と人員　(イ)店頭販売　女子　毎日各店5名
　　(ロ)配達　　男子　毎日各店2名
3．支給額
　午前10時より午後6時まで8時間勤務
　　(イ)店頭販売女子　日給　8,000円
　　(ロ)配達男子　　日給　9,000円
4．募集方法
　仙台商科大学、仙台女子大学学生課に申し入れる。
5．昨年度の雇用実績 店頭販売　女子毎日各店3名
　　配達　　男子毎日各店3名

(以下略)

覚えておきたいビジネス用語
繁忙期→
来客や注文が多く特に忙しい時期のこと

書き換え文例
「例年通り、下記により学生アルバイトを採用することで作業を進行したく、お伺いいたします。」

アルバイト雇用の稟議の必要事項は、雇用期間、雇用職種と人員、支給額、募集方法、前年の雇用実績など

研修会開催の稟議

研修会開催について

職場の安全管理のための研修会を、下記の要領で実施したいと思いますのでお伺い申し上げます。

記

1．日時　　平成○年６月28日午前10時～午後３時
2．場所　　本社大会議室
3．研修課題　工場の安全管理
4．講師　　産業研究所技術主査　小林徹氏
5．出席者　　各工場主任
6．経費　　講師謝礼金　50,000円（税込）
　　　　　他に茶菓子代、資料代若干
7．研修内容
（1）工具の点検作業　（2）事故発生時の連絡体制
（3）消火装置の使用方法
8．研修目的
職場の安全管理は日頃から安全対策をすると同時に、その事後処理策も必要となる。どのようなケースにおいても、各工場のひとりひとりが自覚と責任をもって即座に対応できるようにすること。

以上

あらかじめ講師の人選、場所の手配などの根回しを済ませ、話を進められる準備をしておくとベター

稟議の承認を得るためには、その目的と効果が何であるかを明確にする

資料購入の稟議書

資料購入について

資料購入について、下記の通りお伺い申し上げます。

書き換え文例

「下記資料について、購入してよろしいか、お伺いいたします。」

記

1．書名　ＡＢＣ研究所編『マルチメディア市場総覧』
　　　全５巻　ＤＥＦ出版刊
2．価格　42,000円
3．購入理由
現状、当課では「市場を概観できる詳細な資料が不足している」との声が複数届き、資料不足が指摘されている。本書は、マルチメディア市場の各分野における現在の普及状況や今後の需要予測などを膨大な調査結果を元に行ったもので、我が社の新システム開発および現行システムの改善などに大いに役立つと思われる。
4．添付資料
・同社出版目録　１部
・資料内容見本　１部
・システム開発部所有　資料目録　１通

以上

購入理由は簡潔に、説得力をもって書く

添付資料が複数ある場合は箇条書きで内訳を記す

ワンランクアップ！ 文書テクニック

資料購入の稟議などは、購入しないデメリットも書くと説得力が増す。また、カタログや目録などの資料も用意しておくと、忙しい上司でも容易にイメージがつかみやすくなる。

➡海外プロジェクトの分担金支出の稟議

経第63号
平成○年９月１日

東亜重金属株式会社
代表取締役社長　西村信弘様

経理部長　中原誠

海外プロジェクト分担金の支出について

標題について、下記の通り、全国金属精錬協会で共同決定されましたので、支出することとしてよろしいかお伺いいたします。

記

１．本年度分担金
上半期　500,000,000円（払い込み期限５月１日）
下半期　800,000,000円（払い込み期限12月１日）
合計　　1,300,000,000円

２．協会決定事項
協会加盟10社は今年１月、インドネシア共和国・スマトラ島のパダン地区で金属精錬の大プロジェクトを計画。これにはインドネシア共和国の金属メーカー３社も参画しており、総額2,000億円規模のものとなる。
日本国とインドネシア共和国の金属メーカーの共同事業としては戦後最大で、両国友好の証としても重要である。それにより前項の通り当社分担金が決定した。

３．予算措置
当期開発事業費予算から500,000,000円を支出、下期分は50期予算に計上する。

４．添付書類
（１）プロジェクトの内容（別紙１）
（２）本年度各社分担金リスト（別紙２）
（３）協会議事録（別紙３）

以上

			決裁番号　総管第203号		
社長	㊞		常務	㊞	
副社長	㊞		部長	㊞	
専務	㊞		次長	㊞	
決議	平成○年９月16日		発議	平成○年９月１日	

ひと桁でも金額を間違えると、会社の予算作成上、致命的な事態を招くことになるので、入念にチェックする

覚えておきたいビジネス用語
参画→
事業や政策などの計画に加わること

プロジェクトの概要、重要性を簡潔に説き、立案の理由を読み手に納得させる

上申書・提案書

提案や上申を認めさせるには着眼点と内容が大切。

シチュエーション	新事業部設立や新制度の導入から、備品購入、オフィス環境の改善、研修や講習会開催などを提案するケース
目的	現状の問題点を改善し、より働きやすい環境をつくって業務の質を高めること
ポイント	■具体的な数字やデータがあれば説得力が増す ■提案が実施されたときの効果についても言及する ■必ず反論や質問があると想定して文書を作成し、対策を練る

NG文書を添削！

新事業部設立の提案

新分野拡大のための新事業部設立の提案

~~提案書~~

「提案書」では本文を読まなければ内容がつかめない。ひと目で提案内容が分かるタイトルにする

標題について、技術部および営業部よりの具申に基づき、当社製RMの建築資材分野への進出が有望視されると思われます。つきましては、同分野での拡販と充実を図るため、下記により東京本社内に建材事業部（仮称）の新設をしていただきたくご提案いたします。

記

1．現在の機構による活動状況

営業部から既存取引先がRMを建築に使いたいという要望があったとき、要求に見合った製品を技術部が製作するという形での受注生産。しかし、受注量は年々増加（添付資料）している。責任者は第二営業課長が担当。

現状の問題点が明確になっていないので、受注数が年々増加している事実を添付資料にまとめると説得力が増す

2．機構改革案

RMの建築資材向けの関連業務を独立させ、本格的拡販業務を展開する。

3．人員配置

部長1名、課長1名、主任2名、一般社員10名の計14名

4．設置希望年月日

平成○年3月1日

5．事業部設立後の展開と需要予想について

新事業部と技術部の連携を強化。受注生産のタイムラグを最小限にすることで既存取引先からの受注数を2倍に伸ばす。また、新規取引先の開拓も視野に入れる。

~~5．~~6．参考

RM販売高実績　1通

建材分野市場調査書　1通

以上

提案が実現した場合の具体的展開やその影響や効果についても、できるだけ書き込む

➡新製品開発・調査チーム設置の提案

新製品開発・調査チーム設置の提案

企画本部の要請により新製品ＣＩファンデーションを開発することになりました。これに伴う製品開発陣の充実と志気高揚を図るため、下記により本社内に常設の新製品開発・調査チームを新設していただきたくご提案いたします。

記

1．現状
　今までは相模原工場の製造スタッフが随時、プロジェクトチームを組んで開発・調査活動を展開していた。
2．改革への提案
　新製品開発・調査チームを独自に編成、常時市場動向や消費者の嗜好を把握できるように強化する。
3．人員配置　主任１名、一般社員７名の計８名
4．配置希望年月日　平成○年７月１日
5．設置後の効果
　従来は製品が完成するとチームを解散していたため、研究開発の蓄積が乏しく、それが当社の伸び悩みにつながっていた。常設の新製品開発・調査チームを設置することで、貴重な研究開発データの蓄積が可能となり、今後の業務の質向上および効率化が期待できる。
6．予算
（略）
………

以上

覚えておきたいビジネス用語
志気→
物事を成し遂げようという志や意気込み

新チーム・事業部設置の提案には、具体的な人員などにも言及するのがポイント

提案書が複数ページとなる場合には、タイトルと要旨を書いた表紙を付けると親切

➡オフィス環境改善の提案

社内完全禁煙化の提案

標題の件について、下記の通りご提案いたします。

記

1．現状と問題点
　我が社では３カ所の喫煙所を除いて全面禁煙とされているが、３階・７階・11階の休憩コーナーなどで喫煙する人が数多く見受けられる。
　これにより非喫煙者から副流煙を心配する苦情が多数報告されている。
2．改善案
　下記により、喫煙者と非喫煙者がともに気持ちよく業務を遂行できるオフィス環境を実現したい。
　（1）喫煙所を現状の３カ所から４カ所に増設
　（2）３階・７階・11階の休憩コーナーに「完全禁煙」の貼り紙を行い、厳重注意を促す

以上

書き換え文例
「下記のような対策を講じていただきたく、ご提案申し上げます。」

現状の問題点を具体的に記述する

提案の目的を前向きに書く

➡社内提案制度導入の上申

平成○年５月20日

秋葉電気工業株式会社
常務取締役　秋里真澄様

管理部長
近藤裕三

社内提案制度導入の上申

標題について、会社の業務改善、新製品開発、合理化などに対する意見やアイデアを所定の書式によって提案できる制度の設置を上申いたします。

1．現状
　現在、当社では業務上の改善点や新製品のアイデアを申し出るときは、係員が直属の上司である課長の決裁を経て、上申という形で部長へ提出される。その後、部長会、常務会、そして社長の決裁という手順となっている。こうした手順が煩雑すぎて、よいアイデアが埋もれやすいという問題を抱えている。

2．提案
　個人の段階で埋もれている日常業務などへの改善点や斬新なアイデアを自由に提案させることにより、熾烈な企業間競争に対応する。上申書の形ではなく、所定の提案書を用いて、社員がいつでも自分の意見やチームの提案を行えるようにする。

3．期待できる効果
　書式が定まっていれば、提案も気軽にできる。提案への取り組みが日常業務の活性化につながる。

4．書式例　別紙資料参照のこと

5．提案制度の具体案
（略）

以上

覚えておきたいビジネス用語
上申→
組織の下部の者が権限のある上司などに対して意見や提案を申し出て、判断や指示を仰ぐこと

現状の問題点と発生する理由を明確にする

会社によい影響をもたらす根拠をはっきりさせる

CHECK!
新制度で採用したい書式例を参考資料として添付すると、有効な判断材料となる

ワンランクアップ！　文書テクニック

上申書では、問題点を改善した後の効果をデータで示すのが理想的。例えば、「社内提案制度を刷新したイロハ社では、提案書の数が従来比で○%アップした」などの文言を盛り込むと、決定的な判断材料となる。

➡作業安全管理についての提案

提案書

1．提案
　組立作業時の安全管理について
2．現状
　第一および第二工場の組み立て機械の整備は、２カ月１回の定期整備と月２回の定期点検を行っています。組立機の事故件数は安全課の調査によると別紙の通りです。
3．提案内容
　調査記録によれば、組立機の整備不良に起因する事故が10％あり、幸いにして人身事故はないものの、この整備不良をゼロにして、安全管理に万全を期したい。このため２カ月１回の定期整備を月１回とし、定期点検も月３回に増やすことによって、整備不良をゼロにするように提案いたします。
4．効果
　安全管理の徹底のほか、不良ロット数の減少にもつながる。
5．定期整備要領　定期点検細則
　（略）
6．添付資料
　（略）

以上

書き換え文例
「組立作業時の安全管理に関する提案」

提案内容を簡潔に記す

具体的な数値を添えるとよい判断材料となる

付随する効果にも触れる

➡社員セミナー開催の提案

ビジネス中国語養成セミナーについての提案

標題について、下記の要領で実施を提案いたします。

1．対象
　販売部　一般社員30名、パートタイマー20名
2．目的
　現状、日常業務（電話応対、メール応対等）で中国語を使用する機会が急増している。
（１）ビジネスに特化した中国語能力を養成することで、日常業務に生かす。
（２）販売部社員全体で学習に取り組むことで、互いに教え合う機会が生まれ、学習の効率化が期待できる。
（３）語学を習得することにより、人間的な成長にも役立つ。
3．日時　平成○年10月５日（金）、12日（金）
　午前10時～午後４時（両日）
4．場所　本社18階大会議室
5．研修内容　講師　李　楼氏（別紙資料参照）
（１）10月５日（土）
基本の中国語、ビジネス中国語＜基礎＞、ビジネス中国語会話＜基礎＞
（２）10月12日（土）
ビジネス中国語＜応用＞、ビジネス中国語会話＜応用＞、中国語のビジネス文書・ビジネスメール作成
6．予算
講師謝礼　20万円（２日分）
テキスト代　５万円
計　25万円

以上

前向きな目的を記す。複数明記したほうがより説得力が増す

セミナー講師に希望がある場合、別紙資料に経歴などまとめるとよい

謝礼などが発生する場合、あらかじめ提案書に盛り込んでおく

企画書

目的やメリットを明確に示して、アイデアを実現させる。

シチュエーション	新商品の開発、新商品のプロモーション、社員研修会などのイベント開催などを提案するケース
目的	仕事上のアイデアや計画を上層部に伝えて、承認を得ること
ポイント	■最大のポイントは企画実行により得られる効果を明確にすること ■企画の実現性を裏付けるための資料やデータ収集が欠かせない ■企画書には決まった様式がないため作成者の創意工夫が求められる

NG文書を添削！

→新製品の広告企画案

新製品広告企画案
—競合A社新製品に対抗して—

現在、当業界において当社と市場を二分しているA社より、去る5月、新製品「鯛したモン鯛」が発売され~~た~~（まし）た。当社においてもすでに同種の新製品の発売作業に着手して~~いるわけだ~~（おります）が、本品の発売によって一挙にシェアアップを図ることが当面の課題とい~~える~~（えます）。そこで、新製品を「DOッ恋！　青春」と名付け、これまで当業界に前例のない思い切った訴求対象の絞り込みによる、以下のような広告展開を企画~~した~~（いたしました）。

1．広告展開

本商品の広告訴求対象を13歳～17歳に絞り込み（資料1）、テレビCFを中心に広告展開をし、商品イメージの確立、商品名の認知度を高め、同種商品のトップブランドを目指す。

テレビCFは、映像音響世代にマッチしたものにするとともに、CFそのものが話題性のあるものとする。（例えば、ミュージシャンのプロモーションビデオに匹敵するレベルのものとする）

（略）

2．内容

①~~TV~~（テレビ）CF　2編制作する

「初恋地獄変」編……初恋をテーマ（資料・絵コンテ別紙参照）

「DOッ恋！　青春」編……失恋をテーマ（同上）

（略）

以上

添付資料　A社新製品「鯛したモン鯛」市場分析

前書き部分は、「だ・である調」でなく、「です・ます調」の丁寧な文体に

用字用語の不統一は文書のクオリティを下げる。特に見出しの不揃いは目立つので注意する

A社新製品に関する資料も添付して、企画書の根拠を裏付ける

セールスプロモーション活用の提案

オフ・シーズンＳＰの必要性と
ＳＰ企画案大要

我が社第二の主力製品と期待されているＳＯＳＷですが、発売以来３年間の月別販売実績推移(グラフ１)をみますと、11～２月期がオフ・シーズンとなっています。

しかし、この時期においても、効果的ＳＰ展開によって、オール・シーズン商品とすることが可能と思われます。

その根拠は、中心購買年齢層(表１)とその利用機会(表２)および活用法(表３)にあります。

結論的にいえば、中心購買年齢層がＳＯＳＷの活用法を熟知していないために利用機会が狭められ、オフ・シーズンを生み出しているといえるわけです。

とすれば、さまざまな活用法の周知徹底を図ることが、ＳＯＳＷのオール・シーズン商品化に結びつくと考えられます。

そこで、別紙のＳＰ企画を提案する次第です。

(以下略)

覚えておきたいビジネス用語
ＳＰ→
セールス・プロモーション(sales promotion)の略語。販売促進

覚えておきたいビジネス用語
大要→
大体のところ、あらまし、大切なところ

根拠となるデータは、グラフ、図、表、写真、チャートなど、補助資料を用いて示すと見栄えがよくなる

新製品のセールスプロモーション企画案

新製品「スチームざんまい」
販売促進重点地区ＳＰ企画案

1．企画意図
“レンジでチンしてヘルシー蒸し料理”がコンセプトの新製品「スチームざんまい」。その全国販売に先駆けて、販促重点地区での話題づくりと好イメージの確立。
2．販促重点地区
東京・神奈川・千葉・埼玉
3．ＳＰテーマ
「チンして食べて“スチームざんまい”Ｔシャツプレゼント」
4．ＳＰ実施期間
７月１日～８月31日
5．ＳＰ内容
マスメディア
好イメージの確立、イベント告知、潜在需要の掘り起こし
①テレビ　新製品「スチームざんまい」のイメージづくり、商品名の浸透、イベント告知
②ラジオ　テーマソングによる商品名の浸透、イベント告知
③インターネット　バナー広告による商品名の浸透、イベント告知
イベント
好イメージの確立、話題づくり、潜在需要の掘り起こし
①クイズＤＥプレゼント　ＴＯＫＹＯラジオ番組「こんにちはマーケット」(毎月～金、AM11：00～11:30)に５分間のコーナーを設け、クイズ形式でＴシャツプレゼントを実施。首都圏52の量販店で店頭生放送(別紙参照)。
②Ｔシャツプレゼント　夕日テレビの番組「商店街探検隊」(毎月、日、ＰＭ３：00～４：00)の５分間コーナーで、「スチームざんまい」Ｔシャツを着たアイドルグループＡＢＣメイトが「スチームざんまい」を実際に使って電子レンジ料理に挑戦。視聴者にもＴシャツをプレゼントする。首都圏20の商店街で中継録画(別紙参照)。
6．ＳＰツール　「スチームざんまい」Ｔシャツ(大人、子ども用２種)

以上

書き換え文例
「９月１日の発売に先駆け、首都圏を中心とした販促重点地区で『スチームざんまい』をアピールし、認知度アップを図る。」

目立たせたい項目は、囲み罫線などを使うとよい

広告企画は、５Ｗ１Ｈを意識しながら、細部まで正確に記す

➡社員研修ツアーの企画

平成○年４月10日

営業部長　山下竜也様

営業部　高石保

米国販売店研修ツアーの企画案

　成長著しい当業界ですが、その半面、企業間の競争も激化の様相を呈してきております。こうした中で、なお米国に学び導入すべき事柄が多々あることに気付かされます。

　そこで、社内で「米国販売店研修ツアー」を企画いたしました。これは、当社が一昨年実施した「欧州販売店研修ツアー」に続く第２弾です。社内各方面からの強い要望に応えての今回の企画となったものでございます。

　本趣旨をご理解いただき、ご協力を賜りますようお願い申し上げます。

　なお、今回訪問を予定している米国企業のアカデミック社、ヘルシーキッチン社、セブン・ピッグス社、カフェニコラ社など全米各地に販売店をもつ11社の資料を別紙に添付しました。以上、関係各位のご協力をあわせてお願い申し上げます。

記

1．研修ツアー要項
　①日程　平成○年６月２日～６月８日
　②訪問地　米国ロサンゼルス、ニューヨーク（各社本社）
　③研修費　50万円（運賃・宿泊費・飲食費を含む）
　④目的　米国販売店の現状、店舗構成、店員教育などを学ぶことによって、当社のさらなる成長の糧とするため。
　⑤対象者　社員全員、特に販売管理部門のもの。
2．参考
　前回のツアーでは、リーズフューチャー社との業務提携に成功、販売員の長期研修留学を果たしている。なお、前回参加者は21名。
3．添付資料
　米国企業11社の会社概況

以上

企画意図、目的、立案の経緯が読み手に伝わるように

11社分の膨大な資料は別添する

研修ツアー要項の中でも、特に費用の項目は重要

前例を示せば理解が得られやすい

ワンランクアップ! 文書テクニック

上記文例のように、一昨年度の実績がある場合は、その成果をグラフやチャートなどのビジュアル要素で伝えるとさらに効果的。「視覚効果は的確な理解を導く」と覚えておこう。

➡出店の企画書

川崎市幸区への出店企画

かねてより準備してまいりました神奈川県川崎市への進出プランが、ようやくまとまりました。下記の通りご提案いたします。

記

1．店舗名　　自然食品店「ナチュラル・ムード」川崎西口店
2．所在地　　神奈川県川崎市幸区○－○－○　タケダビル1F
3．店舗面積　180㎡
4．開店予定日　平成○年10月25日
5．取扱品目
　オーガニック食材、オーガニックコスメ、服飾雑貨
6．資金　　初期資金　　　2,000万円
7．利益目標　初年度販売目標額　1億円
　　　　　初年度利益目標額　1,500万円

詳細な出店計画書については、別添資料に明記しましたので、ご検討のほど、よろしくお願いいたします。

以上

書き換え文例
「長らく準備してまいりました下記店舗の出店準備がようやく整いましたので、下記の要領でご報告いたします。」

箇条書きで新店舗の基礎データをまとめる。見出しをボールド（太字）にしてみやすくするのもよい

CHECK!
具体的な数値を盛り込まなければ新規出店に説得力が生まれない

金融機関等に提出している出店計画書を添付する

➡イベントの企画

夏休み親子バーベキューイベントの開催について

当社アウトドア製品の認知度を高めるため、夏休みにファミリー向けバーベキューイベントを実施したいと思います。ご検討のほど、よろしくお願いいたします。

目的：小さな子どもにも安全かつ喜ばれるポップなデザインの当社製品の魅力を、若いファミリー層に体感していただく。当社製品を使った楽しい遊び方をアドバイスさせていただき、当社製品のよさを改めて知ってもらい、購入につなげたい。

●イベント概要
1．日時　平成○年8月13日（月）・14日（火）
　　　　10時～17時（両日）
2．場所　ABCアスレチックひろば
　　　　JR東海道線茅ケ崎駅よりシャトルバスで約8分
3．イベント内容
　・当社製品を使ったバーベキュー大会
　・親子でカキ氷づくりに挑戦
　・テント張り対決
4．募集方法
　当社Webサイトおよび新聞折込チラシで情報を告知。

イベント内容は安全性を十分に考慮の上、今後さらに詳細を検討し、変更となる場合もございます。

以上

目的を明確に示し、利益につながるイベント企画であることを上司にアピールする

書き換え文例
「PR方法　イベントの模様はキッズ雑誌『ハッピーキッズライフ』9月号にて4ページにわたり紹介されます。

変更の可能性がある場合は、その旨を書き添える

レポート

日々の業務や仕事の進捗を分かりやすく報告する。

シチュエーション	業務日報、営業日報、販売業務日報、出張報告書、セミナー受講報告書、販売戦略実施報告書などを会社に提出するケース
目的	日々の業務や関わった仕事の内容・進捗・結果について、上司または会社に報告すること
ポイント	■定型の書式がある場合、必要事項を最小限に絞り込み効率よく記入 ■数字や固有名詞は正確さが第一 ■異常事態、緊急事態は必ず日報に明記する

NG文書を添削！ →業務日報

業務日報

報告区分：[経過報告]　受命報告　緊急報告
　　　　　業務連絡　提案　一般情報　その他

1．新製品の販路拡張について
　９月１日発売開始のレジスターＮＲ3001の売込先として、スーパー南北が有望である。
　同スーパーは近々新規店舗を６店オープンさせることになっており、設備・備品の購入先選定に動き始めた。
　本日午前中、同スーパーの渡辺様（→直人総務部長）にカタログを持参して面談。９月13日に導入プランを先方に提示して説明を行うことを約束した。当日は河野課長他２名が訪問予定。~~渡辺様は当社製品にかなり好意的で、契約はほぼ確実と思われる。~~

2．同業他社の動向
　谷山産業が８月末、同スーパーを訪問、交渉を行ったが、同スーパーは当社の新製品の発売を待つとの理由で保留中とのこと。

【備考】
~~特になし。~~
当社の新製品に好意的なため、積極的なプッシュを続けたいと思う。

担当者のフルネームと役職を書く

本文はあくまで事実だけを述べる。主観は末尾の所感欄、備考欄に根拠とともにまとめる

備考欄を積極的に活用する

➡営業日報

平成○年10月８日

営業部長　田中総一様

営業部第１課　斉藤太一

営業日報

本日の営業業務について、ご報告いたします。

9：00～9：30
社内打ち合わせ。駒込商事との契約内容について、営業部第１課・鈴木と打ち合わせを行う。

10：00～11：00
駒込商事。担当者の総務部長・堀井博仁様と契約条件合意（別紙受注契約書）。

11：00～12：00
社内会議。９月度月間営業報告および今後の営業展開について。

13：00～14：00
大塚産業。里中一郎社長と面談。当社製品の販売業績について。大塚産業の埼玉支店オープンは11月に決定とのこと。

14：30～15：00
田端実業。担当者の営業部長・三浦晃様より契約内示受ける。

15：30～16：30
目白商店。担当者の総務部・須藤幸恵様より約束手形受領。

17：00～18：30
社内。報告書作成、伝票帳簿の整理などの事務処理。

○総括
ようやく駒込商事との契約成立。
大塚産業の里中社長に対し、埼玉支店で新規にお役に立てないか打診中。売れ筋商品である「A－607プリンタ」に興味をもっておられる様子。次回アポイントメントの10月25日までに提案内容を要検討。
9、10月期とオフィス向け複合機リースの特新サービスについて確かな手応えが得られたため、今後も積極的な営業活動を続けて契約増を狙いたい。

以上

社外の人物と面談をした際には、相手の役職とフルネームを記す

契約書等がある場合は別添する

覚えておきたい ビジネス用語
内示→
非公式な通知（内示であっても報告書には記録を残すこと）

CHECK！
訪問先で知りえた情報などを交えつつ、自分なりの考えをまとめる

今後の方針について、前向きにまとめる

➡販売業務月報

平成○年10月３日

営業部長　斉藤毅様

営業1課　大久保三郎

販売業務月報（９月分）

「ゴールドモデル」売上報告

何に関する報告書か冒頭に明記する

１．概況

（１）スポーツシーズンに入って急激に売上が伸び、月間5,245グロスの販売実績となった。前年同月と比較してみても10%の増加である。

（２）テレビスポットを開始してからの売上増加が認められる。

CHECK!

結果をひと目で示せるよう、グラフを用いると効果的

２．月間実績推移表（９月分）

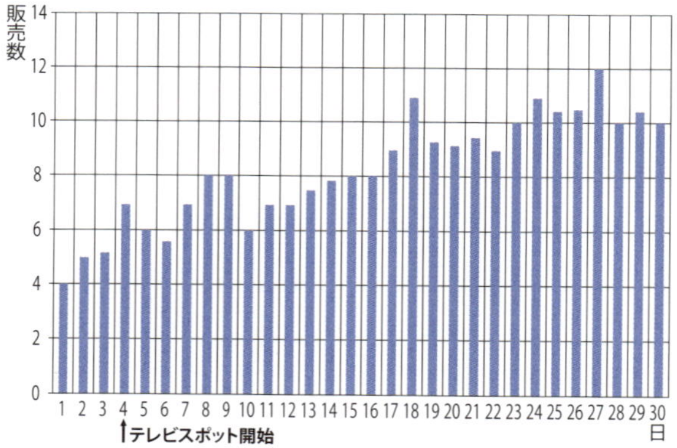

３．感想

９月は、需要期ということもあって、前月より20%の売上増となった。テレビスポットが好印象を与えていることは明らかだが、A社も同種のスポットを流すという情報を得ており、楽観は許されない。販売店の協力が最も必要な時期と思われる。

以上

数字を盛り込むと説得力がアップする

数字から読み取れる売上増の原因を客観的かつ簡潔にまとめる

ワンランクアップ！　文書テクニック

営業や販売などの月間報告においては、数値を読むためのグラフは不可欠。折れ線グラフや棒グラフ、円グラフ、帯グラフ、象形グラフなどを自在に使い分けて、説得力のある報告書を目指そう。

月間業務報告書

月間業務報告書（８月期）
「グリンメイト」売上報告

1．概況
①８月の月間売上額は3,750万円で、返品率は２％であった。なお、前月比15％増、対前年同月比18.5％増とほぼ順調に推移している。
②同月の日々の売上実績の推移をみると、６日から８日までの売上が目立った。これは今年、七夕の時期にあわせて、仙台デパートなどで実施したキャンペーンおよび店頭販売が功を奏したものである。
2．今後の施策
従来のDMおよび新聞・チラシの広告と並行して市内主要デパートでの店頭販売を実施し、より強力・広範なＰＲ効果を引き出したい。

以上

その月の数値を記載するだけでなく、前月と比較するなど、別角度からの分析も加えるとよい

覚えておきたい ビジネス用語
DM→
ダイレクト・メールの略

書き換え文例
「当社商品のセールスポイントを明確にし、キャンペーン終了後も消費者の目に留まるよう販促ツールを開発する。」

出張報告書

出張報告書

平成○年５月27日から28日、仙台市および水沢市・森岡市へ未収金回収のため出張いたしましたので、以下の通りご報告申し上げます。

1．訪問先　５月27日（月）　海辺物産、三豊商会
　　　　　28日（火）　ミチノク商事、北山商店
2．回収状況および報告
海辺物産28万円、三豊商会52万円、ミチノク商事89万円、北山商店118万円の総計287万円。
海辺物産、ミチノク商事については小切手で、他２社については本社口座への月末の振り込みの確約を得ました。海辺物産の未収残金66万円については近日中の支払いの約束を取り付けましたが、はっきりしない点もありますので、早急に再度、細部を確認し、ご報告申し上げたいと思います。
3．所感
今回訪問先４社にて、新商品「プラズマＲＺ5000」のＰＲを行ったところ、ミチノク商事、北山商店の２社が高い関心を示しておられました。両社ともに、同商品の操作機能に興味がある模様です。今夏には当該商品のキャンペーンも始まりますので、「プラズマＲＺ5000」について２社への積極的な営業活動を試みたいと存じます。

以上

書き換え文例
「下記の通り出張営業活動を行いましたので、ご報告いたします。」

曜日を含めた出張日時、訪問先の固有名詞などについて、誤りのないよう記入する

出張報告の要となる部分。出張目的に対しての成果を簡潔明瞭に記す。目的が達成されなかった場合には、その状況や経緯、原因や問題点も記入しなければならない

未確定事項がある場合、別途報告する旨を明記する

➡セミナー受講報告書

「企業診断セミナー」受講報告

平成○年８月16日から８月22日までの７日間、当社軽井沢研修所において上記セミナーを受講しましたので、次の通り報告いたします。

1．受講内容
　（1）取引先企業のデータの取り方について
　（2）資金繰り表および資金運用表について
2．所感
　（1）従来、実践してきたものの総まとめとして、本講義は有意義な内容であった。
　（2）資金繰り表および資金運用表の作成方法並びに見方については、取引先の資金管理に有効な方法であり、今後、担当の業務遂行の上で研究課題として取り組みたい。
　（3）なお、次回研修テーマとして、マーケティング理論のセミナー開催を希望する。

以上

CHECK！

研修・セミナー受講レポートでは、「○○受講（参加）報告」というタイトルを付ける

書き換え文例

「標記セミナーに参加いたしました。下記の通りご報告申し上げます。」

所感は上司が最も注目、期待する部分。上司はここから企業内研修のあり方を検討するということを意識してまとめる

➡社内研修会参加の報告

第１回　情報セキュリティ研修会参加報告

平成○年11月１日、本社大会議室にて開催された、標題の基礎研修会に参加しましたので、次の通り報告いたします。

1．研修テーマ
　①イントラネット構築における情報セキュリティの必要性
　②ファイアウォールの意味とその限界
2．講師
　・東西大学工学部教授　　香川　徳太郎氏
　・東京セキュリティ協会　野々村　誠司氏
　・経営評論家　　　　　　三木　実氏
3．セミナーの要旨
　別紙にて詳細をご報告いたします。
4．所見
　現在、我が社において、情報セキュリティの確立は急務であり、そのための対策および要員の配置など大いに参考となりました。次回12月の研修会にもぜひとも参加させていただきたく存じます。
5．添付資料
　・受講テキスト（所要事項記入済み）
　・受講メモ
　・参加者名簿

何の報告書かが分かる具体的なタイトルに

使用したテキストや受講メモを参照しながら正確に書く

覚えておきたいビジネス用語

所見→
みた上での判断や見解、意見や考え

次回研修会が決定している場合はその旨を記載し、参加に向けて前向きな姿勢を示すとよい

➡販売戦略の実施報告

平成○年10月２日

営業部長　金本修平様

営業部販売課　木田一郎

販売戦略実施報告書

１．実績

　主力商品の販路拡大および販売促進を狙いとする「一生懸命大好きキャンペーン」の実施により、新規店舗の拡大、売上高の倍増が実現できた。

　この期間中の訪問件数は1,673件に上り、その内訳は、新規が456件、固定得意先830件、得意先のフォロー387件となっている。

　新規開拓実績は、377件にも達し、上々の成績である。

２．動向

　需要期に入り、各商品とも活発な荷動きをみせて順調な伸びを示している。販路拡大のための「一生懸命大好きキャンペーン」は実施のタイミングが非常によかった。

　しかし、他社の新製品の売り込みも激しく、我が社の占有市場を侵食しつつあり、楽観は許されない状況にある。特に競合他社のＢ社商品は市場占有率を大きく伸ばしており、前年度約21％から今年度33％と12％もアップしている。これは大胆なリニューアルと積極的なＰＲ活動によるもので、今後の営業活動が注視される。我が社の主要商品であるタイガーラインとライオンラインは、価格・性能面で他社の新製品よりも若干見劣りする点があるが、従来からの継続取引によって息をつないでいる状態である。商品のモデル・チェンジは来年以降となるので、それまでになお一層の強力なキャンペーンを行う必要があるだろう。

３．問題点および対策

　実績が計画目標値をやや上回っている。

　当初、天候が不順だったこともあり、売上がもうひとつ伸びなかったが、最盛期に入って売上を急速に伸ばしてきた。キャンペーン自体の計画数値はそれほど低い目標値ではない。天候が有利に働いたことは確かなようである。季節需要品を扱っている関係上いたしかたないとはいえ、日曜日がすべて雨だった場合は売上が半分となっていたはずだ。

　問題点は、セールスマンが十分な商品知識をもっていないことである。経験２年以下のセールスマンが多いとはいえ、一度セールスの場に出れば他社のベテランセールスマンと競っていかなければならない。

　顧客のサービスを第一に考えるセールスマンを養成することが肝要である。

以上

具体的な数値を報告すること。前回のキャンペーンの数字があれば比較するのも有効

実施経過、販売概況など、具体的な数字に基づいて記述する

他社の動向では、市場占有率などの数値を盛り込むとより具体的な内容になる

計画目標値を上回ったのか下回ったのか、率直に記す

今後の活動について前向きな意見を述べる

➡販売予測報告

AO－1型の販売予想台数
について(報告)

標題のお問い合わせ(3月13日付)に関し、各地区販売担当者と協議の結果、今後の販売予想としては散発的なものしか望めないだろうという結論に達しました。

平成○年度の売上を四半期ごとに予想すれば下記のようになります。

記

1．販売予想台数

	第1	第2	第3	第4
新都心	450台	450台	250台	180台
高田馬場	25台	25台	25台	20台
池袋	150台	150台	130台	110台

2．売上の伸びない理由

(1) 1月に発売したAO－2型の売上が予想の2倍を上回り、販売効率が1型よりはるかに高い。

(2) 市場占有率の向上を狙って、競争会社の尾竹電卓がAO－1型に類似したDAME－4型で、採算無視の価格による販売を行っている。

添付資料:DAME－4型の最近の価格表

以上

いつの問い合わせに対する報告かが分かるように、日付も書き添える

書き換え文例

「下記の数値が見込まれます。」

予測報告書に大雑把な見込み数値は禁物。きちんとした裏付けをとり、参考資料を添付すること

➡信用調査レポート

大物物産㈱信用調査報告書

1．結論

大物物産㈱の信用度合いは、同社メインバンクの下町銀行山の手支店の調査では、特Aランク、抜群の安定企業です。したがって、取引の開始に別段の支障はないと考えられます。

2．理由

大物物産㈱の営業実績は、過去3年間増収増益を続けており、次期決算においても連続増収増益が見込まれます。

また、今期新発売の新製品では、発売3カ月にして、トップシェアを確保し、増産体制が予定されています。

3．調査資料

①下町銀行山の手支店の調査報告書

②営業実績(過去3カ月分)

以上

信用調査報告書の三大要素は①結論、②理由、③調査資料

覚えておきたいビジネス用語

別段→
特別の、特記すべき

調査先を明記した上で正しい評価を記述する

調査に当たっては多くの資料を集め、その中から直接的判断材料となる重要書類を添付する

同業者の動向調査報告

平成○年11月15日

営業部長殿

調査部市場調査課　荒木裕彦

新機種新製品の開発動向に関する調査（回答）

標題のお問い合わせ（11月９日付、営管－89）にお答えいたします。本年１月初めから９月末にかけての他社の新製品開発動向は下記の通り要約できます。

いつ、どの問い合わせに対する回答かが分かるように

記

1．中越商会は、５月25日、京王プラザホテルにおいてWWA－１の発表会を開催、500人の参加者を集めた。価格が130万円で、エイトロール機能が付加されていたことが、ユーザーの間で好評を呼んでいる（添付に詳細な資料あり）。
新聞・雑誌への広告掲載量が、同社としては例をみないほど多く、10月にもイベントを成功させている。年内はこの機種のマーケティングに全力を傾けるものと思われる。営業部員を募集する新聞広告も、日曜日ごとに掲載されており、競合各社の中でも目立つ。

2．６月に発売された中村電産のＡ－３４型は９月以降、月産400台の量産態勢に入っており、同社第四工場では、万能型高級機の試作が開始されている。ただし、価格がネックとなっている。

3．中小メーカーの正直電機および福家電機は、相次いで試作機を完成、近くマーケットに参入する形勢にある。両社とも量産はしないが、オフィス向けの商品をターゲットとしている様子。

自分なりの所感を交えつつまとめる

4．古泉産業は、OM－２型の製造を一時中止したようだ。もともと資金計画に無理があったとされるが、メインバンクの九段銀行が融資を止めた模様。製品の機能にも欠陥が報告されている。

5．上記１と２については、当社と直接的に競合する分野が限られていて、それほど問題ではない。３の正直電機と福家電機は、明らかにオフィス向けの機器を目指している。量産をしないだけに、ユーザーへのサービスに力を入れてくることだろう。早急に対策を練り、当社の営業姿勢を確立しなければならない。

箇条書きの番号と対応させて、分かりやすく記述する。結びの「早急に～」以降の一文で今後の方針を力強く簡潔にまとめている点に注目

添付資料　中越商会WWA－１発表会目録

客観的な添付資料で分析の裏付けを行う

以上

文書テクニック

ワンランクアップ!

この文例は営業部の依頼で調査部が提出した報告書であり、客観性の高さと視野の広さが特長。複数の他社の製品動向・広告・経営状態を簡潔にまとめながら、結びで自社の課題を明確に示している。このパターンはぜひとも覚えておこう。

事故報告書

ミスを繰り返さないために正確な実情報告をする。

シチュエーション	交通事故や会社施設内での漏電事故等の業務災害、不良品発生事故などを会社に報告するケース
目的	事故の実態を正確に報告し、同様の事故の再発を防ぐきっかけとすること
ポイント	■事故の原因、発生状況、後処理について粉飾を加えず正確に述べる ■緊急を要するものは口頭で報告した後に改めて詳細について文書化する ■事故再発防止のための具体策を明示する

NG文書を添削！

→漏電事故報告書

事故調査報告書（添削：漏電）

1．事故の発生状況

①日時　平成○年10月1日(火)（添削：11：00頃）

②場所　~~工場内~~（添削：本社第四工場）

③機械名　A－1切断機

④作業担当者　浜野康弘

2．事故原因

切断機の老朽化による配線ショート

3．今後の対策

~~現状維持を徹底する~~

（添削：①切断機の総点検の実施、絶縁不良部分の補修　②修理不能機を新規入れ替え）

「何の」事故調査報告書なのかをタイトルで明確に示す

日付だけでなく時間帯も忘れずに記入する

発生場所はできる限り具体的に

事故再発防止のための具体策を明示する。「現状維持」では再発防止に向けてのやる気がないように思われてしまう

➡製品事故発生報告書

平成○年10月23日

製品管理課長　水谷恵一殿

製品管理課作業係長　山内修一

製品事故発生報告書

当社第二工場で発生した「Ｐ型切板」の寸法不良事故について、下記の通り報告いたします。

書き換え文例
「下記の通り発生しましたので、ここにご報告いたします。」

記

1．事故発生状況

（1）事故製品名　Ｐ型切板（寸法９㎜×200㎜×10,000㎜）

（2）発生場所　第二工場製品管理課作業係

（3）発生日時　平成○年10月21日午前11時20分頃

日時の表記はより細かく記載

（4）作業担当者　斉藤和夫（臨時工員）

必要があれば、担当者の雇用形態についても触れる

2．事故原因

規格ＳＳ41型（９㎜×2,000㎜×13,000㎜）を上記の注文寸法に切断中、作業担当者が切断機のハンドル操作を誤り、切断位置がズレたために、寸法不良が発生したものである。

3．今後の対策

（1）作業工程の最終段階には、製品採取に習熟した作業員を配置するなど、作業管理を徹底する。

（2）臨時工員についても、作業内容を早期習得できるための指導・教育を徹底させる。

具体性のある対策を述べる

4．特記事項

寸法不良については、他の材料より補填した。

なお、今後は作業ミスの再発防止に万全を期すようにいたします。

以上

冒頭および末尾の文章は「です・ます調」を用いる

事故報告書

ワンランクアップ！ **文書テクニック**

「今後の対策」欄には、「今後は～を徹底したい」という表現を使いがちだが、これはＮＧ。必ず「～を徹底する」と断言して、改善への意欲を示すこと。

調査報告書

報告の目的を意識して、客観的な事実と適切な意見を述べる。

シチュエーション	新製品の需要動向や市場調査、新システム導入のための諸調査などを報告するケース
目的	会社や上司に調査の結果、方法、結論を報告し、対応策を提示すること
ポイント	■報告の目的をまず明確にしておく ■最初に結論を述べ、続いて具体的な理由や詳細な調査方法を記述する ■調査結果だけでなく、その後の対応策を明記する

NG文書を添削！

→市場調査報告書

「販売店建設候補地」の調査報告

標題の件について、調査した結果を下記の通りご報告いたします。

記

1．所在地　　　東京都調布市小島町○−○−○

2．土地所有者　橋本総一氏（同意、調布ヶ丘○−○−○に在住）

3．土地総面積　264㎡（80坪）

4．周囲の環境

同地は京王線調布駅北口から徒歩３分で、北口天神通商店街の中ほどにあり、通行量も多く店舗建設地としては適切と思われる。（添付資料①）

また、調布駅北口は再開発指定区域としてここ２、３年のうちに市街地化が見込まれている上、最近５年間の人口調査でも人口が急増しており、大口需要を捌けるだけの条件は揃っている。（添付資料②）

5．本物件についての意見

同建設地域は駅から３分と近く、駅と住宅地の通勤・通学路にもなっており、立地するには好条件である。周辺道路が狭いという欠点もあるが、店舗開設の障害にはならないと判断する。

以上

6．添付資料
「調布市都市化計画調査報告書」（平成○年５月）

客観的事実を記載する部分に、自分の主観を混在させない

添付資料などで情報の出典を明らかにすること

➡新製品需要動向調査報告書

平成○年５月10日

営業部長殿

営業二課　山中忠雄

新製品「美炭酸オレンジ」
マーケットリサーチ報告書

当社新製品「美炭酸オレンジ」について、平成○年10月20日から平成○年４月20日まで調査を実施しましたので、その結果を下記の通り報告いたします。

記

1．調査目的：新製品「美炭酸オレンジ」の販売促進のため、他社製品との比較調査やイメージキャラクターの認知度調査などを通して、現状の消費者意識を把握する。
2．調査方法：調査会社「ＡＢＣウェブリサーチ」にＷｅｂ調査を委託。メインターゲットである20～30代の女性30名にインタビューを実施。
3．調査期間：平成○年10月20日（金）～平成○年４月20日（金）
4．調査項目：①新製品「美炭酸オレンジ」の認知度
②他社製品ＣＭのイメージ調査およびイメージキャラクター認知度調査
③当社製品のイメージ調査および味覚調査
5．分析結果
詳細は『調査報告書』に譲る。競合他社と比較すると、当社新製品「美炭酸オレンジ」の認知度は、Ａ社製品「微々ッとおれんじ」にやや劣るものの、優位に立っていることが分かる。また、イメージキャラクター「美女ＯＬ　小恋子（おれんこ）」の認知度は高く、競合他社との比較でも抜きん出ている。
6．今後の対策
・人気漫画家・南雲ヨーコ氏にデザインを依頼したイメージキャラクターが好評。今後もこのキャラクターを前面に押し出した広告、キャンペーン展開を打ち出していくべきと考える。
・インタビュー調査においては、冬季限定発売予定の「美炭酸アップル」の味覚調査を実施し、多数の厳しい意見が出た。他社製品との差別化を再検討すべく、製品開発部とのすり合わせが必須と思われる。
7．添付資料
・ＡＢＣウェブサーチによる『調査報告書』
・インタビュー調査報告書

以上

詳しい調査報告は添付資料に掲載すればよい。ここでは分析結果を簡潔にまとめる

詳細については別紙資料を添付したほうが分かりやすい

ワンランクアップ! 文書テクニック

調査結果は、グラフなどを適宜交えながら説明するとよい。報告書が複数ページにわたる場合は、必ずページ番号を振って、最初に要旨を付けておくこと。

会議・研修会報告書

発言内容や経過、決定事項などを正確な言葉で記録する。

シチュエーション 社内における、定例会議や営業会議、宣伝会議、役員会議、株主総会、研修会などの記録を書き残すケース

目的 会議や研修会等の経過や結果を明確にして、後日の覚書、参考資料、保存書類などにすること

ポイント
- 要点は簡潔にまとめ、決定事項はできるだけ箇条書きにする
- 会議名や日時、出席者などの事実は正確に記録する
- 参加していない人にも内容が伝わるよう配慮して書く

NG文書を添削!

→定例会議の議事録

第12回　事務合理化委員会　議事録

1．日時　平成○年４月16日(火)　午前９時～11時

2．場所　本社第３会議室

3．出席者　~~委員長、副委員長、委員の計６名~~
委員長　田中光男　副委員長　小川真治
委員　新井一郎　川田咲子　須田三郎　佐藤雄二

> 役職名だけでは情報として不足。出席者の氏名を正確に記録する

4．議題

(１)パソコン導入による事務の合理化について

(２)節約・節減運動月間実施について

5．決定事項(経過)

(１)５月１日より、各課ごとに２台、パソコンを導入する。研修期間は５月１日から20日まで。人選、場所については再検討。

(２)節約・節減運動月間実施については、新井委員より社員ひとりひとりの節約・節減意識を高めていくために提案された。実施期間は５月10日から１カ月とする。

6．資料　パソコン導入による合理化方針策

7．次回予定　~~今回と同様~~
日時；５月３日(水)　午前９時～11時
場所；本社第３会議室

> 書き方としてあまりに不親切。たとえ定例会議であっても日時と場所を明記する

以上

株主総会議事録

CHECK!

株主総会の議事は、議事録を作成しなければならない。作成者は議長であり、代表取締役は、議事録を本店並びに支店に保管する義務がある

平成〇年9月1日から(自)、平成〇年8月31日に至る(至)までという意味

発行済株式総数、株主総数、出席株主数及び株数を明記する

第三十回定時株主総会議事録

平成〇年九月一日午後一時より札幌市中央区南九条西〇丁目当会社本店七階第三会議室において、第三十回定時株主総会を開催した。

発行済株式総数　二万八千三百五十七株
株主総数　三百四十三名
出席株主数及び株数　二百十二名　一万五千百五株

定刻、代表取締役会長吉田龍馬は、議長席に着き、出席株主数及び所有株式数を前記の通り報告し、第二号議案は発行済株式総数の三分の一以上の株式を有する株主の出席を要するが、決定定足数に達したので、総会は適法に成立した旨を述べて議案の審議に入った。

次に、議長は取締役社長坂本晋作に第三十期営業報告書の概況の説明を求め、詳細に報告した。

第一号議案　第三十期(自平成〇年九月一日　至平成〇年八月三十一日)貸借対照表、損益計算書並びに利益金処分案承認の件

(中略)

第二号議案　取締役及び監査役各二名選任の件

(中略)

以上により議案はすべて終了したので、議長は午後三時三十分、閉会を宣した。

右の議事の経過並びに結果を明確にするため、本議事録を作成し、議長並びに出席取締役は次に署名押印する。

平成〇年九月一日

議長　吉田龍馬 ㊞
取締役社長　坂本晋作 ㊞
取締役副社長　渋沢博文 ㊞

議長や出席した取締役の署名は必須。記名捺印もしくは署名捺印すること

開催の日時、場所を明らかにする

ワンランクアップ! **文書テクニック**

議事内容については、開会に始まり提案、審議、議決、閉会にいたるまでを簡潔に要領よくまとめる。討論内容、提案理由まで記入する必要はないが、決議の結果が可決か否決かは記入。

➡取引先との会議報告書

平成○年７月７日

営業部長殿

営業課　中原勲

会議報告書

会議名　江川工業工事資材契約最終打ち合わせ
日時　平成○年７月４日(金)午後１時～午後３時
出席者　江川工業堀内作業課長、村田作業課員
当社岡田資材係長、中原勲

１．契約内容の最終確認について

本物件について、当社提示価格103,000円／トンに対し先方は100,000円／トンを提示してきたため、下記の契約内容となったことは別途報告の通りである。

（１）江川工業工事契約トン数　800トン
（２）（略）

２．意見

当社にとってマイナス3,000円／トンであるが、江川工業からは、今後も当社に発注する見込みが期待できるため、上記内容で受注したい。

なお、本件の契約書作成の日時については改めて指示をお伺いします。

以上

何に関する会議なのかが、ひと目で分かるように

出席者の役職、氏名を正確に記入する

CHECK！
この項目は極めて重要な部分。特に具体的な数字が正しいかどうか、何回もチェックすること

意見欄では今後の見込み、展望を示す

ワンランクアップ！ 文書テクニック

基本的に、会議参加報告書は口頭でのやりとりを記録するものである。そのため、聞き間違いや聞き漏らしがあると、正確な報告書を作成できない。報告書作成を念頭に置いて、会議に参加すること。特に、具体的な数字は注意深く聞き取るように。

➡新入社員研修会議の参加報告書

平成○年10月４日

営業部長殿

営業課　松永卓

「新入社員研修」準備委員会について

平成○年10月２日、14時から16時まで標題の会議へ参加いたしましたので、その結果を次の通り報告いたします。

１．会議の内容

件名　新入社員研修準備委員会

日時　平成○年10月２日(水)14:00～16:00

場所　本社第一会議室

出席者　【人事部】　里中泰助、島崎由佳、雪沢俊一、軽部大
【総務部】　山口総一郎
【企画開発部】　芹沢珠美

２．議事

（１）研修指導員の参加要請について
人事部長より昨年度の新入社員研修の概要についての説明があり、今年度は研修内容の充実を図るため、研修指導員として、各部課から２名ずつ参加してほしいとの要請があった。

（中略）

３．要処置事項

議事（１）については、当課に対しても指導員派遣の要請がありましたので、この件については改めてご指示をお伺いいたします。

４．所感

これまで、営業部として新入社員研修へ研修指導員を派遣したことはなかった。研修時期がちょうど繁忙期と重なるのが懸念事項ではあるが、新人教育に携わることは多くの営業部員にとって貴重な経験となるはずである。企画開発部は適任者を部内アンケートで選出するとのこと。

以上

開催日時は必ず曜日、時間を記入する

出席者は所属、氏名を連記する

要処置事項があれば、上司の指示を仰ぐ旨を明記しておく

所感欄は上司が最も注目する部分。事実報告だけでなく、自分なりの言葉で所感をまとめる

クレーム報告書

事実を迅速確実に伝え、報告が今後の対策に生きるように。

シチュエーション 取引先や消費者から苦情が出たケース

目的 クレーム内容を社員が共有して、適切な対応ができるようにすること。また、業務の質向上に役立てることも

ポイント
- ■クレームは対応のタイミングが極めて重要。速やかに報告する
- ■クレーム内容と調査結果を事実に基づいて伝え、改善策も提示する
- ■事実の隠蔽や粉飾は決してしない

NG文書を添削!

クレーム処理の報告書

クレームの件 （GE5001型成型機）

1．クレームの概要

平成○年５月納入の当社ＧＥ5001につき、福田工業㈱より、平成○年７月生産分から不良品のロット数が異常に増加したが、同機に欠陥があるのではないかとの苦情があった。

2．同機の調査結果

８月１５日に技術部高山係長と福田工業に出張・調査した結果、駆動部シリンダーの支持架が変形していたためと判明した。（は、今年の猛暑と金属疲労にあること）

3．福田工業浮田部長に対して、支持架の変形の原因を説明した結果、支持架を同機種の新型部品と交換~~(納品時期未定)~~（9月10日納品予定）することで合意。

以上

何の苦情なのかが分かるように、具体的な製品名を入れる

クレームが起きた原因は会社にも報告すること

「納品時期未定」のままでは、読み手に不安しか与えない。クレーム対応は迅速性が第一。対応できる日取りは最優先で確定させる

➡消費者からのクレーム報告書

クレーム報告書

1．クレーム内容

8月15日(月)、川崎市にお住まいの西川辰男様が川崎西口支店に来店。書籍3冊を購入しようとしたところ、レジにてアルバイト店員がレジ打ち作業を誤り、4冊分の会計を言い渡されたとのこと。これをアルバイト店員に指摘したところ、謝罪の言葉もなく、対応に誠意がみられなかったそうです。西川様はその場で支店長からの謝罪を求められましたが、アルバイト店員は多忙を理由に断ったとのことでした。このことは、8月16日15時20分頃、西川様から販売部に直接のお電話があり、発覚いたしました。

2．調査結果

西川様からのお電話を受けた後、川崎西口支店長結城安治に確認したところ、確かにアルバイト店員がレジ業務でミスを犯し、さらに無礼な対応をしたとのことでした。

3．対応策

今後は言葉遣いを含めた接客マナーについて、社員教育を徹底いたします。またレジマニュアルを再度見直し、レジ業務の正確性を高めるよう尽力いたします。

以上

クレーム報告書は、①クレーム内容、②調査結果、③対応策の順にまとめるのが一般的

クレームの根本的な原因がどこにあるか、常に意識しながら文書をまとめる

クレームをなくすための前向きな対応策を具体的に書く

書き換え文例

「努めたいと存じます。」
「細心の注意を払って業務を遂行いたします。」

➡サービスの不手際のクレーム報告書

「商品目録」に関するクレーム報告書

1．クレームの内容

平成○年6月30日(月)に納品した「商品目録」において、納品先の㈱青葉社より、本文中の文字が誤って二重に印字される印刷ミスがあるとの苦情があった(添付資料参照)。納品した1,000部すべてに上記の印刷ミスがあるとのこと。

2．調査結果

榎本武則部長に確認したところ、印刷作業中、オペレーターがデータを確認する際､操作上の誤りがあったことが判明した。

3．その後の対応

㈱青葉社には調査結果を返答し、不良品を回収するとともに正規品を7月12日までに納品することで合意した。

このようなミスをなくすため、榎本部長に対し改善策の提示を求めている。

添付資料　「商品目録」印刷ミス該当箇所(29ページ)　1部

クレーム対応は迅速丁寧に行うのが鉄則

クレーム内容が読み手にひと目で伝わるよう資料を用意する

届出

社内の情報を正確な文面にして、速やかに提出する。

シチュエーション	遅刻、早退、休日出勤、休暇、忌引きなどの特別休暇、住所変更、出生、結婚、離婚などを会社に提出するケース
目的	社員の労務管理、勤怠管理を円滑に行うこと
ポイント	■不意の事情ではまず電話連絡をし、後日報告書を提出する ■理由は簡潔かつ明確に、必要事項は控えめに書く ■提出する前に必ずもう一度見直す

➡遅刻届

平成○年1月15日

人事課長　中村啓二殿

人事課　渡辺昭三㊞

遅刻届

下記の通り遅刻しましたので提出いたします。

記

1．遅刻日時　平成○年11月14日(水)
午前10時より午後0時まで
2．理由　朝8時時点で39度の発熱があり、病院に立ち寄り薬の処方を受けたため
3．添付書類　大沢大学病院診断書　1通

以上

遅刻・早退届など使用頻度の高いものは、会社ごとにフォームをつくっていることが多い

理由は簡潔に（大体20〜30字、多くても50字前後で）。「歯科治療通院のため」「病院立ち寄りのため」「両親が上京し上野駅に出迎えるため」など、具体的な記述を心がける

通院の場合は病院の診断書を添付する。電車事故などで遅刻した場合には「電車事故による遅延のため」という報告に加え、「遅延証明書」を添付する

早退届

平成○年10月15日

労務課長殿

業務部労務課長文書係
係長　藤田和夫㊞

早退届

下記の通り早退したいのでお届けします。ご承認くださるようお願いいたします。

記

1．期間　平成○年10月17日(半日)
2．事由　町内会役員会議のため

以上

私用による早退を届け出る例。必要事項がクリアされていればメモ用紙などに書いても有効

覚えておきたい **ビジネス用語**

事由→
ある事柄の生じた原因・理由（「理由」の固い表現で、法律関係の文書などに多く用いられる）

欠勤届

平成○年６月８日

柴田課長殿

営業部販促１課　朝倉隆志㊞

欠勤届

下記の通り欠勤したいので、ここにお届けいたします。

記

(１)期間　平成○年６月10日から
６月12日まで(以上３日間)
(２)事由　５月中の関東地方集中豪雨により、中野区弥生町○－○の自宅が床上浸水の被害に遭い、事後処理のため。
(３)緊急連絡先　自宅　○○－××××－△△△△

以上

長期欠勤の場合、診断書などの添付処理も必要

詳細な家庭事情や具体的説明は省く

緊急連絡先として電話番号などを明記する。病院や故郷の実家などの場合は必ず記載すること

➡休暇届

平成○年10月1日

総務部長

総務部　松下貴弘㊞

休暇届

下記の通り、休暇をいただきたくお願い申し上げます。

記

1．期間　　平成○年11月2日(月)～
　　　　　平成○年12月15日(金)
2．事由　　病気療養のため
3．入院予定日　平成○年11月6日(金)
4．添付書類　横浜第一病院　診断書1通

以上

書き換え文例

「実家の床上浸水被害事後処理のため」
「滋賀に住む義母の介護のため」

➡出産休暇届

平成○年6月27日

総務部長殿

経理部　田中優子㊞

出産休暇届

その他、類似する届出として「育児休暇届」がある

私はこのたび、下記の通り出産のため休暇をいただきたく、お願い申し上げます。

記

1．期間　　平成○年7月20日から
　　　　　平成○年1月10日まで
2．出産予定日　平成○年9月1日
3．添付書類　八王子病院産婦人科診断書　1通

以上

CHECK!

長期休暇となるため、なるべく早く届出を提出すること

病院の診断書を添付する

ワンランクアップ! 文書テクニック

休暇を申請する際は、自分の業務予定や休暇日の要員確保などに気を付けて予定を決める必要がある。届出日付の記入漏れ、期間の数字に誤りがないか確認すること。

忌引きによる特別休暇届

平成○年９月２日

総務部長

総務部庶務課　小早川理沙子㊞

特別休暇届

下記の通り休暇をいただきたく、お願い申し上げます。

記

１．区分　　忌引き
２．期間　　平成○年９月２日より
　　　　　　平成○年９月４日まで（３日間）
３．事由　　実兄死亡のため
　　　　　　（平成○年９月１日急性心不全により）
４．連絡先　告別式　平成○年９月３日午後14時より
　　　　　　　　　　場所　東京都渋谷区青山第一斎場
　　　　　　　　　　電話　○○－××××－△△△△

以上

結婚や近親者の死亡、子女の出産などは、通常業務上の都合に関係なく特別休暇となる

書き換え文例

「お計らいくださいますようお願いいたします。」

特別休暇の場合、休暇の理由は具体的に記入する

場所、時間、電話番号を忘れずに明記する。結婚の場合も同様

休職願

平成○年10月２日

取締役社長　榊平助殿

開発部施設課　石川保㊞

休職願

下記の通り、休職を願い出ます。

記

１．期間　平成○年10月15日から平成○年２月29日まで
２．事由　神経疾患による脚部機能麻痺により就業が困難であり、治療に専念するため。
３．備考　添付書類（医師診断書）

以上

休職の場合、直属の上司ではなく会社の最高責任者に提出するのが一般的

書き換え文例

「私は下記の通り休職いたしたく、ご承認くださいますようお願いいたします。」

事由はなるべく詳しく書き、可能であれば復職予定も記入する

期間の証明となる医師の診断書も必ず添付する

➡休日出勤届

平成○年７月26日

桜庭課長

販売部　篠井幸秀㊞

休日出勤届

下記の通り休日出勤いたしたく、申請いたします。

記

１．出勤日時　平成○年７月29日(日)
　　　　　　　午前９時半より午後18時まで
２．理由　　　８月１日からの
　　　　　　　新春フェア開始準備のため

以上

CHECK!
代休を取得できる場合、別途代休の申請を行う必要がある。会社の規定に従うこと

出勤日時、理由を明確に

➡住所変更届

平成○年10月28日

富山建設株式会社
米山弘総務部長殿

資材課　岡山則尾㊞

住所変更届

下記の通り、住所を変更しましたのでお届けいたします。

記

１．新住所　東京都新宿区高田馬場○−○−○
２．旧住所　東京都小金井市本町○−○−○
３．移転年月日　平成○年１０月２６日
４．通勤経路、所要時間
　　自宅　東京メトロ東西線高田馬場駅～飯田橋経由～
　　ＪＲ総武線市ケ谷駅　　所要時間　約20分

（略）

別添書類　通勤定期券・身分証明書(各１通)

以上

転居してからなるべく速やかに届出を提出する

通勤経路を路線名、駅名などを交えて正確に書く

通勤費が変更となるため、通勤定期券のコピーを添付する

ワンランクアップ！ 文書テクニック

身上の異動・変更届の添付書類には、次のようなものがある。「結婚届」「離婚届」「改姓届」＝住民票、「出生届」＝出生証明書、「死亡届」＝死亡診断書、「住所変更届」＝通勤定期券・身分証明書、「資格取得届」＝合格証あるいは免許の写しなど。

➡身上異動届

身上異動届

1 結婚届　2 改姓名届　③出生届
4 死亡届　5 住所変更届
⑥扶養家族増減届　7 資格取得喪失届
8 身元保証人変更届　9 その他

日付	異動日 ○年10月31日 届出日 ○年11月７日	届出者	所属部署名 業務部　営業課 氏名 村山意次㊞

内容	1．出生届 氏名　村山翔(男) 生年月日　平成○年10月31日 続柄　長男 2．扶養家族増減届 (1)異動した扶養親族氏名　村山翔 (2)年月日・続柄　上記に同じ (3)年齢　０歳 (4)異動理由　出生のため
	添付書類　出生証明書、住民票（各1通）

(略)

以上

出産祝い金などの制度を設けている会社が多いため、届出は迅速確実に行う

CHECK!

届出はなるべく1週間以内に済ませること

➡死亡届

平成○年５月10日

人事部長殿

営業部　柏原哲夫㊞

死亡届

次男照之は平成○年５月９日交通事故のため死亡しましたので、お届けいたします。

記

告別式日時　平成○年５月11日
告別式場所　東京都杉並区仏尊寺
添付書類　死亡診断書、戸籍謄本　各１通

以上

家族の死亡の場合、手当てや税金、健康保険などの内容が変更になることもあるので、迅速に届け出ること

死亡者の氏名、続柄、死亡年月日が分かるように

➔結婚届

平成○年３月２日

営業部一課長

営業部一課　島田英彦㊞

結婚届

このたび、下記の通り結婚しましたので、お届けいたします。

記

１．結婚年月日　平成○年２月28日
２．配偶者氏名　島田柚香(旧姓久郷)
３．結婚後の新住所
〒○○○－××××　東京都中央区京橋○－○－○
４．添付書類　住民票、戸籍謄本(各一通)

以上

CHECK!

署名だけでなく、捺印も忘れずに

結婚届を提出した日付を明記

フルネームに加えて、旧姓も忘れずに記入する

必要な添付書類をあらかじめ会社に確認し、速やかに手配しておく

➔離婚届

平成○年４月２日

人事課長

情報開発部　立川秀人㊞

離婚届

このたび、私は一身上の都合により離婚しましたので、お届けいたします。

記

離婚年月日　平成○年３月28日
相手氏名　小早川さなえ
添付書類　戸籍謄本一通

以上

手当て等が変更になる場合もあるので、速やかに提出する

具体的な離婚理由については触れなくてもよい

離婚相手の離婚後の姓名を明記しておく

身元保証人変更届

身元保証人変更届

下記の通り身元保証人が変更となりましたのでお届けいたします。

記

1．新身元保証人

氏名	相原邦彦
住所	東京都港区赤坂○－○－○
職業	医師
生年月日	昭和34年３月14日
続柄	叔父

2．旧身元保証人

氏名	板倉義男
住所	東京都北区十条○－○－○
職業	会社会長
生年月日	昭和24年５月６日
続柄	伯父

3．変更理由
上記の旧身元保証人死亡のため

以上

身元保証人とは、雇用関係で問題が生じた際、本人に代わってまたは本人と連帯して責任を負う可能性のある人のこと

書き換え文例

「このたび、下記の通り身元保証人が変更になりましたので、ご報告申し上げます。」

新旧両方の保証人の氏名、住所、職業、生年月日、続柄を記入する

出生届

平成○年８月14日

企画部長殿

企画部　稲本英彦㊞

出生届

このたび、下記の通り子どもが誕生しましたので、お届けいたします。

記

1．氏名	稲本美来（いなもとみらい）
2．出生年月日	平成○年８月10日
3．続柄	長女
4．添付書類	出生証明書１通

以上

子どもが誕生すると各種手当て等が変更されることが多いので、速やかに提出すること

人名には特殊な読み方もあるので、読みを添えておく

始末書

反省を込めて不始末を詫び、二度と起こさない決意を表明する。

シチュエーション	会社に損害を与えた場合や就業規則に違反したケース、部下の不始末について管理責任を問われたケースなど
目的	過失や不始末に対する反省を促し、再発防止の決意とそのための努力を誓約させること
ポイント	■自己弁護や言い訳と思われる表現は逆効果 ■慣用句を使いこなし文章の体裁をできるだけ整える ■文書の結びには必ず再発防止を誓う言葉を入れる

NG文書を添削！

➡得意先の取引停止についての始末書

始末書

平成○年６月29日、私は豊島工場㈱に金属工作機ＲＦ2200Ａ型の見積書を提出した際、見積金額算定を間違えてしまいました。~~私の部署では同僚が次々と退職し、私に業務が集中しておりました。連日の徹夜作業により体調が悪化し、このようなミスが起きてしまいました。~~

その結果、当社と豊島工業㈱との間に取引停止という事態を発生させ~~てしまいました。~~（、会社に多大な損害を与えることになりました。）

私はこのたびの不始末を深く反省し、~~十分に注意を払うことにいたします。~~

（心からお詫び申し上げますとともに、今後二度とこのような不始末を繰り返さないことを固くお誓い申し上げます。）

以上

> 自己弁護や言い訳は一切省く

> 表現として不十分。「会社に多大な損害を与えること」を意識する

> 「注意します」だけでは再発防止への決意が伝わらない。始末書の慣用表現を使って丁寧に文書を結ぶ

➡損害賠償を求められたときの始末書

始末書

このたび、私の発注ミスおよび見積ミスにより、会社に対して多大な損害を与えてしまいました。この件に関して、誠に申し訳なく深くお詫び申し上げます。

私はこの失敗を深く反省し、今後はこのような過失を再び引き起こさないよう十分注意することを誓います。

なお、私の不始末から会社に与えた損害内容および金額は下記の通りです。ここに確認するとともに、身元保証人との連帯をもちまして、速やかに賠償いたします。

記

1．損害内容および金額

（1）ＡＥ702　発注ミス　マイナス150万円

（2）ＦＤ50　見積ミス　マイナス15万円

2．当方よりの損害賠償支払い方法

（略）

以上

書き換え文例

「心よりお詫び申し上げます。」

損害賠償については、具体的損害内容、金額を記入して確認し、弁済方法も明記する

➡監督不行届きの始末書

始末書

私の監督不十分により、平成○年９月10日から平成○年３月１日まで、経理係長穴沢龍一による業務上横領事件が発生しました。そのため会社に多大な損害を与えたことは、誠に申し訳なく心からお詫び申し上げます。

私は、このたびの事件を深く反省し、今後二度とこのような不始末を繰り返さないよう万全の指導・管理に努めることを固くお誓い申し上げます。

以上

事の重大さゆえ、上司はすでに事件の詳細を把握している。そのため、始末書では事件について簡潔な説明にとどめる

管理者として、再発防止への決意を述べる

➡無断欠勤の始末書

始末書

平成○年５月７日より９日にわたり３日間の無断欠勤をした結果、業務に支障を来たし、会社にご迷惑をおかけしたことを心からお詫び申し上げます。

５月３日からの連休を利用して友人３人と北アルプス縦走に出かけましたが、２日目の４日夜半より天候が急変、山中で回復を待ったため下山したときには８日午後になってしまいました。

天候異変とはいうものの、春山登山を軽視した私たちの登山計画が甘かった結果と深く反省しております。今後は二度とこのような不始末を起こさないことを誓います。

何とぞ寛大なご処置を賜りますようお願いいたします。

以上

素直に非を認め、お詫びと反省の言葉を述べる

書き換え文例

「どうか今回に限り寛大なご処置を賜りますようお願い申し上げます。」

➡商品誤発送の始末書

始末書

私は平成○年８月26日(月)、寺山文具㈱に商品のメモノートＡ４を納品する際、誤ってメモノートＢ５を発送してしまいました。

先方からの連絡を受け、急きょ正しい商品を納品し直しましたが、寺山文具㈱が８月27日より開催していた新生活応援フェアの開始に間に合わず、その結果、取引一時停止という事態になりました。これにより、会社へ多大な損害を与えてしまいました。

このたびの不始末について深く反省し、心よりお詫び申し上げます。今後は二度とこのようなことのないように注意喚起し、再発防止に努めることをお誓いいたします。

以上

CHECK!

事実を簡潔にまとめる。事実の過小報告や歪曲は一切認められない

書き換え文例

「今後二度とこのような失敗を繰り返さないよう、細心の注意を払って業務に精励することをここにお誓いいたします。」

ワンランクアップ! 文書テクニック

会社に与えた損害のレベルによって、始末書の表現を変える。例えば、無断欠勤の場合には、会社に対して寛容な処置を求める結びの文を入れてもよい。逆に横領事件や損害賠償問題に絡む場合は、損失の程度によっては進退伺を提出する場合もある。

➡説明会欠席の念書

念書

去る平成○年７月８日(月)、株式会社トータル企画で開催されました新商品説明会を無断欠席してしまいましたことをお詫び申し上げます。これにより、亀山部長を始め、他の社員にも多大なるご迷惑をおかけし、本当に申し訳ございませんでした。

これはすべて私の不注意によるもので、心より反省しております。

今後はこのような不始末を起こさないよう注意するとともに、一層業務へ精励することを、この念書をもってお誓いいたします。

以上

念書は業務上のミスで特定の個人に迷惑をかけたときに提出する文書。それに対し、始末書は会社に対して提出する

事実を簡潔にまとめる

自らの非を潔く認め、反省の意を述べる

覚えておきたいビジネス用語
精励→
力を尽くし物事に励むこと

➡重要資料紛失の始末書

始末書

平成○年８月27日、私は取引先であるアイワン電機㈱への納品からの帰社途上において、プレゼン資料一式を紛失いたしました。打ち合わせ後に立ち寄った場所や利用した交通機関へ遺失物の届けを出しましたが、現在のところ、みつかっておりません。

資料の中には開発中の商品情報が記載された書類が封入されており、このような重要書類を厳重に取り扱わなかった不注意に関しましては、弁明の余地もございません。すべて私の責任で、心より反省しております。今後は、このような不始末を起こさないよう、規則を遵守し、業務へ精励することをお誓いいたします。

今後の身の振り方につきましては、一切を会社にお任せする所存でおります。

ここに始末書を提出いたしますので、ご査収くださいますようお願い申し上げます。

以上

書き換え文例
「ついにみつかりませんでした。」

今後の進退について、会社の方針に従う決意を述べる

理由書・顛末《てんまつ》書

経過・原因を究明し、組織全体でミスの再発を防ぐ。

シチュエーション 不良品混入や機械の操作ミスなどの業務上の過失、納期の遅れ、事故、交通事故といったトラブルが起きた経緯、原因、対策を会社に伝えるケース

目的 問題の発生した経緯や原因を解明し、再発防止に役立てること

ポイント
- ■過失の事実とその原因を簡潔に表現し、その対策を報告する
- ■理由書は事故や過失の発生原因と事故内容の説明が中心となる
- ■顛末書は事故や過失についての経緯説明を中心とする

➡部下の交通事故の顛末書

平成○年4月1日

営業部長　加藤金一殿

業務部営業課移動係長　稲葉清三

顛末書

このたびの当課社員我孫子隆の交通事故につきましては、わき見運転による前方不注意であると判明いたしました。

今後、車の運転に際しては日頃から十分注意するよう係内のミーティングで徹底し、負傷(全治3日間)した相手運転手に対しては、見舞等について十分な対応を行います。

以上

顛末とは、「事の最初から最後までの事情」のこと。よって、事故の経緯に主眼を置く

冒頭に不始末の内容を述べる

顛末書にお詫びの言葉は不要

⇒納期遅延の理由書

理由書

このたび、「石綿チーズ」の生産が間に合わず、納期が遅延することになった件について、ご説明申し上げます。

ナイル商事からの報告によりますと、原材料である生乳の生産国であるインドが7月より長期的な乾季に入り、原材料の調達に大きな影響が出ているとのことです。８月後半になり気候が回復し供給は安定しつつあるとのことですが、当初９月１日を予定しておりました次回納品につきましては、10月10日に遅延することを、ここにご報告いたします。

なお、秋以降につきましては、通常通りの納品を予定しております。

以上

理由書は事故や過失の因果関係の説明を中心とする

書き換え文例

「その理由は次の通り判明いたしました。」
「原因は下記の通りです。」

どんな理由書であるかが分かるように

⇒部下による機械操作ミスの理由書

理由書
プリンタ故障について

今回のプリンタ故障の件に関しましては、作業担当者木村和彦の操作上のミスによるものであり、機械の構造上の問題ではないことを申し上げます。

なお、故障の主な原因については、下記の通り判明いたしました。

記

●故障原因

（１）作業担当者木村和彦が、運転上必要な基本操作を行わずスイッチを入れたこと。

（２）定期的な保守点検回数が不足していたこと。

以上の２点は、いずれも作業担当者が機械操作に対して安易な姿勢であったために生じたものです。

以上

一般的に、理由書は特定の個人を攻撃するための文書ではないので、作業当事者にペナルティーが科せられることはない

複数の原因がある場合、箇条書きでまとめる

上司として、原因の根本を分析する

➡仕入先の検査ミスについての理由書

理由書

期限切れ食品の納入の件について

㈱長倉食品から仕入れた食品が賞味期限切れであった件について、調査した結果、下記の原因が判明いたしました。

記

1．誤って仕入れた食品の数量および賞味期間

長倉食品製玉うどん　10個

賞味期間　平成○年８月15日のところを同年８月20日と表示

2．不良食品を仕入れた原因

（１）長倉食品側の調査結果

別紙にて添付しました。

（２）仕入係員のチェックミス

倉庫に納める際に仕入係員池内賢三が、チェックミスをしたために発覚が遅れました。今後はこのようなことのないように取引先との連絡を密にし、仕入れの際のミス防止に全力を尽くす所存であります。

なお、誤って仕入れた食品については、すでに正規の食品が仕入れ済みとなっております。

3．添付書類

長倉食品の調査結果報告、謝罪状

以上

書き換え文例

「調査の結果、原因が判明いたしました。下記の通り、ご報告いたします。」

取引先にミスの原因がある場合は、まず先方の調査報告をする

先方の調査報告をした上で、自社に落ち度がなかったかどうかも確認する

ミスをした仕入先からの調査結果報告書、謝罪状を添付する

ワンランクアップ！ **文書テクニック**

事故や過失の発生原因、その経緯などを書く場合、簡潔な表現を心がけること。文例のように箇条書きにすると読みやすい。その際、５Ｗ１Ｈ（いつ、どこで、誰が、どのように、何を、どうしたのか）を明らかにすることを意識する。

➡部下の交通事故についての顛末書

顛末書

　このたびの当課社員高橋和利の起こしました交通事故につきましては、居眠り運転が原因であると判明いたしました。その事実関係について、下記の通りご報告申し上げます。

1．事故発生の日時と場所：平成○年５月６日　午後13時
文京区春日○○交差点
2．事故発生状況：国道□□号○○交差点で、高橋和利の運転する営業用車両が前方の一般車に勢いよく追突。運転する女性に全治２週間の怪我を負わせ、一般車の車両後方が破損した。
3．事故原因:高橋和利の居眠り運転。繁忙期のため連日残業をしており、過労のため居眠りをしてしまったと考えられる

　被害女性は重症ではないものの、治療中です。車両の損害額は約20万円前後と査定され、治療費は後日確定します。別途、見舞金を用意し、十分な対応ができるよう配慮いたします。高橋に怪我はなく、社用車の被害も軽微です。
　今後は部内ミーティングで注意を促すだけでなく、定期的に講習を開くなどして、営業部員の安全運転の徹底に尽力し、今後二度とこのような事故のないよう、努力いたします。

以上

被害状況を詳しく説明する。分かる場合には被害額も明記する

理由書や顛末書には、二度と同じ事故・事件を起こさないようにするためのペナルティ的要素がある。始末書のようにお詫びの言葉を添える必要はないが、再発防止の対策とその決意を明確に示しておくこと

➡機械故障の理由書

理由書

　このたび、平成○年２月６日(月)、千葉工場内で発生した機械故障について調査した結果、以下のことが判明しましたのでご報告申し上げます。

1．故障発生日時：平成○年２月６日(月)　午後１時15分頃
2．故障状況：浄水機Ａ機不具合による不良品発生
3．故障理由：前日および当日の定期点検が不十分であったため
4．故障による損害：機械は約90分停止、予定製造量のうち152ケースが、予定集荷時間に間に合わず、出荷が遅延した。また、不良品が20ケース発生し、廃棄処分の必要が生じた。

　このたびの機械故障により、自社および納品先へ多大の損害をおかけいたしました。
　現状、問題の機械は正常作動しておりますが、今後は機械操作のマニュアル化を徹底し、さらに定期点検の再指導を行い、事故再発がないよう細心の注意を払って業務を遂行いたします。

以上

日時は判明している範囲で詳細に書く

現状報告も忘れずに

進退伺

簡潔で潔い文章にして、自身の進退を相手に委ねる。

シチュエーション	自分や部下が重大な事件・事故を引き起こし、その内容が始末書では済まされないケース
目的	事件や事故の責任をとって辞職する意志を伝え、進退の判断を上司に委ねること
ポイント	■言い訳や責任転嫁、事実の粉飾は一切せず、潔く責任を認める ■責任の所在が判明した時点で速やかに提出する ■通常、進退伺は部課長や所長、工場長、支社長などの管理職が提出する

➡部下の横領事件についての進退伺

平成○年12月１日

代表取締役社長　小野八郎殿

埼玉営業所長　剣持良蔵

進退伺

このたび、発覚しました当営業所経理係員佐野力也による2,000万円の業務上横領事件は、小職の職場管理の不徹底によるものであり、当社の信用失墜にもつながることになりましたことを、深くお詫び申し上げます。

このたびの不始末は、すべて小職の失態によるものであり、職を辞して責任を取る所存でございます。何分の儀ご決裁を仰ぎたく、ここに辞表を同封しご指示をお待ち申し上げます。

以上

進退伺の提出先は会社の最高責任者である社長宛てにする

会社の人間は今回の事件についてすでに内容を把握しているので、事件について詳細に説明する必要はない

一人称は「私」より「小職」とするのが一般的

責任を取る具体的な意思表示として辞表を同封する

➡賠償問題にからむ進退伺

進退伺

このたび、秀峰企画より損害賠償請求のありました当社製品の欠陥事故につきましては、小職の管理責任である検品作業に手落ちがあったために生じたものです。

このため会社に多大の損害を与える結果になりましたことを、深くお詫び申し上げます。

このたびのことは、すべて小職の指導、管理の不徹底に基づくことであり、職を辞して責任を負いたく存じます。ここに辞表を同封し、今後の小職の進退について、ご指示をお待ち申し上げる所存でございます。

以上

書き換え文例

「検品作業の不足が原因で発生いたしました。」

潔く責任を認め、心からの謝罪の意を示す

➡得意先とのトラブルについての進退伺

進退伺

私は平成○年10月16日、得意先沢辺製作所での入札に失敗したばかりか、沢辺製作所の営業本部長平沼俊夫氏と口論の末、取引停止を言い渡されました。

上記により会社に多大のご迷惑と損害をおかけいたしましたこと、誠に申し訳なく深く反省しております。

つきましては、上事件につき会社規則に照らし、いかようのご処分にも異議なく、ここに辞表を同封し、何分のご指示をお待ち申し上げます。

以上

自らの責任を潔く認め、言い訳や責任転嫁はしない

書き換え文例

「つきましては、すべての責任を負い、職を辞して陳謝いたしたく存じます。ご決裁を仰ぎたく、ここに辞表を同封し、ご指示をお待ち上げます。」

退職届

慣用句を用いて礼儀に則り辞職の意を表す。

シチュエーション	自らの意志や病気などの自己都合で会社を辞めるケース。会社都合の場合は退職届によらず処理される
目的	会社を辞める意志を礼儀に則って表現すること
ポイント	■「一身上の都合によって」などの慣用句を使い丁寧に書く ■横書きと縦書きでは項目を書く順序が異なるので注意する ■退職後の連絡先を添えておいたほうがよい

➡家事都合による退職願

平成○年９月12日

池田製菓株式会社

代表取締役　池田裕行殿

営業課　久本信夫

退職願

このたび家事都合により、来たる平成○年９月30日をもって退職いたしたく、ここにお届けいたします。

なお、退職後の連絡先は下記の通りです。

〒○○○－××××　群馬県群馬郡群馬町○－○－○

電話　○○－××××－△△△△

退職がまだ受理されていない場合は「退職願」、すでに退職が決定している場合は「退職届」とする

書き換え文例

「一身上の都合により、」

「胃潰瘍を患い、その長期治療のため、」

退職後の連絡先として住所、電話番号を書き添えておく

➡退職届①

平成○年３月10日

城東工業株式会社
代表取締役　富田直行殿

企画開発課　梨本元

退職届

私は一身上の都合により、来たる平成○年３月31日をもって退職させていただきたく、ここにお届け申し上げます。

なお、退職後の連絡先は下記の通りです。

〒○○○－××××　東京都練馬区練馬○－○－○
電話　○○－××××－△△△△

退職届、退職願が必要となるのは、自己都合による退職時のみ。会社都合による場合は必要とされない

再就職を前提とした退社の場合、特に理由は書かず「一身上の都合により」という慣用句を用いる

CHECK!

法律上、退職の意思表示は退職予定日の14日前に行うように定められている。ただし会社によっては就業規則で1カ月前に知らせると定めている場合もある

➡退職届②

退職届

私儀

一身上の都合によって、来たる平成○年一○月三十一日をもって退職いたしたく、ここにお届け申し上げます。

平成○年一○月十一日

編集第一課　石橋学

神田出版社
代表取締役　神野文雄殿

「私儀」と最初の行の一番下から書き始める。「私は」「私こと」としてもよいが、その場合には行頭に置いてもかまわない

縦書きの場合、日付、氏名、宛先は本文の後に配置する

誓約書・身元保証書

誠実で的確な表現が会社との信頼関係を結ぶ。

シチュエーション	社員採用時や契約更新時に誓約書、身元保証書を提出するケース
目的	労働者と使用者が法的に契約を取り結ぶこと。また、その会社の社員になるに当たって、本人の自覚を促す
ポイント	■法律的規制について配慮しながら作成する ■氏名や住所などの誤表記に注意し、格調高い文章を心がける ■会社の定める正しい形式で提出する

入社誓約書

平成○年４月１日

高田馬場産業株式会社

取締役社長　高田博康殿

堀田隼人㊞

誓約書

このたび、貴社の社員として入社するにつき、下記の諸項目を遵守し、履行することを誓約いたします。

記

1．貴社の就業規則およびその他服務規則に従います。

2．入社試験の際、貴社に提出した履歴書および身上書に重大な虚偽があったときは、このことを理由に解雇されても異議はありません。

3．貴社の社員として品位を保ち、誇りをもって誠実に勤務し、貴社の体面を汚すような行為はいたしません。

（略）

別紙添付　身元保証書

以上

CHECK！
誓約書は会社の最高責任者に宛てて書くのが原則

記名押印を忘れずに

書き換え文例
「貴社社員として入社するに当たり、以下の事項を遵守履行することをお誓いいたします。」

身元保証書を別添する

身元保証書

株式会社ＡＢＣ工業

代表取締役社長　野崎英夫様

身元保証書

このたび、私こと佐伯良平は、貴社に採用されます佐伯公平が、法令および貴社の就業規則並びにその他規則を遵守することを、身元保証人として保証いたします。

万一本人が貴社の規則に反し、故意または重大な過失により貴社に損害を与えた際には、身元保証人として本人と連帯して賠償の責を負いますことをここに誓約いたします。ただし、保証期間は採用日より３年間といたします。

平成○年３月29日

被保証人

住所　東京都千代田区九段○－○－○　麻生コーポ○○

佐伯公平㊞

保証人

住所　東京都文京区春日○－○－○

佐伯良平㊞

本人との関係　父

身元保証人の名前をフルネームで書く

覚えておきたいビジネス用語

遵守→

規則や法律などに従い、それを守ること

身元保証契約の期間は特に定めのない場合は３年、期間を定める場合でも最長５年

署名、押印を忘れずに

保証人は２名以上でもよい

ワンランクアップ！ 文書テクニック

身元保証書の提出は法的に必須ではなく、あくまで会社の判断による。損害賠償等の法的な措置を円滑に行うためという目的もあるが、不正に対する抑止力として採用しているケースもある。

●日本語文書研究会（にほんごぶんしょけんきゅうかい）
デジタル情報化の時代に失われつつある日本語の美しさを再確認し、これからの文書における理想的なマッチングを考究している。それが持続して廃れることのない確かな日本語にもとづく文書・書式としての体裁を整え、発展・展開していけることを目指している。

編集協力：オメガ社
デザイン：松原　卓（ドットテトラ）
カバーデザイン：松原　卓（ドットテトラ）
編集担当：大平雄一郎

超早引き！ ビジネス文書の書き方 文例500

監修者◎日本語文書研究会
編集人◎栃丸秀俊
発行人◎永田智之
発行所◎（株）主婦と生活社
〒104-8357　東京都中央区京橋3-5-7
編集部　TEL 03-3563-7520
販売部　TEL 03-3563-5121
生産部　TEL 03-3563-5125

印刷所◎太陽印刷工業株式会社
製本所◎大日本印刷株式会社
ＤＴＰ◎東京カラーフォト・プロセス株式会社

ISBN978-4-391-14260-0